Oldenbourg Interpretation
Band 5

Oldenbourg Interpretationen
Herausgegeben von
Klaus-Michael Bogdal und Clemens Kammler

begründet von
Rupert Hirschenauer (†) und Albrecht Weber

Band 5

Jakob Michael Reinhold Lenz

Der Hofmeister/ Die Soldaten

Interpretation von Ralf Sudau

Oldenbourg

Die Seitenzahlen in Klammern beziehen sich auf folgende Ausgaben:
Jakob Michael Reinhold Lenz, Der Hofmeister oder Vorteile der Privaterziehung.
Stuttgart: Reclam 2002 (RUB 1376). Diese Ausgabe folgt der neuen Rechtschreibung.
Jakob Michael Reinhold Lenz, Die Soldaten. Stuttgart: Reclam 1999 (RUB 5899).
Hier ist inzwischen eine rechtschreibreformierte Ausgabe erschienen, die aber bei
Redaktionsschluss dieser Oldenbourg Interpretation noch nicht vorlag. Deshalb
wird bei den SOLDATEN nach der Ausgabe von 1999 zitiert, zusätzlich sind aber
jeweils Akt- und Szenenangaben vermerkt, um die Interpretation ausgabenunabhängig nutzen zu können.

Zitate sind halbfett gekennzeichnet.

© 2003 Oldenbourg Schulbuchverlag GmbH, München
    www.oldenbourg-bsv.de

Bei den Zitaten, Literaturangaben und Materialien im Anhang ist die neue
Rechtschreibung noch nicht berücksichtigt.

1. Auflage 2003
Druck   13   12   11   10   09
Die letzte Zahl bezeichnet das Jahr des Drucks.

Umschlagkonzept: Mendell & Oberer, München
Umschlag: Stefanie Bruttel
Umschlagbild: © IFA-Bilderteam, Ottobrunn/München; Fotografin: Birgit Koch
Typografisches Gesamtkonzept: Gorbach GmbH, Buchendorf
Lektorat: Ruth Bornefeld, Annabella Beyer
Herstellung: Verlagsservice Dr. Helmut Neuberger
& Karl Schaumann GmbH, Heimstetten
Satz: jürgen ullrich typosatz, Nördlingen
Druck und Bindung: Himmer AG, Augsburg

ISBN: 978-3-637-01405-3

Inhalt

Ach ich nahm mir vor hinabzugehen und ein Maler der
menschlichen Gesellschaft zu werden: aber wer mag da ma-
len wenn lauter solche Fratzengesichter unten anzutreffen.

Lenz, PANDÄMONIUM GERMANICUM

Du schrittst über alles das hinaus in das furchtbare Schla-
raffenland verwilderter Ideen!

Lenz, DER WALDBRUDER

Vorwort

LENZ hat an einer wichtigen Schaltstelle der deutschen Literaturgeschichte
den Hebel umgelegt. Er ist ein entscheidender Begründer der alltagsnahen,
seelisch vielschichtigen und Ideologie auflösenden Literatur. In seiner geni-
alisch-eruptiven Dichtungsphase erweitert er die von der Vernunft abgezir-
kelten Sehkreise der Aufklärung und wirft den Blick in den anarchischen
Seelenreichtum des triebgesteuerten, von sozialen Sehnsüchten und
Zwängen gelenkten, von Umständen und Charaktereigentümlichkeiten
geprägten Menschen. Seinem Credo folgend – die **Mannigfaltigkeit der
Charaktere und Psychologien ist die Fundgrube der Natur** –, stellt er
lebenspulsierende Persönlichkeiten und ein vitalbuntes **Gemälde der
menschlichen Gesellschaft** auf die Bühne. Diese literarische Lebendigkeit
nährt sich von volkstümlicher Bildlichkeit und sprachlichem Mutterwitz,
wird aber zudem gespeist von einem fein gestuften Spektrum von Sprachtönen, in dem persönliche Eigenheiten ebenso mitschwingen wie situa-
tionsbedingte Maskeraden und ein milieubedingter Standes- oder Berufs-
jargon.

Die Begründung einer anti-idealistischen und statt dessen sozial-realis-
tischen Dramatik geht einher mit dem literaturtheoretischen Umsturz der
jämmerlichberühmten Bulle von den drei Einheiten. Mit despektierlicher
Souveränität zerbricht LENZ in seinen ANMERKUNGEN ÜBERS THEATER das
traditionsbedingte Korsett von Theaterregeln und zeigt mit seinem HOF-
MEISTER, welche Dynamik und Lebenstotalität die Bühne damit hinzuge-
winnt (darin folgt er Goethes GOETZ, hebt jedoch dessen historische Ferne
durch eine unmittelbare Gegenwartshandlung auf).

In der Person LENZ manifestiert sich in besonderer Weise literaturgeschichtliches Geschehen: ein Autor im Spannungsfeld von Aufklärung,
Empfindsamkeit und Sturm und Drang; ein Theaterdichter im Umbruch
von der geschlossenen zur offenen Dramenform; ein Dramatiker, der aus
den Kategorien von Komödie und Tragödie herausfällt. Er verschmilzt das
bürgerliche Trauerspiel, die satirische Verlachkomödie und das rührende
Tugendlustspiel zu einer eigentümlichen Form von Tragikomödie, die be-

reits Momente des Grotesken und Absurden aufscheinen lässt. Nicht nur als Stammvater der sozialen Dramatik – also von Büchner, Grabbe, Hauptmann, Wedekind, Horváth, Brecht, Marieluise Fleißer, Kroetz usw. – ist also LENZ anzusprechen, sondern auch als Vorbote jener Literaten, die auf eine heillose und deutungsresistente Welt mit dem verzweifelten Hohn der Tragikomödie, der Farce und Groteske sowie des absurden Theaters reagieren. Wenn dem **Sumpf von faulen Verhältnissen** (wie Hebbel es ausdrückt) oder der verantwortungsanonymen **Wurstelei unseres Jahrhunderts** (wie Dürrenmatt sagt) weder der schöne Schein des Happyend noch der würdige Schein des sinnhaften Unterganges beikommen, so haben traditionelle Komödie und Tragödie ausgespielt und der historische Erinnerungsblick fällt unweigerlich auf das labile Zwitterlos des kastrierten Wieder-Liebhabers Läuffer und die dramatischen Zwitterformen seines Autors. Das Tragikomische und Grotesk-Absurde ist geradezu ein Mainstream der Moderne – es soll nur an einige deutschsprachige Autoren wie Kafka, Frisch, Dürrenmatt, Hildesheimer und Botho Strauss erinnert werden –, und der HOFMEISTER ist eine der Urquellen. Nicht zuletzt weist Thomas Brussigs aktueller Wenderoman HELDEN WIE WIR (1995), der staatsbürgerliche Anpassungsklägerlichkeit mit einer grotesken sexuellen Sinnbildlichkeit verquickt, geradezu unheimliche Parallelen zu LENZENS HOFMEISTER auf.

Auch ideengeschichtliche Entwicklungen spiegeln sich bezeichnend in LENZENS Gedankenkämpfen. So erscheint er einerseits als entschiedener Entdecker der Standesklüfte, andererseits jedoch bereits als deren Überbrücker: Er verweigert die pauschale Klassendiffamierung, indem er den aufgeklärten und humanen Aristokraten neben dem servilen und autoritären Bürger zeigt, und er glaubt überdies an einen die Stände vereinenden Geistesadel. Des Weiteren erscheint LENZ einerseits als ein lauttönender Fürsprecher des autonomen Individuums, ja des gottesgearteten Genies, doch erfährt der Autor andererseits am eigenen Leibe die verzweifelte Abhängigkeit vom pastoralen Übervater und vom poetischen Überbruder Goethe – und reflektiert diese Zwiespälte in seinen Überlegungen vom Einfluss belastender und zufälliger Lebensumstände. Ferner erscheint der Pastorensohn einerseits als theologischer Sexualmoralist, der vor den destruktiven Folgen freigebundener Triebbefriedigung warnt und als deren einzig legitimen Verwirklichungsort die Ehe beschwört, während LENZ andererseits die konstruktiven Funktionen der Sexualität als mephistophelische Handlungsmotivierung und als anthropologische Zwangsvorkehrung gegen die Isolation der Geschlechter erkennt. Darüber hinaus räumt er – was vor diesem Ideenhintergrund erstaunlich und befremdlich ist – dem Triebgeschehen in seinen Dramen einen naturnotwendigen Stellenwert jenseits aller moralischen Überlegungen ein (Läuffers Sexualnöte; Gedanke der Triebkanalisierung in den SOLDATEN). All diese weltanschaulichen Reibungspunkte in LENZENS Denken und Werk sind geeignet, eine rege Deutungsdebatte zu entfachen, die das Verständnis geschichtlicher Standpunkte und ihrer Umbrüche fördert.

Nicht zuletzt berühren auch Person und Schicksal des JAKOB MICHAEL REINHOLD LENZ. Büchners Epoche machende Erzählung *Lenz* hat dem Dichter ein unübersehbares Literaturdenkmal errichtet, dem sich bis heute viele kleinere literarische Ehrenmale hinzugesellen, etwa von Robert Walser, Peter Schneider (sehr vermittelt, aber historisch bezeichnend) und Gert Hofmann. LENZ als Sohn in der belastenden Vaterbeziehung; der verstoßene Gefährte Goethes; der nicht aufgegebene, ruinöse Wunsch einer freien Schriftstellerexistenz; das dichterische Genie, das von einem nachkommenden Wahnsinn verschüttet wird: Sein Dasein ist von geradezu archetypischen Konfliktkonstellationen geprägt und fordert immer wieder Autoren, aber auch Opernschreiber und Filmemacher zur Auseinandersetzung heraus. Zusammengenommen mit den nicht biografischen, sondern werkbezogenen Erinnerungen in Form der von Brecht so folgenreich initiierten Werkbearbeitungen gehört LENZ – neben ähnlich lebensproblematischen Dichtern wie Büchner, Hölderlin, Kleist oder Kafka – zu den zentralen Selbstverständigungsfiguren moderner Literaten.

Dieses Buch möchte den Zugang zu der genannten Aspektfülle LENZENS ebnen. Die von Gadamer formulierte Paradoxie jeglicher Literaturdeutung – **man versteht anders, wenn man überhaupt versteht** – lässt sich in seiner Grundsätzlichkeit zwar nicht aussetzen, doch geht der Vorsatz dieser Arbeit auf das Nachspüren aus, auf das Verstehen der geschichtlich fernen Existenz und Dichtung und nicht auf das Einebnen im Gegenwartsverständnis. Freilich wird sich dabei das Gegenwärtige oft genug als geschichtlich vorgeprägt erweisen. Die vorliegende Arbeit verpflichtet sich darüber hinaus dem Ethos der Genauigkeit, des *close reading*, das dem widerborstigen Detail mehr Aufmerksamkeit schenkt als der Glätte planierender Interpretationsthesen. Dem wissenschaftlichen Teil – der bereits im Vorgriff auf Tafelanschriebe übersichtliche Darstellungsformen aufnimmt – folgen im Unterrichtsteil die notwendigen schulbezogenen Anpassungen sowie besondere, den Schülerhorizont und Jugendinteressen aufnehmende methodische Zugriffe, insbesondere eine Vielzahl produktionsorientierter Aufgabenstellungen. Im Unterrichtsverlauf vereinen sich empathische und analytische Methoden, d. h. sowohl persönliches Einfühlen, Nachvollziehen und Abstandnehmen als auch historisches und literaturtheoretisches Erkennen und Beurteilen haben ihren gleichberechtigten Stellenwert.

Ich aber werde dunkel sein, hat LENZ von sich gesagt. An seiner Person jedoch lassen sich Deutungsgespräche entzünden und Literaturkontexte beleuchten.

1　»Der Hofmeister«

1.1　Handlungskern

Trotz der grundsätzlichen Einwände des Geheimrats von Berg gegen die Privaterziehung stellt sein Bruder, der Major von Berg, den brotlosen Theologieabsolventen Läuffer als Hauslehrer seiner Kinder ein. Auf seinem ostpreußischen Adelssitz wird der bürgerliche Hofmeister unter entwürdigenden Umständen wie ein Bediensteter behandelt; es kommt zu einer verfänglichen Liebschaft zwischen ihm und Gustchen, der ihm anbefohlenen adligen Tochter des Majors. Diese denkt dabei mehr an ihren eigentlichen **Romeo**, den inzwischen im fernen Halle studierenden Cousin Fritz von Berg.

Als die Familienschande ruchbar wird, fliehen beide aus dem Hause Berg. Läuffer findet beim kauzigen und gegen die **bösen Begierden** zu Felde ziehenden Dorfschulmeister Wenzeslaus Unterschlupf, der ihn vor dem adligen Verfolger versteckt, ihn jedoch Monate später, bei einem neuerlichen Überfall, nicht davor schützen kann, vom wütenden Major angeschossen zu werden.

Gustchen ist bei Marthe, einer Bettlerin im Wald, untergekommen und stürzt sich kurz nach der Geburt eines Kindes – halb wahnsinnig vor Schuldgefühlen gegenüber ihrem verlassenen Vater – in einen Teich, aus dem sie von ihrem Vater gerade noch gerettet wird. Überwältigt von Wiedersehensfreude, verzeiht ihr der Major in einem Gefühlsschwall von Flüchen und Liebesbezeugungen.

Kurz darauf trägt Marthe den Säugling Hilfe suchend in die Dorfschule und berichtet, ein Zeuge habe den tödlichen Teichsturz der Mutter beobachtet. Läuffer erkennt seine eigenen Züge in dem Kind und fällt vor Schuldgefühlen in Ohnmacht. Nach Zeiten quälerischer Hinfälligkeit entmannt sich der Hofmeister schließlich in einer Anwallung von Reue und Verzweiflung. Wenzeslaus preist die Tat hymnisch als Überwindung der Fleischlichkeit, verzweifelt jedoch später an diesem Rückfälligen, als Läuffer das liebreizende Bauernmädchen Lise heiraten will.

Während dieser Vorgänge studiert Fritz in enger Vertrautheit mit Pätus, seinem bürgerlichen Schulfreund aus der öffentlichen Stadtschule, in Halle. Pätus hat sich in eine bedrückende Schuldenlage hineinmanövriert und bittet den Vater zu Hause um Geld, während Fritz für ihn im Schuldgefängnis bürgt. Doch Pätus' Vater verschließt dem Sohn das Haus, und als auch der Geheimrat – bestärkt durch die Verleumdungen des adligen Mitstudenten Seiffenblase – sich hartherzig gegen seinen Sohn Fritz zeigt und diesen nicht auslöst, flieht Fritz aus dem Arrest und geht mit Pätus nach Leipzig. Hier bringt Pätus durch einen Fenstereinstieg die Tochter des Musikus Rehaar in Verruf; stellvertretend für den memmenhaften Vater fordert der prinzipienfeste Fritz eine öffentliche Entschuldigung. Als sich der Zwist bis zum geplanten Duell zuspitzt, können die Freunde jedoch nicht umhin, sich wieder zu versöhnen. Pätus leistet Rehaar Abbitte und bietet dem erfreuten Vater die Heirat seiner Tochter an. Wenig später wird Fritz das entehrende und angeblich im Selbstmord gipfelnde Schicksal Gustchens von Seiffenblase in hämischer Schadenfreude brieflich zugetragen. Fritz macht sich schwere Vorwürfe, da er aufgrund der unglücklichen Verwicklungen nicht von Halle zu seiner Geliebten zurückkehren konnte, und drängt auf eine Heimreise, die zunächst durch die geldliche Notlage der Freunde vereitelt, dann aber durch einen überraschenden Lotteriegewinn des Pätus ermöglicht wird. Zu Hause in Insterburg fällt Fritz vor seinem Vater auf die Knie, der ihn wohlwollend aufnimmt. Fritz nimmt Gustchens und Läuffers Kind als seines an, nicht jedoch ohne die Anmerkung, er werde es niemals von einem Hofmeister erziehen lassen.

1.2 Szenenaufbau und Themenstruktur

Der tabellarische Überblick hält für jeden Auftritt in der linken Spalte Handlungsort und beteiligte Personen fest (wenn möglich im Rückgriff, sonst auch unabhängig von den Bühnenanweisungen), fasst in der mittleren Spalte den Geschehnis- bzw. Gesprächsinhalt der betreffenden Szene zusammen und kennzeichnet in der rechten Spalte den jeweiligen Handlungsstrang und die berührten Themen.

Die wesentlichen Handlungskomplexe kreisen um die Personen Läuffer, Fritz, Major und Gustchen. Aus Übersichtsgründen wird die nur im Ansatz vorhandene Jungfer-Rehaar-Handlung der Pätus-, diese wiederum insgesamt der Fritz-Handlung zugeschlagen. Mit den Handlungssträngen sind zwei Erörterungsstränge verknüpft: die Erziehungs- und die Sexualitätsdebatte. Da Wenzeslaus – ohne Zweifel eine wichtige Dramenfigur – im Wesentlichen eine argumentierende und kommentierende Funktion innerhalb dieser Erörterungsbereiche einnimmt, wird keine gesonderte Wenzeslaus-Handlung angeführt.

Szenen-/Aktfolge	Handlung	Strang/Thema/Funktion
I,1 Insterburg in Preußen. Auf der Straße. Läuffer, vorbeigehend der Geheime Rat von Berg und Major von Berg.	Monologisierend beschreibt der stellungsuchende Pastorensohn Läuffer seine Situation: Vom Vater wird er aus Geldgründen nicht als Amtshelfer angenommen; für eine Pfarrei hält er sich für zu jung und zu weltläufig; als Lehrer der Stadtschule will ihn der Geheimrat von Berg nicht bestellen, weil er angeblich nicht gelehrt genug sei.	Läufferhandlung: Soziale Lage des stellungslosen Theologieabsolventen.
I,2 Insterburg. Gleiche Straße. Geheimrat und Major.	Major von Berg will Läuffer als Privatlehrer einstellen, der seine Kinder in allen **Wissenschaften und Artigkeiten und Weltmanieren** unterrichten soll. Der Geheimrat stellt das Hauslehrerwesen – die Erziehung durch **galonierte Müßiggänger** – in Frage, während der Major sich über die Entscheidung des Bruders mokiert, seinen adligen Sohn Fritz in der öffentlichen Schule zusammen mit **Gassenbengeln** unterrichten zu lassen.	Läufferhandlung: Geplante Anstellung. Erziehungsdebatte: Erörterung ›Hofmeistertum vs. öffentliches Schulwesen‹.
I,3 Insterburg. Zimmer der Majorin in der Stadtwohnung. Majorin und Läuffer, dazukommend Graf Wermuth.	Der sich demütig gebärdende Hofmeister stellt sich bei der Majorin von Berg vor, die vornehmlich seine gesellschaftlichen Manieren überprüft. Das versprochene Gehalt von 300 Dukaten jährlich setzt sie auf 150 Dukaten herab, dafür bürdet sie ihm weitere Obliegenheiten auf wie Tanzunterricht für den Sohn oder das Geigenspiel auf Abendgesellschaften. Graf Wermuth schwärmt von einem Balletttänzer; Läuffer wirft seine abfällige Meinung über dessen Tanzkünste ein und wird von der Majorin scharf zurechtgewiesen, **dass Domestiken in Gesellschaften von Standespersonen nicht mitreden.**	Läufferhandlung: Anstellung. Dünkelhafter Charakter der Majorin, devoter Charakter Läuffers. Standesgefälle, Herrschaftsstruktur: Hofmeister – also bürgerliche Akademiker – auf der Stufe von Hausdienern.

Szenen-/Aktfolge	Handlung	Strang/Thema/Funktion
I,4 Insterburg. Läuffers Zimmer in der Stadtwohnung des Majors. Läuffer und Leopold, dazukommend der Major.	Der Major fällt in eine Hauslehrerstunde ein, herrscht seinen Sohn Leopold, den er für unsoldatisch, weichlich und faul hält, in grobschlächtigem Tonfall an und fordert Läuffer zu züchtigenden Erziehungsmethoden auf. Unbekümmert drückt er Läuffers Gehalt weiter auf 133 Dukaten und erhöht das Aufgabensoll um die religiöse und zeichnerische Unterweisung der Tochter Gustchen. Er bekennt sich zu seiner abgöttischen Tochterliebe und verlangt eine einfühlsame Behandlung Gustchens, daneben offenbart er den Zwist mit der herrschsüchtigen Gemahlin, die den Sohn verzärtele, aber die Tochter mit eifersüchtigem Argwohn betrachte und scharf anfasse.	Läufferhandlung: Anmaßende Behandlung Läuffers. Majorshandlung: Polternder Charakter des Majors. Spannungsgeladene Familienstruktur im Hause des Majors.
I,5 Insterburg. Zimmer im Haus des Geheimrats. Fritz von Berg und Gustchen.	In der Pose von Romeo und Julia verabschieden sich Fritz und Gustchen mit schwärmerisch-hochtrabenden Worten: Fritz wird nach Halle, Gustchen nach Heidelbrunn aufs Landgut gehen. Beide kokettieren mit der vermeintlichen Untreue des anderen Geschlechtes. Fritz schwört der Cousine, sie nach seiner dreijährigen Studienzeit zu heiraten; diese wiederum gelobt, **dass ich in meinem Leben keines ander Menschen Frau werden will.**	Fritz- und Gustchenhandlung: Einführung der Liebesbeziehung. Fragwürdige Überhöhung der Beziehung im literarischen Modell. Sexualitätsdebatte: Treue und Untreue der Geschlechter.
I,6 Insterburg. Gleiches Zimmer im Haus des Geheimrats. Fritz und Gustchen, dazukommend der Geheimrat.	Der Geheimrat, der heimlich mitgehört hat, schreitet ein und erteilt den Jugendlichen schroffe Verweise wegen ihrer kindischen, nicht einzuhaltenden und unmündigen Schwüre. Sie sollen sich nie mehr ohne Dritte sehen, dürfen sich nur offene Briefe und diese allenfalls monatlich schreiben; bei Zuwiderhandlungen **steckt man den Junker unter die Soldaten und das Fräulein ins Kloster.**	Fritz- und Gustchenhandlung: In den Kontaktauflagen Grundstein für Gustchens spätere Vereinsamung. Infragestellung des pathetisch-tragischen Literaturmodells durch aufklärerische Gedanken. Zwielicht auf Geheimrat wegen seiner drakonischen Erziehungsmaßnahmen.

II,1 Insterburg. Auf der Straße. Pastor Läuffer und der Geheimrat.	Gegenüber dem Geheimrat klagt Pastor Läuffer über die zunehmend bedrückendere Lage des Sohnes, dessen Gehalt am Ende des zweiten Dienstjahres auf 100 Dukaten gerutscht und im Dritten auf 60 herabgesetzt werden soll. Im Namen seines Sohnes bittet er den Geheimrat um ein Zubrot, indem dieser seinen zweiten Sohn von Läuffer miterziehen ließe. Doch der Geheimrat weist diesen Gedanken empört von sich, gibt Läuffer lieber ohne Gegenleistung 30 Dukaten Zulage, als sein Kind jemals in die Hände eines Hofmeisters zu geben. Er bringt seine gänzliche Verachtung dieses Standes zum Ausdruck, deren Vertreter sich seiner Ansicht nach freiwillig den Launen tyrannischer Dienstherren ausliefern und den Adel ihrer Seele aufopfern, indem sie ihr Anrecht auf Freiheit und ein Leben nach eigenen Grundsätzen aufgeben. Würden sie etwas Ordentliches lernen und ihren Verstand für das Allgemeinwohl einsetzen, ließe der Staat sie nicht lange am Wege stehen. Pastor Läuffer wendet gegen die öffentlichen Schulen ein, dass dort fragwürdige Lehrkräfte und die **unter der Jugend eingerissenen verderbten Sitten** walten. Der Geheimrat entgegnet, dass die Schulen mit dem Geld der Adligen, wenn sie auch ihre Kinder dorthin schicken würden, bessere Lehrer bestellen könnten.	Läufferhandlung: Zunehmende Ausbeutung Läuffers und Hilfegesuch an Geheimrat. Erziehungsdebatte: Gesichtspunkte: Freiheit, Standesarroganz, Verbesserung des öffentlichen Schulwesens durch Beitrag des Adels.
II,2 Heidelbrunn. Landgut des Majors, Gustchens oder Läuffers Zimmer. Läuffer und Gustchen.	Läuffer beklagt anlässlich ihrer Säumigkeit im Unterricht die **grausame** Missachtung seiner Person durch Gustchen, die schnippisch-kokett mit ihrem überspannten Hofmeister umgeht.	Läuffer- und Gustchenhandlung: Gefühlsmäßige Untertöne des Lehrer-Schülerin-Verhältnisses, Ankündigung einer Beziehung Läuffer – Gustchen. Rollenspielhafter Umgang: Stolze Herrin – schmachtender, todunglücklicher Liebhaber.

Szenen-/Aktfolge	Handlung	Strang/Thema/Funktion
II,3 Halle in Sachsen. Studentenzimmer des Pätus. Fritz und Pätus.	Fritz ist wegen Gustchen unruhig und will ihr schreiben. Sein bürgerlicher Kommilitone, Pätus, glaubt, Fritz sei deswegen melancholisch, weil er das ganze Jahr in Halle noch **mit keinem Mädchen gesprochen** habe. Er versucht ihn aufzumuntern und zu bewegen, von seiner Pfarrerslogie in Pätus' Quartier bei einer zünftigen Zimmerwirtin umzuwechseln, mit der er sich gleich darauf eine rau-herzliche Kabbelei liefert. Am Abend wird Lessings Komödie **Minna von Barnhelm** gegeben, und der verschuldete Pätus will lieber im Wolfspelz hingehen als auf den Besuch verzichten.	Fritzhandlung: Fritz' Sehnsucht nach Gustchen und Vorahnung ihres Fehltritts. Freundschaft Fritz-Pätus. Studentenmilieu. Hochschätzung Lessings.
II,4 Halle. Bürgerwohnung. Frau Hamster, Jungfern Hamster und Knicks.	Zwei Bürgermädchen erzählen einer Mutter, prustend vor Lachen, wie Pätus im Wolfspelz von Hunden gejagt wurde. Da Jungfer Knicks im Theater doch nicht so viel zu lachen bekäme wie bei dieser Szene, verzichtet sie auf den Besuch der Komödie.	Fritzhandlung (eigentlich Pätushandlung): Naiver weiblicher Humor. Beschaffenheit und Erwartungshaltung (eines Teils) des Komödienpublikums.
II,5 Heidelbrunn. Gustchens Zimmer. Läuffer und Gustchen.	Läuffer sitzt an Gustchens Bett und redet von seiner sich weiter verschlimmernden Berufssituation (mittlerweile will man ihm nur noch 40 Dukaten zugestehen) und seinen Quittierungsgedanken. Gustchen spricht schwärmerisch mit ihrem fernen **Romeo** und von der Grausamkeit Läuffers, der sie noch einsamer zurücklassen wolle. Abwechselnd küssen beide innig und geistesabwesend die Hände des anderen. Aus düsteren Ahnungen heraus fürchtet Läuffer, es könne ihm gehen wie Abälard (dem scholastischen Philosophen, der nach der Schwängerung seiner Schülerin Heloise entmannt wurde), doch Gustchen beruhigt ihn mit Hinweis auf Rousseaus Roman **Neue Heloise** (in dem die Beziehung eines bürgerlichen Hauslehrers zur adligen Schülerin verzichtend und ohne Bluttat ausgeht). Außerdem werde man ihr Unwohlsein dem Gemüt und nicht dem Hauslehrer zuschreiben.	Läuffer- und Gustchenhandlung: Andeutungen des vollzogenen Beischlafes (Nähe des Bettes, Unwohlsein als Hinweis auf eine eventuelle Schwangerschaft, Anspielung auf Beziehung Abälard-Heloise). Vorausdeutung auf die Kastration (Abälard). Intime Vertrautheit und dennoch Beiläufigkeit und Nebeneinander, Liebe in Stellvertretung. Umgekehrtes Rollenspiel zu II,2: Nun Läuffer der **Grausame** und Gustchen die ›Flehende‹.

II,6 Heidelbrunn. Landgut des Majors. Majorin und Graf Wermuth, dazukommend der Major.	Graf Wermuth will mit Gustchen promenieren, doch diese ist Tag für Tag unpässlich. Die Majorin macht sich über ihren Mann lustig, der wunderlich und melancholisch werde und blindwütig auf dem Felde arbeite. Dieser erklärt, er müsse so viel arbeiten, um seiner Tochter einen Platz im Hospital bezahlen zu können. Denn Gustchen verfalle zunehmend, wofür er seine eifersüchtige Frau verantwortlich macht.	Gustchen- und Majorshandlung: Anzeichen für Gustchens Schwangerschaft. Graf Wermuths Absichten auf Gustchen. Gram des Majors. Gehässige Familienstrukturen.
II,7 Halle. Gefängnis. Fritz, Bollwerk, von Seiffenblase und sein Hofmeister, dazukommend Pätus.	Fritz befindet sich wegen einer Bürgschaft für Pätus im Gefängnis. Der adlige Mitstudent Seiffenblase und sein vernünftelnder Hofmeister verleumden Pätus gehässig, doch Fritz steht zu seinem bürgerlichen Schulfreund. Pätus kommt unverrichteter Dinge von einer Heimreise zurück; sein Vater, den er um Hilfe bitten wollte, hat ihn nicht einmal vorgelassen. Seiffenblase reicht dem verzweifelten Pätus bereitwillig den Degen zum Selbstmord, empört fordert ihn Bollwerk dafür zum Duell heraus. Zunächst aber flieht Bollwerk mit Pätus, weil Fritz noch Aussicht hat, von seinem Vater ausgelöst zu werden, während Pätus im Gefängnis **verfaulen müsste**.	Fritzhandlung: Brüderliche Freundschaft von Fritz und Pätus über die Standesgrenzen hinaus. Verstrickungen in Schulden und Haft. Thematik des verstoßenen Sohnes (Pätus). Edelsinn Fritz' und Bollwerks, schäbiger Charakter des studentischen Adelsvertreters, herzenskalte Vernunfterziehung durch seinen Hofmeister.
III,1 Heidelbrunn. Landgut des Majors. Major und Geheimrat.	Major von Berg erscheint leidend und wirr, da die Schönheit seiner Tochter zunehmend verfällt. In fassungslosem Entsetzen stürzt die Majorin herein: Sie hat die Beziehung Läuffers zu Gustchen entdeckt. Der Major ist wahnsinnig vor Wut.	Läuffer- und Gustchenhandlung: Bestätigung der sexuellen Beziehung zwischen Hofmeister und Hausschülerin. Majorshandlung: Schwere eines solchen Bruchs der Stands- und Herrschaftsgrenzen.

Szenen-/Aktfolge	Handlung	Strang/Thema/Funktion
III,2 Gegend Heidelbrunns. Dorfschule. Wenzeslaus und Läuffer.	Läuffer, der sich von Verfolgern bedroht fühlt, flüchtet zum Dorfschul-meister Wenzeslaus. Dieser zeigt sich von Läuffers Panik unbeeindruckt und hält Lobreden auf die wissenschaftlichen und sittlichen Einflüsse des Gradschreibens. Er lässt sich über das müßiggängerische Dasein eines Hofmeisters aus. Als die adligen Verfolger in das Haus einfallen, versteckt sich Läuffer, und Wenzeslaus weist ihnen beherzt und nachdrücklich wie-der die Tür. Über die Hintergründe von Läuffers Flucht andeutend aufge-klärt, ereifert sich der Dorfschullehrer, der selbst auch keine Frau ernäh-ren kann, über die Anmaßung eines Hauslehrers, der **nirgends Haus oder Herd hat**, eine Frau in ihr Verderben stürzen zu wollen.	Läufferhandlung: Flucht und Verfolgung Läuffers. Erziehungsdebatte: Vertreter der öffentlichen Schule tritt auf und grenzt sich vom Privatlehrer ab. So-ziale Lage, Prinzipien und Zivilcourage des Schulmeisters. Sexualitätsdebatte: Sexualität und soziale Versorgung.
III,3 Heidelbrunn. Landgut des Majors. Geheimrat, von Seiffen-blase und sein Hofmeis-ter.	Seiffenblase und sein Hofmeister erstatten dem Geheimrat einen verdrehenden Bericht vom Arrest des Sohnes. Obwohl der die abweisende Härte von Pätus' Vater verurteilt, glaubt der Geheimrat den Verleum-dungen und klagt – auch mit Bezug auf die inzwischen verschwundene Tochter seines Bruders – über das **Gericht Gottes über gewisse Familien**, deren Kinder zur Strafe aus der Art schlügen.	Gustchenhandlung: Flucht Gustchens mitgeteilt. Fritzhandlung: Intrige gegen Fritz. Thematik des versto-ßenen Sohnes (Zerwürfnis vertieft).
III,4 Gegend Heidelbrunns. Dorfschule. Wenzeslaus und Läuffer.	Wenzeslaus besingt das gute Gewissen seiner rechtschaffenen, über die Vorschriften hinausgehenden Schularbeit und die Seelenruhe seines zwar ärmlichen, aber geregelten, die **bösen Begierden** im Zaum haltenden, aber vergnüglichen Alltages. Dem stellt er das vermeintlich luxuriöse, aber nichtsnutzige Dasein eines Hofmeisters gegenüber. Die von Läuffer bewunderte Freiheit seines Lehrstandes grenzt Wenzeslaus durch Hin-weis auf die Rechenschaft gegenüber der Schule, Gott und dem Gewissen ein. Der Schulmeister will den Hofmeister zu seinem Nachfolger heran-ziehen, hält ihn gegenwärtig aber für kaum zum Gehilfen tauglich.	Erziehungsdebatte: Motive Freiheit, Ge-wissen, Askese und Luxus. Sexualitätsdebatte: Loblied der Sexualverdrängung. Läufferhandlung: Läuffer in zweifelhafter Lage zwischen weiterer Herabwürdigung und der Per-spektive eines vielleicht auch für ihn sinnvollen Existenzkonzepts.

IV,1 Insterburg. Haus des Geheimrats. Geheimer Rat und Major, dazukommend die Majorin.	Geheimrat von Berg erfährt durch den Brief eines Hallenser Professors, dass Fritz nach fünf vergeblichen Briefen an den Vater die Hoffnung auf Unterstützung aufgegeben habe, aus dem Arrest entflohen sei und nur durch finanzielle Vorleistung des Professors an die Gläubiger einer steckbrieflichen Verfolgung entgeht. Major von Berg ist weiterhin außer sich vor Schmerz über seine bereits ein Jahr verschollene Tochter und will im Türkenkrieg der Russen sterben. Der Geheimrat erinnert an einen möglichen Unterschlupf Läuffers und vielleicht Gustchens bei einem Schulmeister, der dereinst die Verfolger des Hauses verwiesen habe. Mit der Schreckensvision seiner Tochter als **Gassenhure**, aber dennoch von Sehnsucht zerfressen, macht sich der Major auf, die Spur zu verfolgen.	Fritzhandlung und Majorshandlung: Thematik des verstoßenen Sohnes und der verlorenen Tochter (Härte des Geheimrats als erziehender Vater; Inbrunst des Majors in seinem Wiedersehenswunsch). Wiederaufnahme der Verfolgung Läuffers und der Suche nach Gustchen.
IV,2 Gegend Heidelbrunns. Bettlerhütte im Walde. Gustchen und Marthe.	Gustchen befindet sich bei Marthe, einem blinden Einsiedlerweibe, und hat vor zwei Tagen ein Kind entbunden. Unruhig getrieben will sie die Hütte verlassen und ihren Vater aufsuchen, da er ihr gramerfüllt und mit Vorzeichen des Todes im Traum erschienen ist.	Gustchenhandlung: Bestätigung einer sexuellen Beziehung zu Läuffer (Kind). Thematik der verlorenen Tochter (Schuldgefühle gegenüber dem verlassenen Vater).
IV,3 Gegend Heidelbrunns. Dorfschule. Wenzeslaus und Läuffer, dazukommend Major, Geheimrat, Graf Wermuth und Bediente, später Chirurgus Schöpsen.	Der Major fällt mit Begleitern in das Schulhaus ein, schießt Läuffer an und erfährt, dass dieser seit seiner Flucht keine Verbindung mehr zu Gustchen hatte. Tapfer protestiert Wenzeslaus gegen diesen Überfall in eines ehrlichen Mannes Haus, noch dazu in eine Schule, eine **heilige Stätte**. Läuffer jedoch besänftigt ihn und bezeichnet die Verletzung als gerechte und noch milde Strafe für sein Vergehen. Der Geheimrat wirft Läuffer einen Geldbeutel für die Heilungskosten hin, ehe er dem weiterstürzenden Major nacheilt. Dem eintreffenden und auf den Geldbeutel schielenden Dorfchirurgus Schöpsen gibt Wenzeslaus deut-	Läufferhandlung und Majorshandlung: Überfall auf Läuffer und Weitersuche der Tochter. Schuldgefühl Läuffers. Bürgerliches Selbstbewusstsein des Wenzeslaus. Arztsatire als komische Einlage.

Szenen-/Aktfolge	Handlung	Strang/Thema/Funktion
	lich zu verstehen, dass er nur dann schnell bezahlt werde, wenn er auch schnell kuriere.	
IV,4 Gegend Heidelbrunns. Teich im Walde. Gustchen.	Gustchen schleppt sich zu Tode erschöpft an einen Teich und wirft sich in einem Anfall von wahnsinnigen Schuldgefühlen ins Wasser, um zu ihrem vermeintlich vor Gram gestorbenen Vater zu gelangen. Der Major, gerade herbeieilend, springt ihr nach, sei es, seine Tochter oder ein anderes unglücklich Weibsbild zu retten.	Gustchen- und Majorshandlung: Gustchens wahnsinniger Selbstmordversuch und herbeieilende Rettung. Menschlichkeit des Majors.
IV,5 Gegend Heidelbrunns. Gleicher Teich. Major, Geheimrat, Graf Wermuth und Bediente, Gustchen.	Vor Wiedersehensfreude und Tochterliebe von Sinnen, überhäuft der Major seine gottlose Kanaille mit Vorwürfen und Zärtlichkeiten, mit Flüchen und Verzeihungen. Hätte sie nur ein Wort gesagt, der Major hätte dem Lausejungen einen Adelbrief gekauft, da hätte ihr können zusammenkriechen.	Gustchen- und Majorshandlung: Rettung Gustchens. Thematik der verlorenen Tochter – das humane Modell (Liebe und Verzeihung über alle Verfehlungen hinweg).
IV,6 Leipzig. Fritz' Zimmer. Fritz und Pätus.	Fritz sieht die Ursache für Pätus' desolate Lage in dessen amourösen, unvernünftigen Verstrickungen und tadelt ihn wegen eines ehrverletzenden Fenstereinstiegs bei Jungfer Rehaar. Vater Rehaar erscheint zur Musikstunde und singt das zweifelhafte Lob eines Musikus, der es nicht nötig habe, Courage aufzubieten; dennoch entfahren ihm wehleidige Anklagen gegen das seine Tochter kompromittierende Gebaren des Pätus. Die entehrte Tochter habe er zu ihrer Tante nach Königsberg schicken müssen. Die Freunde streiten, weil Fritz von Pätus fordert, er solle Rehaar öffentlich Abbitte leisten, und weil er nach Pätus' Ablehnung stellvertretend für den feigen Musikus Genugtuung im Duell fordert.	Fritzhandlung: Thema Sexualität: Abrutschen in Liederlichkeit, Entehrung bürgerlicher Familien. Thema Courage: Rehaar ein Läuffer übersteigerndes Beispiel mutloser Servilität. Thema Edelmut: Fritz' Ehrbegriffe stärker als Freundschaftsrücksichten. Sexualitätsdebatte: Vernunftsteuerung und Selbstbeherrschung des Trieblebens.

V,1 Gegend Heidelbrunns. Dorfschule. Läuffer und Marthe, ein Kind auf dem Arm.	Marthe schleppt sich mit Gustchens Säugling hilfesuchend ins Schulhaus, ein Zeuge habe ihr vom vermeintlich tödlichen Teichsturz Gustchens berichtet. Läuffer erkennt im Kind seine eigenen Züge und fällt in Ohnmacht.	Läufferhandlung: Läuffer erkennt seine Vaterschaft (damit endgültige Bestätigung der sexuellen Beziehung zu Gustchen). Übermächtige Schuldgefühle.
V,2 Wäldchen vor Leipzig. Fritz und Pätus, Rehaar.	Aus gegenseitiger Freundschaftsrührung können Fritz und Pätus das Duell nicht vollziehen. Es zeigt sich Rehaars Memmenhaftigkeit, als er auf den waffenlosen Pätus einstechen möchte. Dennoch erbietet Pätus dem Musikus Satisfaktion in Form der Entschuldigung und dem Angebot, seine Tochter zu heiraten.	Fritzhandlung: Unverbrüchliche Freundschaft des adligen und bürgerlichen Studenten. Ankündigung eines ersten Happyend: Wiedergutmachungsheirat der reputationsgeschädigten Bürgertochter.
V,3 Gegend Heidelbrunns. Dorfschule. Läuffer und Wenzeslaus.	Läuffer liegt verletzt danieder – er hat sich kastriert. Wenzeslaus feiert diesen vermeintlich religiös motivierten Überwindungsakt frenetisch: **Das ist die Bahn, auf der Ihr eine Leuchte der Kirche, ein Stern erster Größe, ein Kirchenvater selber werden könnt.** Läuffer jedoch fühlt sich verkannt, seine Beweggründe waren Reue und Verzweiflung.	Läufferhandlung: Die Selbstentmannung Läuffers: spektakulärer und grotesker Handlungshöhepunkt. Vereinnahmung der seelenverwirrten Reaktion durch religiöse, sexualfeindliche Ideologie. Sexualitätsdebatte: Loblied der barbarischen Sexualitätsbekämpfung.
V,4 Leipzig. Auf der Straße. Fritz und Rehaar.	Naiv berichtet Vater Rehaar vom Interesse Seiffenblases an seiner nach Königsberg gebrachten Tochter; Fritz beschwört ihn, Pätus nichts davon zu erzählen.	Fritzhandlung (eigentliche Pätushandlung): Gefährdungsmoment in Bezug auf Pätus' Heiratsvorsatz. Adliger Verführer eines Bürgermädchens tritt in Erscheinung.

Szenen-/Aktfolge	Handlung	Strang/Thema/Funktion
V,5 Königsberg in Preußen.(?) Gemeinsames(?) Stadthaus der Familie von Berg, Geheimrat, Major und Gustchen.	Familie von Berg unterhält sich: Seiffenblase renommiert im Kaffeehaus, er werde Jungfer Rehaar zur Maitresse machen, wird von deren Tante aber kläglich des Hauses verwiesen.	Fritzhandlung (eigentlich Pätushandlung): Verführungsversuch an Pätus' Geliebter und Gegenwehr der Tante. Liebe als amouröses Gesellschaftsspiel des Adels.
V,6 Leipzig. Zimmer des Pätus. Fritz und Pätus.	Fritz empfängt einen Brief Seiffenblases, der ihm auf niederträchtige Weise die **Notzüchtigung** Gustchens und deren angeblichen Selbstmord mitteilt. Fritz macht sich verzweifelte Vorwürfe, weil er nicht schwurgemäß nach drei Jahren von Halle zu Gustchen zurückgekehrt, sondern nach Leipzig geflohen ist, und zwar ohne Nachricht an den erzürnten Vater. Pätus glaubt dem Brief nicht und ahnt eine Intrige. Die Freunde wollen nach Hause reisen, können aber kaum auf weiteren Kredit bei **Leichtfuß et Compagnie** hoffen. Pätus will vorher bei der Lotterie vorbeigehen.	Fritzhandlung: Motivierung der Rückkehr der verstoßenen Söhne nach Insterburg. Intrige und Niederträchtigkeit des adligen Studenten Seiffenblase.
V,7 Königsberg. Stadthaus der Familie von Berg. Geheimrat und Major, Gustchen und Jungfer Rehaar.	Um Jungfer Rehaar vor den hartnäckigen Nachstellungen Seiffenblases zu retten, will der Geheimrat das Mädchen mit nach Insterburg nehmen und führt sie als Freundin Gustchens zu, da beide gleich alt und in ähnlichen Umständen seien. Seiffenblase hat schon früher verlauten lassen, er werde sich für die Interventionen des Geheimrats gegen seine amourösen Vorhaben zu rächen wissen. Als Gustchen beim Namen Fritzens errötet, merkt der Geheimrat an, dieser sei solche Anteilnahme nicht wert. Der Major kann nicht ruhig sein, ehe er auch Gustchens Kind gefunden hat.	Fritzhandlung: Grund der Intrige Seiffenblases wird nachgeliefert. Motivierung der Rückkehr der gefallenen Töchter nach Insterburg. Fortbestehende Härte des Vaters Geheimrat; hingegen Menschlichkeit des Majors.

V,8 Leipzig. Fritz' Zimmer. Fritz und Pätus.	Pätus stürzt herein mit der Nachricht eines Lottogewinns, der die Schulden beider Freunde und die Zahlungen seines Vaters übertrifft. Die Rückreise kann angetreten werden.	Fritzhandlung: Deus ex machina: Geld löst die Problemknoten.
V,9 Gegend Heidelbrunns. Dorfschule. Wenzeslaus und Läuffer.	Wenzeslaus hat eine Predigt über die **Ertötung der Sinnlichkeit für den Himmel** gehalten, die ganz auf Läuffer gemünzt war, der aber zum Ärger des Predigers durch ein liebreizendes Bauermädchen abgelenkt worden ist. Wenzeslaus wettert, ob Läuffer sich nun dem **Teufel ohne Sold dahingeben** wolle? Läuffer argumentiert gegen die abergläubische Teufelsvorstellung, die nicht mehr in die heutige **vernünftige Welt** passe. Wenzeslaus verteidigt den Sinn des Aberglaubens: **Nehmt dem Bauer seinen Teufel, und er wird ein Teufel gegen seine Herrschaft.**	Läufferhandlung: Der Kreislauf der Liebe hebt auch für Läuffer wieder an. Sexualitätsdebatte: Religion und Sinnenfeindlichkeit. Debatte über die Überholtheit oder den tieferen Sinn des religiösen Aberglaubens.
V,10 Gegend Heidelbrunns. Dorfschule. Läuffer und Lise.	Lise tritt schüchtern ins Schulhaus, Läuffer wird von ihrer unverhofften und zauberhaften Gegenwart überwältigt. Verwirrt und stammelnd macht er ihr einen Heiratsantrag. Mit entzückender Naivität bekräftigt Lise ihren Willen, den geistlichen, wenn auch zeugungsunfähigen und eunuchenhaften Herrn (wie es der hinzutretende Wenzeslaus ihr warnend bedeutet) zu ehelichen. Wenzeslaus streckt seine geistigen Waffen: **So kriecht denn zusammen; meinetwegen; weil doch Heiraten besser ist als Brunst leiden.**	Läufferhandlung (Abschluss): Happyend für Läuffer: Auch der Entmannte wird zum Ehemanne. Sexualitätsdebatte: Ehe und Zeugungspflicht, Liebe und Sinnlichkeit ohne Geschlechtsverkehr.
V,11 Insterburg. Haus des Geheimrats. Geheimrat und Fritz, Gustchen; Pätus und Jungfer Rehaar.	Fritz wirft sich seinem Vater, dem Geheimrat, zu Füßen, der ihn umarmt und mit einiger Reserviertheit denn doch ein gewisses Zugeständnis seiner eigenen Fehler macht. Pätus findet die in einer Kammer versteckte Jungfer Rehaar und glaubt vor Glück zu träumen. Der Geheimrat bestätigt auf Fritz' Nachfrage die **traurige Wahrheit** der Entehrung Gustchens und schickt Fritz bei dessen banger Frage nach deren Selbstmord zu Gustchen; beide fallen sich überglücklich in die Arme.	Fritz- und Gustchenhandlung: Weitere Happyend: Versöhnung Vater-verstoßener Sohn Fritz; Wiedervereinigung zweier Liebespaare. Glückliches Heiratstableau (**eine zärtliche Gruppe**).

Szenen-/Aktfolge	Handlung	Strang/Thema/Funktion
Letzte Szene [= V,12] Insterburg, Haus des Geheimrats. Die Vorigen. Der Major, ein Kind auf dem Arm. Der alte Pätus.	Der Major ist glücklich, dass Vater Pätus Gustchens Kind gebracht hat, nachdem dessen alte, von ihm verstoßene Mutter (Marthe) damit unvermutet bei ihm erschienen ist. Der alte Pätus verdammt sich selbst wegen seiner vormaligen Grausamkeit gegenüber der Mutter, die ihm von dieser aber verziehen wurde – eine Verzeihung, die er reuevoll auf den verstoßenen Sohn Pätus überträgt, der ihm ebenfalls um den Hals fällt. Der Major erfährt von einem Freier für Gustchen und schließt Fritz in seine Arme, nachdem er dessen Überwindung des männlichen Vorurteils ahnt: Fritz nimmt das uneheliche Kind Gustchens verständnisvoll an als **ein trauriges Pfand der Schwachheit deines Geschlechts und der Torheit des unsrigen; am meisten aber der vorteilhaften Erziehung junger Frauenzimmer durch Hofmeister.**	Fritz-, Gustchen- und Majorshandlung (Abschluss): Weitere Happyends: Vater – verstoßene Mutter Marthe, Vater – verstoßener Sohn Pätus. Abrundung des Happyend von Fritz und Gustchen (Annahme des Kindes). Ringschluss zum ironischen Dramentitel: ›Vorteile‹ der Privaterziehung in Gestalt unehelicher Kinder. Sexualitätsdebatte: Geschlechtstypische Schwachheit bzw. Torheit. Überwindung des sexualmoralischen Vorurteils gegen voreheliche Sexualität und uneheliche Schwangerschaft.

1.3 Erziehungsthema I: Privaterziehung oder öffentliches Schulwesen?

Der Dramentitel benennt einen Berufsstand statt eines dramatischen Helden. Dieser Vorrang des Gattungsnamens vor dem Eigennamen sowie der debattierend klingende Untertitel VORTEILE DER PRIVATERZIEHUNG lassen erwarten, dass dem Drama ein pädagogisches Erörterungsgegenstand zugrunde liegt: Erziehung und Unterrichtung durch Hofmeister oder durch Lehrer einer öffentlichen Schule scheinen zur Diskussion zu stehen. Diese Erziehungsdebatte wird in den Gesprächen zwischen Geheimrat und Major (I,2), Geheimrat und Pastor Läuffer (II,1) sowie zwischen Wenzeslaus und Läuffer (III,2 und III,4) tatsächlich geführt. Demgegenüber stellen das Schicksal Läuffers und dessen Auswirkung auf die Majorsfamilie gewissermaßen das praktische Exempel für die theoretische Erörterung des Hofmeisterstandes dar, wie Person und Lebensweise des Wenzeslaus ein anschauliches Beispiel für einen **Klassenpräzeptor** (5 M.), d. h. einen Lehrer des öffentlichen Schulwesens, abgeben. Neben Läuffer begegnet im Stück übrigens noch ein anderer Privatlehrer – der des adligen Studenten Seiffenblase –, der das vom Drama gezeichnete Bild des Hofmeisterstandes mit prägt.

Vor- und Nachteile der privaten bzw. öffentlichen Unterrichtung
(Abkürzungen: G = Geheimrat; W = Wenzeslaus; L = Läuffer; PL = Pastor Läuffer; M = Major)

Unterrichtung durch Hofmeister	Unterrichtung durch Schullehrer
Argumente dafür	
standesgemäße Erziehung des Adels (**Wissenschaften**, **Artigkeiten**, **Weltmanieren**, M: 6,9)	soziales Lernen, Abbau der Standesklüfte (lustige Spielgesellen verderben nicht, G: 7,4 ff.)
	Leistungsansporn auch für Adelskinder (**Kopf anstrengen müssen**, G: 23,22–27)
Broterwerb und Wartestellung für stellungsuchende Akademiker (**Warte, Patron** als Weiterhelfer, PL: 21,24–29)	relative Selbstständigkeit und Unabhängigkeit des Lehrers (**mein eigner Herr und hat kein Mensch mich zu schikanieren**, W: 52,53 f.; aber an Schule, Gott, Gewissen gebunden, W: 51,7 ff.)
	Lehrer arbeitet für das Allgemeinwohl (**dem Staat nützen**, G: 20,29 f.; **Verstand dem allgemeinen Besten aufopfern**, G: 21,4 f.)

Unterrichtung durch Hofmeister	Unterrichtung durch Schullehrer
Argumente dagegen	
Hofmeister schlecht ausgebildet und faul (**galonierter Müßiggänger**, G: 7,5 f.; bezahltes **Tagdieben**, G: 19,29; W: 50,27 ff.)	fragwürdige, engstirnige Schulmeister (**nüchterne Subjecta**, pedantische Methoden, PL: 23,7 f.)
Hofmeister geben ihre Freiheit auf, entwürdigen sich selbst (**Sklavenkette**, G: 20,3; Sklave im betressten Rock, L: 51,5)	Schulmeister beziehen Hungerlohn (Obrigkeit zahlt unverantwortlich wenig, L: 52,19−29)
Hofmeister nützen nicht dem Staat, sondern degenerierter Adelskaste (Rasereien einer **dampfigten Dame und eines abgedämpften Offiziers unterstützt**, G: 21,4−8)	
Fixierung auf eine Lehrperson und Einmischung der Eltern machen Privatunterricht fruchtlos (**einziger Mensch das Faktotum**, G: 24,12; Eltern mengen **sich kreuz und die quer** in die Erziehung, G: 24,16 ff.)	
Privaterziehung befördert Standesdünkel, Geistesarmut und Herrschsucht des Adels (**hochadliche[r] Dummkopf**, G: 23,17; **Nase von Kindesbeinen an höher tragen**, G: 23,28 ff.)	Sittenverrohung und soziale Nivellierung der Adelssöhne (**Gassenbengel**, M: 6 f. und 11,6 f.; **unter der Jugend eingerissene verderbt[e] Sitten**, PL: 23,8 f.)
Handlungsmomente dafür	
	Zivilcourage und bürgerliches Selbstbewusstsein des Wenzeslaus (**Straßenräuber**, W: 47,8−15; **einem ehrlichen Mann** in sein Haus fallen, W: 60 f.)
Handlungsmomente dagegen	
vorgeführte entwürdigende Behandlung Läuffers (**Domestiken bei Standespersonen nicht mitreden**, M'in: 9,11 ff.; ständige Gehaltsreduktion, PL: 19,16−23)	kärgliche Existenz des Wenzeslaus (kann keine Frau ernähren, W: 48,8 ff.; Wasser und Pfeife, W: 51,23−33)
Hofmeister des Seiffenblase als windigblasierter Vertreter des Berufsstandes und Seiffenblase als sein arrogantes und zynisches Erziehungsprodukt (38−42)	fragwürdige pedantische Seiten des Wenzeslaus (Mensch, der nicht gradschreiben kann, kann auch nicht grad handeln, W: 45 f.; **Zähnestochern ist ein Selbstmord**, W: 54,8−22)

Unterrichtung durch Hofmeister	Unterrichtung durch Schullehrer
Handlungsmomente dagegen	
Selbstverbiegung und Selbstverstümmelung Läuffers (Scharrfüße, 5,24; sehr demütige Stellung, 7,11 f.; Kastration, L: 73,23 f.; 74,28 f.)	fragwürdige martialische und sexualfeindliche Seiten des Wenzeslaus (**nach meiner Hand ziehen**, W: 54,28 f.; **böse Begierden**, W: 52,4 f.; Bejubeln der Kastration, W: 73 f.)
Gefährdung der adligen Haustochter und des Familienfriedens (Tochter Gassenhure – **Vivat die Hofmeister**, M: 57,16–19; Kind als Pfand der **vorteilhaften Erziehung junger Frauenzimmer durch Hofmeister**, Fritz: 95,35 f.)	auch in öffentlichen Lehrsituationen kann es zu erotischen Komplikationen kommen (Beispiel Läuffer – Lise, die bei ihm in die **Kinderlehre** geht, 84,21 f.; 85,29 f.)

1.3.1 *Schädliche Privaterziehung und geschundene Hofmeister*

Der Untertitel des *HOFMEISTER* behauptet, die Vorzüge der Privaterziehung offenbaren zu wollen. Da aber Fritz am Ende des Dramas das Stichwort des Untertitels aufnimmt und Gustchens uneheliches Kind als Ausdruck der **vorteilhaften Erziehung junger Frauenzimmer durch Hofmeister** bezeichnet (95), erweist sich dieser Nebentitel als ironisch und verrät damit, dass es dem Stück gerade nicht um Vorteile, sondern um die Nachteile der Privaterziehung geht.

Die von einzelnen Dramenfiguren angesprochenen Vorteile des Hofmeistertums haben in der Tat keinen Bestand. Einer dieser Vorteile bestünde allein im Partikularinteresse des Adels: Die standesinterne Hauserziehung hätte nämlich – wie es Major und Pastor Läuffer andeuten (vgl. 6., 22 u.) – für den Adel den Nutzen, seine aristokratischen Umgangsformen zu kultivieren und eben auch – wie man weiterdenken kann – vor bürgerlichen Eleven abzuschirmen, um sich damit die Exklusivität eines hierarchischen Markenzeichens zu sichern. Allerdings wird diese interessengebundene Haltung bereits werkimmanent aus dem Standesinneren heraus, nämlich vom adligen Geheimrat, derart mit bitterem Hohn überzogen – **Die feinen Sitten hol' der Teufel!** (23 u.) – und mit den degenerierenden Folgen der inzüchtigen Erziehung **zum hochadlichen Dummkopf** (23 M.) konfrontiert, dass sie nicht nur aus heutiger demokratischer Wertungsperspektive, sondern auch im dramatischen Diskurs hinfällig wird.[1] Andere vorgebliche Vorteile der Privaterziehung betreffen nur das Auskommen und weitere Berufshoffnungen der Hauslehrer selbst (20 u., 21 u.), die ihren Lebensunterhalt, hätten sie Anstellung bei einer breitenwirksam eingeführten und staatlich dotierten Schule, genauso gut als öffentliche Lehrer bestreiten könnten.

Die Nachteile der Privaterziehung erwähnt und demonstriert das Drama allerdings in drückender Fülle. Zunächst werden die Repräsentanten des Hofmeisterstandes selbst kritisiert. Der Geheime Rat wirft ihnen ihre eigene Unterwürfigkeit und Anpassungsbereitschaft vor und die menschenunwürdige Aufopferung ihrer Freiheit, die letztlich nur dazu beitrage, die fatale Einrichtung der Privaterziehung zu perpetuieren und die Weiterentwicklung des öffentlichen Schulwesens zu verhindern (vgl. 19 u., 20 u., 21 M.). Allerdings stellt Pastor Läuffer das abstrakte Freiheitspathos des Geheimrats berechtigterweise in Frage, indem er auf die materielle Zwangslage stellungsloser Akademiker verweist (**Das ist sehr allgemein gesprochen, Herr Rat!**, 22 o.). Abgesehen vom Selbstverzicht auf den **Adel seiner Seele** (20 M.) unterstellt der Geheimrat dem Hofmeister und seinen Amtsgenossen bei verschiedenen Gelegenheiten, dass sie nicht wirklich gelehrt seien, sondern nur tagdieben und sich aushalten lassen würden. Auch der Dorfschullehrer Wenzeslaus argumentiert in diese Richtung, indem er Läuffer zu einem luxuriös gepäppelten Müßiggänger erklärt, der im öffentlichen Schulwesen kaum zum Kollaborator tauglich sei. Mit solchen Äußerungen vertreten beide ein ihrerzeit durchaus weit verbreitetes Vorurteil gegen angeblich halbgebildete und ungehobelte Hofmeister. Dieses Klischee hat durchaus ein historisches Unterpfand in der ärmlichen Herkunft und den dürftigen Studienmitteln des gewöhnlichen Hofmeisters, dem es damit – ganz im Gegensatz zu den Erwartungen ihrer adligen Brotherrn – an feineren Umgangsformen, weltläufiger Bildung und ausgiebiger Studiengelegenheit durchaus fehlte.[2] Die Unterstellung ist aber andererseits nicht generell triftig, wovon etwa der Blick auf die lange Reihe respektabler ehemaliger Hofmeister – Gellert, Kant, Wieland, Herder, Jean Paul, Hölderlin, Hegel und andere – überzeugen kann.

Im Einzelfall mögen Wenzeslaus und der Geheimrat aber durchaus Recht haben, gesteht Läuffer selbst doch die Berechtigung solcher Vorwürfe ein (vgl. S. 28). Der Gang der Dramenfabel schließlich, der Gustchens uneheliches Kind und die durcheinander gewirbelten Liebes- und Familienverhältnisse als Produkt der **vorteilhaften Erziehung junger Frauenzimmer durch Hofmeister** (95 u.) hinstellt, denunziert den Stand der Privatlehrer am Ende geradezu als triebgesteuerten. Doch lassen sich solche Auswirkungen häuslicher Erziehung nicht ernsthaft verallgemeinern, und schließlich zeigt Läuffers spätere Liaison mit Lise auch dramenintern, dass es auch unter den Bedingungen öffentlicher Beschulung bzw. Katechisierung (Lise geht bei Läuffer in die **Kinderlehre**, vgl. 84,22 f.) zu solch ›vorteilhaften‹ erotischen Anbahnungen kommen kann.

Aber nicht nur die lehrenden Subjekte, sondern auch die Privaterziehung als solche wird im Argumentationsspiel des Dramas in Frage gestellt.

Der Geheimrat hält sie pädagogisch für bedenklich, weil der Hausunter-
richt den notwendigerweise beschränkten Möglichkeiten einer einzelnen
Lehrperson überantwortet sei, weil die sich einmischenden Eltern den
Respekt der Lehrperson und die Konsequenz seiner Unterrichtsarbeit lädierten und vor allem weil der adlige Zögling sich nicht realistisch an den
Fähigkeiten gleichaltriger Mitschüler messen müsse. Die Hofmeisterzie-
hung habe zudem gesellschaftlich fatale Auswirkungen, weil der Standeshochmut sowohl des zu Hause kommandierenden Patrons als auch seines
privilegierten und abgesonderten Sprösslings gefördert werde. Standesar-
rogante Strukturen werden also verfestigt, die Entwicklung einer sozial in-
tegrativen und die persönlichen Fähigkeiten schätzenden Gesellschaft wird
behindert. Diese Kritik ist historisch zukunftsweisend, und hier liegen
Lenzens eigene, ernst zu nehmende und fortschrittliche Reformgedanken
beschlossen. Die Kritik an einer nur fortgezeugten Standesüberheblichkeit
wird auch im Gang des Dramas bewahrheitet am Hofmeister des Seiffenblase, der zwar Vernunft und Menschenkenntnis im Munde führt, aber den
wackeren Pätus aufs Übelste verleumdet und seinen adligen Zögling darin
bestärkt, mit Standeshochmut auf den verarmten Bürgerlichen als **lüderliche[n] Hund** (39 M.) herabzusehen.

Stellt das Drama also einerseits tatsächlich Privatlehrer und Privaterziehung ernsthaft und komödiantisch augenzwinkernd in Frage, so scheint es
auf der anderen Seite aber geradezu die Partei der Hofmeister zu ergreifen.
Denn eindringlich vergegenwärtigt das Stück das Leiden des Hofmeisters
an den Existenzbedingungen seines Standes – und damit ist nicht eigentlich der Hofmeister, sondern seine Misshandlung durch die adligen Dienstherren Gegenstand der Kritik. Diese behandeln einen Akademiker als
Dienstboten, dezimieren fortlaufend und unverfroren seine Vergütung und
Verhöhnen sein berechtigtes Anliegen, geistige, soziale und vielleicht auch
amouröse Kontakte durch gelegentliche Ausritte in das benachbarte Königsberg zu pflegen. Selbst das adlige Fräulein scheint den Hofmeister nur
als nächstliegenden Ersatz für den nicht erreichbaren eigentlichen Geliebten zu benutzen, und noch der ohnmächtige und gegen sich selbst ge-
wendete Hass der Selbstkastration könnte die deformierende Gewalt einer
Institution beschwören, die solche extremen seelischen Zwangslagen pro-
voziert.[3]

Zusammengenommen zeigt das Drama die Nachteile der Privaterziehung also mit eigenartigen Inkonsequenzen. Wenn man so will, wird der
Hofmeisterstand zwar durch all diese Einwände einer durchgreifenden
Kritik von allen Seiten unterzogen: Er sei degradierend für seine Vertreter,
pädagogisch sinnlos, gesellschaftlich parasitär und moralisch verderblich,
sofern dem Hofmeister weibliche Zöglinge anvertraut werden. Was wie

eine Steigerung der Kritik aussieht, erweist sich jedoch bei näherem Hinsehen als deren Zersplitterung. Die Hofmeister werden vor ihren Dienstherren gewarnt, die Dienstherren vor ihren Hofmeistern und die Gesellschaft vor beiden. Lenzens Kritik am Hofmeisterstand ist damit auch soziologisch ortlos: Sie ist weder eindeutig Kritik des sich emanzipierenden Bürgertums an überkommenden feudalen Strukturen noch eindeutig Kritik aus der Perspektive des familiär geschädigten Adels, sondern eine überparteiliche Kritik, die sich selbst innerlich schwächt.

Dieser soziologischen Ortlosigkeit entspricht es, dass die zum Großteil ernst zu nehmende, aufklärerische Kritik am Hofmeisterstand aus dem Munde des adligen Geheimen Rats kommt, der damit bewusst seine eigene Klasse attackiert (Pastor Läuffer: **Aber so viel weiß ich, dass der Adel überall nicht Ihrer Meinung sein wird.** Geheimrat: **So sollten die Bürger meiner Meinung sein**, 240.). Und auch der Schulmeister Wenzeslaus, der gegenüber den adligen Eindringlingen zwar sein bürgerliches Hausrecht und Standesbewusstsein beherzt zu behaupten weiß, verleumdet die eigene Bürgerklasse, wenn er die hofmeisterlichen Standeskollegen als nichtsnutzig denunziert. Eine beim Autor etwaig zu vermutende Standesparteilichkeit wird also auch durch diese Figur durchkreuzt. Aus Wenzeslaus spricht, hier überwiegt Lenzens psychologischer Realismus jegliches politisches Kalkül, das Ressentiment des sozial noch dürftiger Gestellten gegenüber den vermeintlich luxuriös gehaltenen Müßiggängern seiner Kaste in adligen Häusern.

Ohne Frage vermag der nachzeitige Blick des Interpreten die unterschiedliche Kritik am Hofmeisterwesen zu sortieren und zu gewichten (wie es in der obigen Darstellung geschehen ist): nach ihrer Interessengebundenheit (exklusive Adelserziehung), nach ihrer Abhängigkeit vom Entwicklungsstand der schulischen Institutionen (Berufsnot der Hofmeister), nach ihrer mangelnden Verallgemeinerbarkeit (Faulheitsvorwurf, Verführungsgefahr), aber eben auch nach ihrer historischen Triftigkeit (Hemmschuh einer demokratischen Leistungsgesellschaft, bürgerliche Intelligenz im Domestikenkorsett). Das Stück selbst jedoch nimmt eine solch ordnende Wertungsperspektive nicht ein, es überlässt die Wertungsarbeit dem Leser.

Damit ist aber Lenzens Drama DER HOFMEISTER ODER DIE VORTEILE DER PRIVATERZIEHUNG, argumentativ besehen, nicht das, was es scheint. Denn wäre es wirklich ein gesellschaftskritisch-pädagogisches Tendenzstück, eine Exempeldichtung gegen das Hofmeistertum, so fehlte es der Beweisführung an Zielbewusstsein und Durchschlagskraft, und die Akzente wären falsch gesetzt: Weniger die Nachteile der Privaterziehung für den Hofmeister selbst müssten dann im Dramenzentrum stehen, sondern die Auswirkungen der Privaterziehung auf den Zögling. Doch im Grunde sind die Demütigungen, die Läuffer zu erleiden hat, das eigentlich vorwaltende

Thema, das sich bereits in seinem sprechenden Namen – den Bediensteten und Gehetzten signalisierend – ankündigt und noch unter der Ägide des Dorfschulmeisters fortsetzt. Solche Demütigungen kennt der Autor LENZ am eigenen Seelenleib zur Genüge. Sie öffnen seinen anteilnehmenden Blick für die geschundene und gehetzte Kreatur, und indem er solche Erniedrigung des Menschen auf gesellschaftliche Daseinsbedingungen – hier die berufsspezifischen Lebensbedingungen eines Privatlehrers – bezieht, öffnet er auch den Weg einer sozial empfindlichen Dramatik.

Im Kern ist mithin DER HOFMEISTER kein Pamphlet gegen die Privaterziehung, sondern ein Plädoyer für die Menschenwürde eines Privatlehrers. Es ist das Interessante an JAKOB MICHAEL REINHOLD LENZ, wie sich die Wahrheit seiner Person immer wieder zwischen die Zeilen seiner Programmatik setzt.

1.3.2 Vernünftiger Schulunterricht und ein eifernder Schulmeister

Wird das Hauslehrerwesen in ein Streulicht sich widersprechender Perspektiven getaucht, so erscheint auch die vom Stück protegierte Alternative, das öffentliche Schulwesen, nicht in einem durch und durch günstigen, sondern im Zwielicht.

Die Einwände des Pastors gegen eine nüchterne und pedantische Schule beziehen sich auf die Lateinschulen, die in der Tat in einer langen Tradition buchgelehrsamer und weltferner Bildung stehen. Allerdings zeigen die Reformansätze des Aufklärungszeitalters – z.B. der Philanthropismus eines Basedow oder Campe, ja selbst schon frühere Ansätze wie die Franckesche Stiftung in Halle – mit ihrer Zielrichtung einer berufstauglichen und gemeinnützigen Schulbildung langsam Wirkung im öffentlichen Schulwesen. Insofern betreffen diese Einwände eine überwindbare historische Hypothek der Stadtschulen und kein strukturelles oder prinzipielles Manko. Die Meinung des Majors, an den öffentlichen Schulen würden die Sitten verrohen, rührt vom Dünkel des Adels her, der fürchtet, dass seine im höfischen Zeitalter forciert betriebene Standeserziehung in einer Gemeinschaftsschule zerfallen würde: Der Adel will sich bewusst nicht gemein machen mit dem Bürger.[4]

Statt diesen antiquierten Argumenten ist – aus der heutigen Betrachterposition allemal – den fortschrittlichen Argumenten des Geheimrats beizupflichten, wenn er den sozialintegrativen Charakter einer gemeinsamen Schule für Adel und Bürgertum hervorhebt oder darauf hinweist, dass der Finanzbeitrag des Adels eine Qualitätssteigerung ermöglichen und Talentressourcen unter den Studenten erschließen würde. Einen Einblick in die eigentliche Praxis dieser Schule gewährt LENZENS Drama jedoch nicht (während die private Unterrichtung Leopolds, in die der Major hineinpoltert, und diejenige Gustchens, die vom amourösen Rollenspiel durchkreuzt wird, ansatzweise vergegenwärtigt werden). Immerhin führt das Stück einen Vertreter der Schulinstitution vor, allerdings keinen Klassenpräzeptor der Stadtschule, die Fritz von Berg besucht, sondern den Vorsteher einer Dorfschule. Der Einwand, damit könne Wenzeslaus nicht als Vertreter der vom Geheimrat gemeinten öffentlichen Schule gelten[5], ist dennoch nicht stichhaltig.

Zum einen ist Wenzeslaus von seinem Bildungsstand, der sich in lateinischen und griechischen Zitaten und historischen Anspielungen bekundet, durchaus kein typischer Dorfschullehrer (vorwiegend Küster und Handwerker), sondern könnte durchaus ein Lateinschullehrer sein. Erklärtermaßen lehrt er seine Dorfschüler sogar **Lateinisch** und betreibt ein gewissermaßen aufklärerisches Curriculum – er lehrt sie **mit Vernunft lesen dazu und gute Sachen schreiben dazu** (52 u.) –, was zeigt, dass er von Lenz nicht als niederer Elementarschullehrer gedacht ist (die mangelnde staatliche Regelung der damaligen Lehrerausbildung, Schulformen, Zugangs- und Abschlussanforderungen würde eine solche Akzentsetzung des Wenzeslaus – den Übergriff des Dorfschulwesens in das Lehrangebot der Stadtschulen – übrigens durchaus erlauben).

Zum anderen betrifft keines der im Stück ausgetauschten Streitargumente über das Erziehungswesen im eigentlichen Sinne den inhaltlichen Lernplan, sondern sie beziehen sich auf die soziale Lage der Lehrenden und das soziale Lernen der Kinder. Und in dieser Hinsicht stehen sich Privaterziehung auf der einen Seite und Latein- sowie Dorfschule zusammen auf der anderen Seite gegenüber. Von all diesen Erwägungen abgesehen spricht kein Textindiz dafür, dass Lenz *drei* Erziehungsinstitutionen bewusst auseinander halten möchte. Vielmehr wird die vom Geheimrat angerührte Debatte um das öffentliche Schulwesen gerade im Hause des Dorflehrers weitergeführt.

Allerdings ist der öffentliche Lehrer Wenzeslaus ein derart merkwürdiger und absonderlicher Vertreter seines Standes, dass dieses schrullige Original von daher eigentlich kaum als Repräsentativfigur empfunden werden kann. Lenzens dramatisches Naturell, seine Lust an der charakteristischen und karikaturistischen Menschenzeichnung, scheint mit ihm durchgegangen zu sein, auch wenn er damit unter der Hand die von ihm eigentlich protegierte öffentliche Schule in Misskredit bringt.

Nicht dass diese ländliche Lehrkraft eine eindeutig lächerliche und missfällige Figur wäre. Manchmal weiß weder Läuffer noch der Leser, ob er es als Verheißung oder Drohung auffassen soll, wenn Wenzeslaus verspricht: **Ich will Euch nach meiner Hand ziehen, dass Ihr Euch selber nicht mehr wiederkennen sollt** (54 u.). Denn einerseits scheint dieser vor Gelehrsamkeit strotzende Schulmeister durchaus mehr in die **Collegia** denn **in die Bordells** (61 M.) oder **Richters Kaffeehaus** (5 M.) gegangen zu sein, und auch in seiner Schultätigkeit geht er für einen Hunger- und Gewissenslohn über den Dienst nach Vorschrift hinaus: **Ich soll meinen Buben lesen und schreiben lehren; ich lehre sie rechnen dazu und Lateinisch dazu und mit Vernunft lesen dazu und gute Sachen schreiben dazu** (52 u.). Weiterhin zeigt dieser öffentliche Lehrer ein gesundes Selbstvertrauen, was seine intellektuellen Fähigkeiten und seine bürgerlichen Rechte betrifft. Und wenn Wenzeslaus darauf hinweist, dass der relative Freiheitsraum bei seiner Berufsausübung seine Zufriedenheit steigert, so wird man ihm dies durchaus abnehmen und diesen Gesichtspunkt zugunsten des öffentlichen Schulwesens verbuchen.

Andererseits könnte sich hinter seiner Begeisterung für das Weltverbesserungsmittel des Geradeschreibens sehr wohl ein kleinlicher, disziplinierender Drill seiner Zöglinge verbergen. Und sein lebenslanger pfeiferauchender Kampf gegen die **bösen Begierden** (52 o.) ist aus der Sicht einer humanen Anthropologie ein Feldzug gegen die menschliche Natur selbst, dessen erschreckendes Antlitz Lenz gerade in diesem Stück durch Läuffers zielgerichtete Selbstverstümmelung herausstellt. Diese hat Wenzeslaus mit seiner sinnenfeindlichen Gehirnwäsche durchaus gefördert und daher auch frenetisch bejubelt. Auch der Berufung des Schulmeisters auf die **Vernunft** (52 u.) traut man im Nachhinein nicht über den Weg, wenn sich sein ganzer Argwohn gegen die **Zweifler** und **die ganze heutige vernünftige Welt** (83 u.) offenbart, als es um den Aberglauben in den Glaubenslehren geht. Zwar argumentiert der Dorfschulmeister durchaus nicht blind buchstabengläubig, sondern im Hinblick auf den moralischen Nutzen der wunderlichen Religionsfabeln, doch ist sein Ressentiment gegen die **nüchternen Spötteleien**, das **Freigeistern** und den in Schach zu haltenden **Pöbel** (84 o.) – und damit sein konservativer und anti-aufklärerischer Charakter – unüberhörbar. In der Wahrnehmung dieses eifernden Schulmeisters beschleichen den Leser also wechselweise amüsierte Zustimmung und leises Grauen; Lenz hat den Klassenpräzeptor als groteske Figur gezeichnet. Nur in dieser Verkörperung, im Zerrbild eines zwar couragierten, aber auch kuriosen und höchst suspekten Schulmeisters, erscheint das öffentliche Schulwesen im *Hofmeister*-Drama.

Wie bei der Darstellung und vermeintlichen Abwertung der Privaterziehung weniger die Verderblichkeit als die Erniedrigung des Hofmeisterstandes in den dramatischen Mittelpunkt rückt, so verschiebt sich auch bei der Darstellung und vermeintlichen Aufwertung des öffentlichen Schulwesens das dramatische Interesse von der Vernunft und dem Freiheitsraum des Unterrichts auf die Skurrilität des Unterrichtenden. Die institutionelle Debatte wird nicht ernsthaft geführt – damit bleibt das Drama aber auch Drama und sinkt nicht zum dramatisierten Thesenpapier herab.

Überblickt man alle Argumente und Handlungsmomente, die für die Erziehungsdebatte im HOFMEISTER von Belang sind, so erweist sich das Stück als vielschichtig; mehrperspektivische Wirklichkeit setzt sich über den Ansatz von einseitiger Weltanschauung hinweg. Dieser Mangel an zwingender Gedankenkonstruktion ist dem Autor in seiner Wirkungsgeschichte oft genug vorgehalten worden. Dem heutigen Leser bietet sich damit jedoch die besondere Möglichkeit, den gärenden Rohstoff damaliger sozialer und intellektueller Wirklichkeit (weitgehend) ohne idealistische Glättungen, also (relativ) ursprünglich kennen zu lernen. Und der Unterrichtende wird in dieser ungeglätteten Widersprüchlichkeit gerade die Chance erkennen, seine Schüler genau hinschauen und ergebnisoffen urteilen zu lassen. Denn LENZ verbreitet keine geradlinigen Lehren und schert die Individuen nicht über einen Kamm. Wenzeslaus mag das Gradschreiben verherrlichen; seinem Autor liegt das Begradigungsschreiben fern.

1.3.3 Lebenshintergründe: Lenzens Hassliebe zum Lehrerstand

LENZ hat die Bedingungen eines Hofmeisterdaseins und die ähnlichen eines Reisebegleiters adliger Kavaliere (Hofmeister wurden ja auch als Studien- und Reisebegleiter der Adelssöhne eingesetzt) am eigenen Leibe erfahren – und erlitten.

Während seines Studiums in Königsberg (1768–1771) war er nach eigenen Angaben ein halbes Jahr als Hofmeister tätig, wovon er sich bezeichnenderweise öffentlich distanziert: **Auf der Akademie in Königsberg nahm ich einen Antrag von der Art auf ein halbes Jahr an; weil meine Überzeugung aber, oder mein Vorurtheil wider diesen Stand immer lebhafter wurde, zog ich mich wieder in meine arme Freyheit zurück, und bin** *nachher nie wieder Hofmeister gewesen.*[6] Unter dem Eindruck der (kurzen) euphorischen Genieempfindung dürfte LENZ den servilen Berufsstand des Hauslehrers wie sein Geheimrat von Berg prinzipiell als ehrenrührig für ein freidenkendes Individuum empfunden haben. Wahrscheinlich will er mit dieser Anzeige auch dem Vorwurf der Heuchelei oder Inkonsequenz beggnen, er habe einen Berufsstand literarisch verdammt, den er aber davon unbenommen praktiziere.

Aber auch mit der öffentlichen Schule hat LENZ zweifelhafte Erfahrungen gemacht. Selbst sein gestrenger Vater hat seinen Sohn vor den schlagkräftigen Erziehungsmethoden an der Dorpater Lateinschule in Schutz und zwischenzeitlich gar ganz aus der Schule genommen.[7] Und in Bezug auf die Situation eines Schullehrers berichtet LENZ in einem Brief aus dem Jahre 1772 vom Besuch des Landauer Rektors, dessen geistige Kontakte und Regsamkeit unter Staubesschichten eingeschlafen seien, und an den er nur mit Beklemmung zurückdenken könne: **o Gott, eh so viel Gras über meine Seele wachsen soll, so wollt ich lieber, daß nie eine Pflugschar drüber gefahren wäre.**[8] Anfang 1771 trägt der Vater LENZ eine Hofmeisterstelle bei der Schwester des Obristen Bok in Lettland an[9], doch muss die Vorstellung einer solchen kleinlichen und abhängigen Tätigkeit, noch dazu im lokalen Bannkreis des beherrschenden Vaters, in ihm Grauen erregt haben. Daher ergreift er die sich bietende Möglichkeit, als Reisebegleiter zweier Kommilitonen, der Barone Kleist, von Königsberg nach Straßburg zu fliehen (und damit sein Studium abzubrechen). In dieser Lage erlebt LENZ freilich eine ähnlich drückende Geringstellung und Abhängigkeit wie ein Hofmeister, denn wie dieser wird auch er als Faktotum genutzt: Er dient als Übersetzer (weil er Französisch spricht), als Gesellschafter, als Liebesbrief-Schreiber und Vertrags-Aufsetzer, ist aber auch verantwortlich für das Aufräumen des Zimmers, für die Beschaffung von Essen und Wein bis hin für das Uniformenausbürsten und Stiefelputzen.[10] Letztlich ist es ebenfalls eine Lakaienposition, deren Erleben sowohl in die Gestaltung des Lehrdieners Läuffer eingeht wie ebenso in die der standesohnmächtigen Liebesbewerber im TAGEBUCH oder in den SOLDATEN, die gegen die wohl situierten amourösen Routiniers von Stande bei ihrer Geliebten keine Chance haben.

Es ist ein Ausdruck für den demütigenden Verlauf seiner weiteren Lebensgeschicke, dass LENZ so sehr seinen leidenschaftlichen Einstellungen zuwider noch mehrmals genötigt sein wird, sich durch Stundengeben und Hauslehrer-Sein zu verdingen – was unter seinen Umständen nicht viel mehr bedeutete, als der Unterstützung durch Freunde, Gönner oder Anteilnehmende ein Weniges aus eigener Berufsanstrengung beizutun. Bereits nach seiner Trennung von den Baronen Kleist (November 1774) lebt er vom Stundengeben[11]: Im Herbst 1780 arbeitet er einige Wochen in der Nähe von Dorpat als Hofmeister beim Baron von Liphardt und gibt 1781–83 in Moskau, während er vom Historiker Gerhard Friedrich Müller beherbergt wird, einige Privatstunden[12].

Das pädagogische Interesse an sich bleibt eine Konstante des weiteren Lebensweges bis hin in das zweifelhafte Heimatexil Moskau. Er veröffentlicht einige pädagogische Schriften; viele handschriftliche Notizen, Konzepte und Skizzen zu Bildungs- und Schulfragen finden sich in seinem Nachlass.[13]

Auch nach dem Tod seines Gönners Müller arbeitet LENZ 1783–86 in Moskau gelegentlich, nie aber in dauernder und fester Anstellung, als Hauslehrer, aber auch in öffentlichen Lehranstalten, etwa in dem zur Kaiserlichen Universität gehörenden Gymnasium oder in der dem Findelhaus angegliederten Schule (auf die sich die oben genannte Erziehungsschrift RECHENSCHAFT bezieht). Obgleich letzterer Umstand danach aussieht, als hätte er hierbei im Einklang mit seinem im HOFMEISTER niedergelegten Plädoyer für das öffentliche Schulwesen wirken können, dürften doch auch diese Tätigkeiten belastend gewesen sein und zum Scheitern geführt haben: In seiner weichen, verletzbaren und wenig beherrschenden Wesensart dürfte er sich in die Lehrerrolle nicht glücklich geschickt haben – zumal unter den Anfechtungen der zu dieser Zeit schon lange lastenden Seelenkrankheit.[14] Kurz vor seinem Tode schreibt er jedenfalls, und das ist ein spätes bitteres Nachwort zum *HOFMEISTER*: Ich bitte knieend alle lieben Geschwister, xpucma pagu [russ. um Christi Willen] mich mit allem was Schulen und Erziehung betrifft zu verschonen.[15]

1.4   Erziehungsthema II:
Moralische Publikumserziehung

Die Erörterung der pädagogischen Institutionen des Hofmeistertums und der öffentlichen Schule stellt nur den offenkundigen Teil der Erziehungsthematik im Drama dar. Weiter gehend und grundsätzlich will das Drama selbst pädagogische Handlung sein. Es will mitwirken an einer Humanisierung und Aufklärung des Publikums, will Beitrag sein zur Erziehung des Menschengeschlechtes (um mit dem Titel der Lessing-Schrift zu sprechen).

Für LENZ nämlich bemisst sich der Wert eines Dramas an dem Grad dieser Publikumsprägung, an dem fortwirkenden Einfluss auf das Denken, Empfinden, aber vor allem auf das Handeln der Menschen:

> Wo ist der lebendige Eindruck, der sich in Gesinnungen, Taten und Handlungen hernach einmischt, der prometheische Funken der [...] unser ganzes Leben beseligt. Das also sei unsre Gerichtswaage nach der wir auch mit verbundenen Augen den wahren Wert eines Stücks bestimmen.[16]

In diesem Credo für eine menschenbessernde Literatur stimmt LENZ mit seinem aufklärenden Zeitalter überein. Jedoch wird sich zeigen, dass die Akzente seiner Publikumserziehung weniger in der Belehrung über ein vernunftgemäßes Handeln liegen – und auch nicht im vielleicht zu erwartenden freiheitspathetischen Vorkampf des Sturm und Drang –, sondern unscheinbarer daherkommen. Sie rühren von der religiösen Prägung des Autors her und vom Appell des abtrünnigen Sohnes an seinen Botmäßigkeit einfordernden, drakonischen Vater. Die Grundwerte des von LENZ verkörperten literarischen Erziehungsprogramms sind Großmut, Fähigkeit zur Verzeihung, unbeirrbare Liebe zwischen Eltern und Kind sowie die Überwindung von Vorurteilen.

1.4.1 *Major von Berg als sich entwickelnder Menschenfreund*

Das wesentliche Modell einer Humanisierung des Menschen im *HOFMEISTER* ist der Major. Diese Ansicht mag befremden, wird die Figur in der Sekundärliteratur doch fast durchgängig auf ihr Anfangsstadium – den burschikosen Militärjunker (den von Plautus geschaffenen Typus des *miles gloriosus*) – festgeschrieben, ohne ihre Entwicklung wahrzunehmen. Gerade in dieser Entwicklung liegt jedoch die vorbildhafte Funktion der Majorsgestalt begründet. Freilich berühren die erzieherischen Einflussnahmen seines Bruders, des von Aufklärungsideen beseelten Geheimrats, diese Veränderungen noch kaum.

Immer, wenn den cholerischen Landadligen sein Temperament übermannt, sieht der Geheimrat die Vernunftkontrolle für ausgesetzt und seinen Bruder daher im Sinne der Aufklärung für unzurechnungsfähig an: **Deine Wut macht dich unmündig** (44 u.). Kurzerhand schließt er seinen Bruder ein – eine erzieherische Maßnahme, die er später wiederholt, als der vom verzweifelten Gram überwältigte Major in den Türkenkrieg ziehen will: **Meinst du, vernünftige Leute werden sich von deinen Phantasien übertölpeln lassen? Ich kündige dir hiermit Hausarrest an** (56 M.). Im Grunde aber ist es umgekehrt der Major, der dem Geheimrat Erziehungslektionen zu erteilen hat. Schließlich zeigt er eine unbändige und am Ende verzeihende Tochterliebe, die der Geheimrat gegen seinen Sohn nur allzu bereitwillig vergisst und nur halbherzig wiederherstellt (vgl. Kap. 1.4.3 und 1.6).

Der Major jedenfalls wird nicht durch Aufklärungstheorie, sondern durch seinen Trennungsschmerz und die bewusst werdende kreatürliche Tochterliebe verändert: **Ich muss meine Tochter wiederhaben, und wenn nicht in diesem Leben, doch in jener Welt, und da soll mein hochweiser Bruder und mein hochweiseres Weib mich wahrhaftig nicht von abhalten** (60 M.). Zwar hat er **aus dem Mädchen** immer schon seinen **Abgott gemacht** (43 M.), doch war seine Affenliebe durchaus selbstsüchtig. Wenn er früher beteuert hat, **dass ihresgleichen an Schönheit im ganzen Preußenlande nichts anzutreffen** sei, so betont er im gleichen eitlen Atemzug, dass sie sein **Ebenbild** sei (12 o.). Und sein frommer Wunsch, **wenn Gott mir die Gnade tun wollte, dass ich sie noch vor meinem Ende mit einem General oder Staatsminister vom ersten Range versorgt sähe, – denn keinen andern soll sie sein Lebtage bekommen** (13 M.), darf durchaus auch im Sinne einer Aufwertung des eigenen gesellschaftlichen Ansehens gelesen werden.

Aber bereits während Gustchens verdeckter Schwangerschaft, als sie aus scheinbar unerfindlichen Gründen gesundheitlich und äußerlich abzufallen scheint, verändert sich der Major durch ein sympathetisches Mitleiden. Er scheut nicht die körperliche Arbeit auf dem Felde und den Hohn seiner Frau, die ihn einer dem Adel unwürdigen Tätigkeit anheim fallen sieht, um seiner Tochter einen Platz im Hospital zu sichern. Schon hier verlässt er also die standesbetonte Position und lässt sich auf den Status eines einfachen Bauern herab. Als die Tochter aus dem Haus flieht und dem Vater verloren ist, wird er vollends von seinem Verlustleid beherrscht und denkt an Selbstmord auf dem Schlachtfeld. Die Tochterliebe verzehrt ihn buchstäblich, doch diese Tochterliebe weitet sich sehr wohl aus zur Anteilnahme an unglücklichen Kreaturen überhaupt. Denn als er auf der Suche nach seiner Tochter eine Frau in den Teich springen sieht, springt er sofort hinterher: **Ein Weibsbild war's und wenngleich nicht meine Tochter, doch auch ein** unglücklich Weibsbild (62 u.). In einem Taumel unbändiger Zärtlichkeit feiert er die Wiedervereinigung mit der Tochter; nach einigen unwillkürlichen und temperamentvollen Flüchen vergibt er ihr vorbehaltlos alles, was ihm Leid verschafft hat: **Ich verzeih' dir; ist alles vergeben und vergessen – Gott weiß es: ich verzeih' dir** (63 u.). Und war ihm vormals keine Heiratspartie im Lande gut genug, ist er nunmehr bereit, sogar die Standesschranken umzuwerfen und die Mesalliance anzunehmen: **Gottlose Kanaille! Hättst du mir nur ein Wort vorher davon gesagt; ich hätte dem Lausejungen einen Adelsbrief gekauft, da hättet ihr können zusammenkriechen** (63 M.). Sein Verständnis für die Tochter geht so weit, dass er selbst ihres vermeintlichen Geliebten Läuffer gedenkt, den er noch kurz zuvor angeschossen hat (vgl. 63 u.), und später ist wiederum er der einzige – übrigens auch im Gegensatz zur Mutter –, der sich Gedanken über Gustchens uneheliches Kind macht und erst ruht, ja dem **das Leben wiedergeben** wird, als auch dieses Wesen in der Familiengemeinschaft geborgen ist: **Das war der einzige Wurm, der mir noch dran nagte** (92 u.).

Der vermeintlich auf polternde Brutalität festgelegte Major schaut also durchaus im Verlauf des Dramas über seine Eigeninteressen hinweg und nimmt sorgenden Anteil an anderen hilfebedürftigen Menschen. Und als ihm von einem Freier für seine Tochter geredet wird, verdammt er sogar instinktiv das Pochen auf die Standesgrenzen: **Ist's ein Mensch von gutem Hause? Ist er von Adel? […] O sie sollte die erste Partie im Königreich werden. Das ist ein vermaledeiter Gedanke! wenn ich doch den erst fort hätte; er wird mich noch ins Irrenhaus bringen** (94 o.). Er erkennt das Falschleitende selbstbezogener Wünsche und sieht ein, dass eine vornehmlich auf Renomee und Sozialprestige gerichtete Denkungsweise den Menschen beiseite setzt und das Miteinander vergiftet. Gerade diese Einsicht hätte sich Lenz zutiefst von seinem eigenen Vater gewünscht, der seinen selbstbezogenen Wunsch, dass der Sohn Hofmeister und später Pastor werden solle, niemals überwinden konnte, und der niemals fähig war, seinen Sohn so anzuerkennen und zu lieben, wie dieser in seinen eigenen – auf eine Schriftstellerexistenz gerichteten – Wünschen war. In diesem Sinne ist der Major – wie übrigens auch Wesener in den Soldaten oder der Vater im Zerbin – eine Appellfigur an den Vaterzorn, und wenn in der Literatur zum Hofmeister so viel vom biblischen Gleichnis des verlorenen Sohnes gesprochen wird, so muss klar gesagt werden, dass der Major – jedenfalls am Ende seiner Entwicklung – diejenige Figur ist, die das Modell des biblischen Vaters am genauesten erfüllt. Seine äffische Liebe des Tochterbildes wandelt sich zur kreatürlichen und vorbehaltlosen Liebe der Tochter selbst.

In dieser Hinsicht kommt der Major Lenzens Wunschvorstellung einer zu verwirklichenden wahrhaft *menschlichen* Natur nahe. Das Gegenbild ist

Vater Pätus, jedenfalls vor seiner Wandlung zum ebenfalls durch Großmut beschämten, liebenden Vater. Dieser hat die eigene Mutter um das Erbe hintergangen und verstoßen, und damit hat er **eine Weile seine menschliche Natur ausgezogen** und war **in ein wildes Tier ausgeartet** (95 M.). Nach LENZENS moralphilosophischen Überzeugungen jedoch sind **diese beiden Grundtriebe […] in die menschliche Natur von ihrem Schöpfer gelegt […]: Der Trieb nach Vollkommenheit und der Trieb nach Glückseligkeit.** Der Trieb nach Vollkommenheit ist, modern gesprochen, der Drang nach harmonisch ausgeglichener, allseitiger Selbstentwicklung und Selbstverwirklichung. Es ist also **das ursprüngliche Verlangen unsers Wesens, sich eines immer größern Umfanges unserer Kräfte und Fähigkeiten bewußt zu werden. Es versteht sich am Rande, dass hier Fähigkeiten des Geistes und Körpers samt und sonders verstanden werden** […]. Den Trieb nach Glückseligkeit definiert LENZ jedoch bemerkenswerterweise nicht als einen direkten, selbstbezogenen, sondern gleichsam als einen indirekten, auf den Nebenmenschen bezogenen Weg. Denn Glückseligkeit ist für ihn der **höchste Zustand der Bewegung** […], **wo unsere äußern Umstände unsere Relationen und Situationen so zusammenlaufen, daß wir das größtmöglichste Feld vor uns haben, unsere Vollkommenheit zu erhöhen zu befördern und andern empfindbar zu machen.** Und für diese Umstände, die **das größt[e] Gefühl unserer Existenz, unserer Fähigkeiten, unsers Selbst** ermöglichen, sind in erster Linie nicht wir selbst, sondern die Mitmenschen verantwortlich.[17] Sie haben die Aufgabe, die existenzförderlichen, Glückseligkeit gewährenden Lebensumstände für den jeweils anderen herzustellen:

> Wir müssen suchen andere um uns herum glücklich zu machen. Nach allen unsern Kräften arbeiten, nicht allein ihre Fähigkeiten zu entwickeln, sondern auch sie in solche Zustände zu setzen, worin sie ihre Fähigkeiten am besten entwickeln können. Wenn jeder diesen Vorsatz in sich zur Reife und zum Leben kommen läßt, so werden wir eine glückliche Welt haben. Jeder sorgt bloß für des andern Glück und jeder wird selbst glücklich, weil er um sich herum Leute findet, die für das seinige sorgen.[18]

Die Verwirklichung dieses obersten Prinzips der Moral würde **das Reich Gottes auf Erden** schaffen, von dem wir – dessen ist sich LENZ bewusst – freilich weit entfernt sind: **Aber – ach diese Welt, ist keine solche Welt. Jeder sorgt nur für seinen eignen Zustand, für den Zustand seines Nachbaren aber schließt er die Augen zu.** Dieses praktisch nächstenliebende Verhalten ist aber **eben der große Probierstein von der Wahrhaftigkeit und Realität unsers Glaubens. Frisch an die Arbeit, meine Brüder, die ihr Mut genug habt, Menschenfreunde zu sein.**[19]

Major von Berg, der Vater des verwirrten und ins Unglück gestürzten Gustchens, setzt am Ende des Dramas diese Nächstenliebe eines Menschenfreundes in die Tat um. Was er dann von Fritz erhofft, dass dieser ein **Philosoph** sei (94 M.), der die abschätzige Gesellschaftsmeinung über eine nicht-jungfräuliche Ehefrau und über ein uneheliches Kind überwindet, das hat er schon längst in seiner sorgenden Aufmerksamkeit für Tochter und Tochterskind vorgelebt.

Dass der Major kein widerspruchsfreies, abgezirkeltes Ideal von Humanität und Edelmut darstellt, tut seiner publikumserziehenden Funktion keinen Abbruch. Im Gegenteil: Soll eine Figur unaufdringlich und nachhaltig wirken, muss sie lebensverhaftet sein, Ungereimtheiten und Widersprüche des wirklichen Menschen zeigen. Nur eine Humanität, die sich aus dem widerstrebenden Material des Menschen hervorarbeitet, ist – zumal dem desillusionierten heutigen Leser – glaubhaft.

1.4.2 *Fritz von Berg als Musterbild von Großmut und aufgeklärtem Geist*

Das zweite Modell einer Erziehung des Menschengeschlechts verkörpert Fritz von Berg. Allerdings haftet diesem Modell in der Tat gerade dieses unglaubhaft Glatte und Idealische an. Im Grunde ist Fritz von Anfang bis Ende gleich. Obgleich der Vater seinen Liebesschwur an Gustchen nicht ernst nimmt, wiederholt ihn Fritz mit standhafter Ernsthaftigkeit – **Ja Papa, bei Gott! ich denk' ihn zu halten** (17 o.) – und hält ihn im Studienort Halle auch ein, indem er, wie Pätus sagt, das ganze Jahr **noch mit keinem Mädchen gesprochen** habe, was nach dessen Ansicht **melancholisch machen** müsse (27 M.). Allerdings kommt es in Folge seines Zerwürfnisses mit dem Vater zu seiner Flucht nach Leipzig und zum Abbruch des Kontaktes zum Elternhaus, wodurch auch Gustchen keinerlei Nachricht mehr empfängt und sich vernachlässigt fühlt – eine Schuld, die Fritz später tief empfindet: **meine Schuld einzig und allein** (78 o.) – und die ihn dazu treibt, Gustchen in den Selbstmord zu folgen: **Ich habe geschworen, falsch geschworen – Gustchen! wär es erlaubt, dir nachzuspringen!** *(Steht hastig auf.)* **Wo ist der Teich?** (92 u.).

Als sich jedoch herausstellt, dass Gustchen und ihr Kind glücklicherweise leben, setzt Fritz sich über die vorurteiligen Denkweisen seiner Zeit hinweg und nimmt die dem sozialen Verdikt anheim fallende voreheliche Mutter – denn **dass sie entehrt ist**, ist **leider nur eine zu traurige Wahrheit** (92 o.) – sowie ihr uneheliches Kind liebend an (allerdings mit der kleinen Stichelei über das traurige Pfand weiblicher Schwachheit und die leibgewordenen Vorteile der Privaterziehung). **Dass du so großmütig bist, dass du so edel denkst** – (94 M.), kann daher mit voller Berechtigung der überfrohe Vater Major von Berg ausrufen. **Dieser Fehltritt macht sie mir nur noch teurer** – [...] **O was hab' ich von einer solchen Frau anders zu gewarten, als einen Himmel?** (94 u.), bekräftigt Fritz, und nur ein modernes und latent zynisches Denken kann den Grund in der eigenen Begierde sehen, **mit der er den Umarmungen eines erfahrenen Mädchens entgegensieht**.[20] Den wirklichen Grund nennt der Major: **Ja wohl einen Himmel; wenn's wahr ist, dass die Gerechten nicht allein hineinkommen, sondern auch die Sünder, die Buße tun** (94 u.). Nicht das weise Besserwissen des Geheimrats noch das besserwisserische Voraussehen des herzlosen Seiffenblase und seines Hofmeisters werden von Lenz in diesem Stück geadelt, sondern eine Menschlichkeit, die weiß, dass Fehlbarkeit eine Grundvoraussetzung und ein Recht des Menschen ist. Ja geradezu in der Fehlbarkeit erweist sich das Allgemeinmenschliche und die wirkliche Bewährungsprobe desjenigen, der die menschliche Stärke der Vergebung zeigt. Liebe erweist sich nicht, wenn der andere so ist und sich so verhält, wie es einem wohlgefällt, sondern gerade dann, wenn man dessen Glückseligkeit über eigene Enttäuschung und eigenes Nicht-Gutheißen hinweg zu befördern vermag – z. B. durch die eigene liebende Zuwendung. Davon spricht auch Lenzens letzter Brief an den Vater, der in einer gewissen Verwirrung seine quälend-elenden Lebensumstände und sein Ringen um Erlösung zum Ausdruck bringt:

> ich winde mich als ein Wurm im Staube und flehe um Erlösung […]. Ich habe gefehlt, 1000mal gefehlt. […] Ich lebe noch, allein bitte meine teure Verwandte und ihre holländischen und englischen Korrespondenten zu bedenken daß ich ein Mensch war, der fehlen konnte und tausendmal gefehlt hat.[21]

Ihm gegenüber haben die teuren Verwandten, zuförderst der Vater, diese Einsicht nicht verwirklicht, dass es nur Menschen sind, die falsch oder vermeintlich falsch handeln können, und dass man den Menschen ob und gerade seiner Unvollkommenheit wegen liebend annehmen sollte.

Die idealische Vorbildlichkeit des Fritz erweist sich indessen nicht nur in Bezug auf Gustchen. Auch in seiner klassenübergreifenden Freundschaft zu Pätus, dem Schulkameraden aus der öffentlichen Schule (vgl. 39 u.), zeigen sich Unbeirrbarkeit, Großmut und Prinzipientreue. Fritz opfert sich auf, den Part des in Schulden geratenen Freundes zu übernehmen und für ihn im Schularrest einzusitzen (vgl. 38 u.) – auf Gefahr der eigenen Rufschädigung und des dann auch tatsächlich eintretenden Zerwürfnisses mit dem Vater (vgl. 42 f.). In gewisser Weise versucht er – ähnlich wie sein Vater ihm gegenüber (vgl. 14 M.) – Pätus zur Vernunft zu erziehen, indem er ihn einerseits auf die Gefährdungen durch kokette Weibsbilder hinweist (vgl. 64 M.), und andererseits, indem er ihn zur Selbstbeherrschung gegenüber bürgerlichen Jungfrauen drängt: **Die Rehaarin ist ein unverführtes unschuldiges jugendliches Lamm** […]. **Ein Mann, der gegen ein Frauenzimmer es so weit treibt, als er nur immer kann, ist entweder ein Teekessel**

oder ein Bösewicht (64 u.). Durch einen unbesonnenen, wenn auch harm- und folgenlosen Fenstereinstieg hat Pätus den Ruf der Mademoiselle Rehaar gefährlich lädiert und damit **ihre einzige Aussteuer, ihren guten Namen,** geraubt (65 M.), und nur die beharrliche Einwirkung seines sozial umsichtigen Freundes Fritz bringt den fahrlässigen Leichtfuß zur Räson. Auch hierbei stellt Fritz selbstlos seine eigenen Belange und Gefühle hintan – er wirft seine Freundschaft dafür in die Waage: **Nimm mir's nicht übel, wir können so nicht gute Freunde zusammen bleiben** (64 u.). Mehr noch, er setzt sogar sein Leben in einem Duell aufs Spiel, zu dem er den Freund anstelle des beleidigten, aber feigen Bürgervaters auffordert, damit dieser sich öffentlich für sein entehrendes Verhalten entschuldigt und über eine Wiedergutmachung nachdenkt: **Ja, ich will dich zwingen, kein Schurke zu sein** (69 o.). Durch dieses selbstlose, auf die Lebensumstände anderer achtende Verhalten erzieht er auch den Freund zu einem fairen und rechtschaffenen Betragen gegen die in Verruf geratende Familie Rehaar – und verwirklicht damit LENZENS **erstes Principium** eines auf die allgemeine Glückseligkeit hinstrebenden moralischen Verhaltens.

Fritz' selbstloses und großmütiges Wesen erweist sich auch dem eigenen Vater gegenüber. Obgleich er sich nämlich diesem gegenüber objektiv nichts vorzuwerfen hat – sondern umgekehrt! –, vollzieht er am Ende den ersten Versöhnungsschritt, indem er vor dem Vater auf die Knie fällt und mit den Worten des biblischen verlorenen Sohnes um Vergebung bittet: **Ich bin nicht wert, dass ich Ihr Sohn heiße** (90 M.). Die Tugenden der Demut und der Ehrfurcht vor den Eltern exerziert Fritz somit in einer sich selbst aufgebenden – und daher in modernen Augen nicht recht glaubhaften und tragfähigen – Weise.

Fritz ist also von Natur aus – und, wenn man so wollte, auch als Produkt der öffentlichen Schule – ein mustergültiger Mensch, der tiefe menschliche Verbundenheiten und moralische Verantwortlichkeit exemplarisch vorlebt. Gegenüber dem Major haftet ihm allerdings der wirkungsbezogene Makel an, eine allzu abgezirkelte Person zu sein, ein Wesen aus dem idealistischen Bilderbuch.

1.4.3 Nebenfiguren der moralischen Publikumserziehung

Gegenüber diesen didaktischen Hauptgestalten sind einige Begleitfiguren in ihren vorexerzierten moralischen Handlungen hier nur kurz zu erwähnen. Der Geheimrat bleibt insgesamt eine zu widersprüchliche Figur, als dass sie vorbildliches Gewicht erlangen kann.

Zwar lässt er sich am Ende zu einem knappen und matten eigenen Fehlerbekenntnis herbei: **Ich seh', ihr wilde Bursche denkt besser als eure Väter** (90 u.), doch begrüßt er den endlich heimkehrenden Sohn kurz vorher noch mit neuerlichen moralisch verurteilenden Sticheleien: **Aber, wie hast du dich in Leipzig erhalten? Wieder Schulden auf meine Rechnung gemacht? Nicht?** (90 M.) Letztlich ist er der Räsoneur, der im Selbstwiderspruch von Anspruch und Wirklichkeit, von Reden und Handeln steht. Für Lenz aber ist das Handeln, die praktische Umsetzung der moralischen Prinzipien der Prüfstein des verwirklichten Glaubens und der verwirklichten Moral: **Was helfen diese Spekulationen, wenn sie nicht ausgeübt werden,** fragt er und setzt seine Überzeugung hinzu, **dass es besser sei, des HERRN Willen zu tun, als ihn bloß zu wissen.**[22] Geheimrat von Berg ist hingegen jemand, der weiß, aber nicht entsprechend handelt; am deutlichsten wird dies in der Szene, als er sich in wohlgesetzten Worten missbilligend gegenüber Vater Pätus äußert, der seinen Sohn verstoßen hat: **Jedermann hat dem Vater die Härte verdacht. […] Gegen die Ausschweifungen seiner Kinder kann man nie zu hart sein, aber wohl gegen ihr Elend** (49 M.). Denn im nächsten Atemzug lässt er sich vom zwielichtigen Seiffenblase zur bis ins Kriminelle reichenden Verdächtigung und zur Verstoßung des eigenen Sohnes bewegen (vgl. 49 f.) – obgleich er, wie seine Abschirmung der Tochter Rehaar vor den Nachstellungen Seiffenblases zeigt – dessen fragwürdigen Charakter doch durchschaut. Auch gegenüber Läuffer zeigt sich übrigens dieser eklatante Bruch zwischen Aufklärungstheorie und wirklichem Handeln: Schließlich hat gerade er, der sich heiß redet in der Verdammung von Akademikern, die sich als Hofmeister verdingen, Läuffers Stellungssuche bei der öffentlichen Schule abgelehnt.

Vater Pätus ist hingegen in gewisser Weise ebenfalls ein didaktisches Positivmodell, doch mindern das Unvermittelte, ja Gewaltsame, und die Kürze seines Auftritts sein Gewicht. Anderseits zeigt gerade die Einführung dieses Rapidmodells menschlicher Wandlung die Intentionalität des Autors, die Richtung seiner moralischen Publikumsbelehrung.

Vater Pätus – übrigens ein respektabler Ratsherr (vgl. 49 M.) – hat seine eigene Mutter ins Bettlerelend verstoßen, nachdem ihm alles Vermögen überschrieben war: **ich habe ärger gegen sie gehandelt als ein Tiger** (93 M.). Die Mutter, Gustchens Marthe, zeigt wiederum die von Lenz so betonte – hier wirklich übermenschliche – Kraft der Verzeihung: **dass sie mir noch verzeihen kann, die großmütige Heilige!** (93 M.). Auch durch Pätus, der dem Vater seine eigene Verstoßung nicht nachsieht und ihm freudig um den Hals fällt, wird der Vater menschlich angerührt: **Muss denn alles heute wetteifern, mich durch Großmut zu beschämen. Mein Sohn erkenne deinen Vater wieder, der eine Weile seine menschliche Natur ausgezogen und in ein wildes Tier ausgeartet war** (95 M.). Hier konzentriert sich das ethische Credo des Autors: Wer egoistisch und gewissenlos handelt, stößt seine menschliche Natur von sich und handelt einer Bestie gleich; die eigentliche menschliche Natur besteht darin, in Großmut von den eigenen Belangen abzusehen und die Belange der anderen zu fördern. Auch Pätus demonstriert eine moralische Verhaltensänderung: Er, der unbekümmert den Ruf der Jungfer Rehaar schädigt und das Jammern des Vaters verlacht und verachtet, wird durch Fritz' erzieherisches Insistieren zum ernsthaften In-sich-Gehen gezwungen und entschließt sich zur Wiedergutmachung an der Familie Rehaar. Er wandelt seine selbstbezogene Haltung in eine, die die Sphären und Bedürfnisse anderer wahrnimmt, respektiert und durch Besserung dieser Umstände deren Glückseligkeit befördert. Freilich scheint dies kein allzu schweres Opfer gegen sein Selbstinteresse zu sein, denn von Vorbehalten gegen seine Braut, die er nun Schaden abwendend durch Heirat vor der sozialen Ächtung bewahrt, ist im Drama nicht die Rede. Allzu viel Großmut muss der erotische Heißsporn also nicht aufwenden.

Im Zusammenhang mit diesen Überlegungen ist auch interessant, wer gerade *nicht* als ein moralisches Modell in Betracht kommt: Es ist die vermeintliche Titelgestalt Läuffer. Dieser weiß weder jemals seinen Freiheitsanspruch anzumelden, noch seine Meinungen mit Nachdruck einzubringen, noch mit Großmut für das Wohl anderer einzutreten. Läuffer läuft und torkelt durch das Stück, getrieben von Umständen und Zufällen, ein Spielball, kein Vorbildmensch. Nur das Mitleiden seines Autors verschafft ihm am Ende auch einen Schicksalslohn in Gestalt des reizenden Bauernmädchens Lise.

1.5 Prometheus, Spielball, Maschine: Freiheitsdrang und Menschenbild

Wenn es um die Freiheit geht, redet sich der Geheimrat, der im Übrigen die hitzige Liebesschwärmerei seines Sohnes vernünftig zu dämpfen versucht, selbst in Rage:

> Ohne Freiheit geht das Leben bergab rückwärts, Freiheit ist das Element des Menschen wie das Wasser des Fisches, und ein Mensch der sich der Freiheit begibt, vergiftet die edelsten Geister seines Bluts, erstickt seine süßesten Freuden des Lebens in der Blüte und ermordet sich selbst. (20 o.)

In solchen Passagen ist er nicht mehr der arrivierte und wohltemperierte Gesellschaftsvertreter von Stand, sondern hier scheint der leidenschaftliche Jungautor des Sturm und Drang – LENZ – zu sprechen. In der ganz großen Pathosformel dieser Erneuerungsbewegung ist das produktive Genie das gottgleiche Wesen, das handelnd in die Welt eingreift und sich an seinen Werken ergötzt – aber eben darum einen Freiheitsraum um sich herum braucht oder sich verschaffen muss:

> Was lernen wir hieraus? Das lernen wir hieraus, daß handeln, handeln die Seele der Welt sei, nicht genießen, nicht empfindeln, nicht spitzfündeln, daß wir dadurch allein Gott ähnlich werden, der unaufhörlich handelt und unaufhörlich an seine Werken sich ergötzt […]. Das lernen wir daraus, daß diese unsre handelnde Kraft nicht eher ruhe, nicht eher ablasse zu wirken,

zu regen, zu toben, als bis sie uns Freiheit um uns her verschafft, Platz zu handeln, guter Gott Platz zu handeln und wenn es ein Chaos wäre das du geschaffen, wüste und leer, aber Freiheit wohnte nur da und wir könnten dir nachahmend drüber brüten, bis was herauskäme – Seligkeit! Seligkeit! Göttergefühl das![23]

Der Freiheitsdrang des Genies gründet im Selbstbewusstsein einer gottes-ebenbildlichen Schöpferkraft: Der Mensch **sollte auch frei, ein kleiner Schöpfer** sein und **der Gottheit nach-handeln**.[24] Dieses prometheische Menschenbild sollte nach LENZENS Vision auch durch entsprechend souve-räne Dramenhelden verkörpert werden:

> […] es ist die Rede von Charakteren, die sich ihre Begebenheiten erschaf-fen, die selbständig und unveränderlich die ganze große Maschine selbst drehen, ohne die Gottheiten in den Wolken anders nötig zu haben, als wenn sie wollen zu Zuschauern; nicht von Bildern, von Marionettenpuppen – von Menschen.[25]

Doch hat sich LENZ (in seinen Hauptdramen) nun einmal darauf kapri-ziert, Gegenwartsstücke zu schreiben, und wo findet er da in seinem zeitge-nössischen Lebenskreis jene Helden? Wo ist in seiner ständisch zementier-ten Gesellschaft **Platz zu handeln** für einen mittellosen Intellektuellen? Wo für einen Hofmeister, der nur ein Lehrdomestik ist?

Aber nicht nur im Hinblick auf die Großfläche der Gesellschaft, sondern insbe-sondere auch in seiner persönlichen Daseinslage lebt LENZ im eklatanten – um nicht zu sagen: schizophrenen – Widerspruch zwischen dem leidenschaftlichs-ten Wollen, Wünschen und Sehnen und der bedrückendsten familiären und so-zialen Realität. Hier ein majestätisches Bild vom souveränen, vom freien, tätig wirkenden, schöpferischen Menschen – und in seinem literarisch-essayisti-schen Geistesgenie spürt er ja diesen **Funken von Gott**![26] –; dort Geldsorgen, Abhängigkeit vom Vater und den Reisebaronen, sublimierende und linkische Frauenbeziehungen und (später) das Desaster von Weimar. Innere Möglichkei-ten und äußere Verhältnisse fallen auseinander. Er wäre nicht der aufmerksame Menschenbeobachter, als den ihn seine Werke ausweisen, fiele ihm dieser Bruch zwischen Sehnen und Sein nicht selbst ins Gemüt:

> Jemehr ich in mir selbst forsche und über mich nachdenke, destomehr finde ich Gründe zu zweifeln, ob ich auch wirklich ein selbständiges von niemand abhangendes Wesen sei, wie ich doch den brennenden Wunsch in mir fühle. […] Wie denn, ich nur ein Ball der Umstände? ich –? ich gehe mein Leben durch und finde diese traurige Wahrheit hundertmal bestätigt.[27]

Wie also stellen sich diese zur Souveränität begabten Menschen im HOF-MEISTER dar? Merkwürdigerweise ist es, wie gesagt, die gesetzte Vätergene-ration und noch dazu ein Vertreter des geschichtlich sich überlebenden Adelsstandes, nämlich der Geheimrat von Berg, der den Freiheitsenthusias-mus des Sturm und Drang im Munde führt. In diesem Aspekt ist er zweifellos Sprachrohr des Autors und positive Figur. Doch zeigt Lenz zugleich – mit welchem Bewusstheitsgrad sei dahingestellt –, dass diese Freiheitsgedanken im zeitgenössischen Gesellschaftsraum keinen **Platz zu handeln** finden.

Läuffer, an den sich diese Freiheitsaufrufe richten, hat aufgrund des notwendigen Broterwerbs eben nicht die Freiheit, ihnen in eine menschenwürdigere Berufsstellung zu folgen: Schließlich hat ihm der Geheimrat gerade selbst die Tür der öffentlichen Schule zugeschlagen (vgl. 5 o.). Will man dem Adligen dabei nicht die reine Boshaftigkeit und damit insgesamt die blanke Heuchelei unterstellen, scheint er in der Tat von Läuffers Lehrqualifikationen kein überzeugendes Bild gewonnen zu haben – dann greifen eben Umstände und Verhältnisse – seien es nun schlechte Ausbildungsbedingungen, sei es Läuffers Saumseligkeit beim Studieren selbst – ineinander, die den Handlungsspielraum des stellungsuchenden und mittellosen Kandidaten minimieren. Pastor Läuffer fühlt sehr wohl, wie weltfern der Geheimrat daherredet – **Das ist sehr allgemein gesprochen, Herr Rat!** (22 o.) –, und weist darauf hin, dass man eben das Hofmeisteramt wohl oder übel als **Warte** in Kauf nehmen muss, **von der man sich nach einem öffentlichen Amt umsehen kann** (21 u.), und dass der privilegierte Geheimrat leicht von schönen Möglichkeiten schwadronieren kann, während andere schwerlich die Chance haben, sich wie er zu arrivieren: **Es gehören heutiges Tags andere Sachen dazu als Gelehrsamkeit** (22 M.). Ohne Adel und ohne Beziehungen hat ein bürgerlicher Studiosus nicht so leicht die Freiheit, das Amt eines Geheimen Rats zu ergreifen (und ohne seinen Mäzenatenherzog würde auch Goethe dies schwer gefallen sein).

Mithin erweist sich der Geheimrat bei allen sympathischen Einstellungen als jemand, der blauäugig in die Gesellschaftswelt schaut und am Ende eben doch nur **spitzfündelt** (s.o.). Beileibe ist er kein prometheisch Handelnder, sondern der begüterte aufklärerische (ja sogar stürmisch drängende) Räsoneur, der sich solche beinahe aufrührerischen Reden leisten kann, so wie er es sich leisten kann, den notleidenden Läuffer mit einem Geldalmosen statt mit einem Schulamt oder wenigstens einem anderen Privatschüler und den angeschossenen Läuffer mit einem Geldbeutel für die Arztkosten abzuspeisen. In gewisser Weise liegt über dem gesamten Verhalten des Geheimrats eine subtile Arroganz, die Wenzeslaus erspürt: **schießt man Leute übern Haufen, weil man so viel hat, dass man sie kurieren lassen kann?** (59 u.).

Der einzige geistige Antipode des Geheimrats im Stück – Wenzeslaus – hat im Gegensatz zu diesem ein durchaus realistisches Verhältnis zur Freiheit. Als Läuffer ein einziges Mal auch dieses große Wort mit Hinblick auf ein Schulmeisterdasein ausruft – **O Freiheit, güldene Freiheit!** –, fährt ihm der Dorflehrer sogleich über den Mund: **Ei was Freiheit! Ich bin auch so frei nicht; ich bin an meine Schule gebunden, und muss Gott und meinem**

Gewissen Rechenschaft von geben (51 o.). Die abstrakte Freiheit des Geheimrats erscheint in solchen Worten als Schimäre; administrative und
curriculare Einbindungen und nicht zuletzt die moralische Verantwortlichkeit begrenzen einen auch relativ freien Handlungsspielraum (vgl.
52 u.). Der Dorfschulmeister jedenfalls schaltet und waltet innerhalb dieses
zugemessenen und kümmerlich besoldeten Wirkungsraums mit **gute[m]
Gewissen** (50 M.) und **vergnügter als der große Mogul** (51 u.): **bin ich
doch mein eigner Herr und hat kein Mensch mich zu schikanieren** (52 u.).
Wenzeslaus hat sich seine kleine Freiheitsnische erhascht und seinen ge-
nügsamen Frieden mit der Welt geschlossen – doch das Gepräge eines welt-
bewegenden Prometheus zeigt dieser pädagogische Kauz augenscheinlich
nicht.

Die junge Generation des Dramas in Gestalt von Fritz, Pätus, Gustchen
und Jungfer Rehaar erhebt erst gar nicht die Stimme der Freiheit. Zu sehr
ist sie in ihre seelischen Interna und finanziellen Malaisen verstrickt, als
dass sich der Blick auf die hehren Aussichten der Menschheit richten
könnte. Gustchen ist beeinflusst von ihren schwärmerischen **Büchern und
[…] Trauerspielen** (12 u.) und lässt sich aufgrund ihrer inneren Leere
und Verlassenheit von ihrer erotischen Rollenspielfreude treiben (vgl. 34).
Fritz hat damit zu kämpfen, dem ins soziale Abseits geratenen Freund Pätus wieder aufzuhelfen und zu Rechtschaffenheit und Verantwortlichkeit
zu erziehen; Pätus schlägt sich mit seinen Gläubigern und seiner Zimmerwirtin herum und klettert kompromittierend ins Fenster seiner Geliebten;
die Geliebte Rehaar selbst kommt nur einmal kurz zu Wort und ansonsten
kennt sie das Stück nur vom Hörensagen. Dies ist keine Jugend, die im Generationenkonflikt aufbegehrt und neue Werte auf ihre Fahnen schreibt:
Vielmehr ist sie zufrieden, wenn sie den Vätern gefällt und deren Werte
weitertragen kann (Genaueres hierzu im Kap. 1.6). Freilich sind diese
Werte im Einzelnen sehr wohl zu respektieren, doch bleiben sie im Rah-
men der aufklärerischen Vernunftethik und haben nichts mit dem enthusiastischen Freiheits- und Handlungspathos LENZENS zu tun. In der Welt haben diese Söhne (von den Töchtern ganz zu schweigen) nichts erreicht,
ausgerichtet oder verändert, als dass sie ihre eigenen Schöpfe – von einem
deus ex machina aus dem Sumpf haben ziehen lassen. Nur ein zufälliger
Lottogewinn hat ihr Schicksal in die gütliche Bahn gelenkt; andernfalls
wäre ihnen allen das soziale Aus beschieden gewesen. Mit ihnen dramati-
siert LENZ nicht die **Person, die Schöpfer ihrer Begebenheiten** ist[28], sondern reine Spielbälle zufälliger Begebenheiten. Aber **ein Ball anderer zu
sein, ist ein trauriger niederdrückender Gedanke, eine ewige Sklaverei**[29],
und nur der Parteinahme und dem Harmoniebedürfnis des Autors, der
diesen unter einer lastenden Vaterbeziehung leidenden Söhne aufhelfen

will, verdanken es die Figuren, dass dieser Schicksalszufall zu ihren Gunsten ausfällt. Was aber geschieht, wenn kein Lottozufall zu Hilfe kommt, das wird LENZ am eigenen Leibe bitter erfahren müssen.

Neben dem prometheischen Ideal und dem gegenteiligen Bild des getriebenen Spielballs weist LENZENS Menschenbild noch eine andere Facette auf. Diese Prägung werden die familiär rehabilitierten und monetär reüssierenden jungen Leute mutmaßlich auf ihrem weiteren Lebensweg annehmen; im Dramenverlauf lässt sie sich mit dem entsprechenden Blickwinkel auf Geheimrat, Major und Pastor Läuffer entdecken:

> Wir werden geboren – unsere Eltern geben uns Brot und Kleid – unsere Lehrer drücken in unser Hirn Worte, Sprachen, Wissenschaften – irgend ein artiges Mädchen drückt in unser Herz den Wunsch es eigen zu besitzen, es in unsere Arme als unser Eigentum zu schließen, wenn sich nicht gar ein tierisch Bedürfnis mit hineinmischt – es entsteht eine Lücke in der Republik wo wir hineinpassen – unsere Freunde, Verwandte, Gönner setzen an und stoßen uns glücklich hinein – wir drehen uns eine Zeitlang in diesem Platz herum wie die andern Räder und stoßen und treiben – bis wir wenns noch so ordentlich geht abgestumpft sind und zuletzt wieder einem neuen Rade Platz machen müssen – das ist, meine Herren! ohne Ruhm zu melden unsere Biographie – und was bleibt nun der Mensch noch anders als eine vorzüglichkünstliche kleine Maschine, die in die große Maschine, die wir Welt, Weltbegebenheiten, Weltläufte nennen besser oder schlimmer hineinpaßt.[30]

Es ist das Los der Behäbigen, der Philister, der Etablierten, die als Rädchen im Getriebe den Gesellschaftskörper vorantreiben. Auch dies ist in den Augen eines Sturm-und-Drang-Autors ein nichtswürdiges Los: **Aber heißt das gelebt? heißt das seine Existenz gefühlt, seine selbständige Existenz, den Funken von Gott?**[31] Das zutiefst Tragische an LENZENS eigenem Daseinslauf ist nur, dass selbst diese im jugendlichen Überschwang verachtete Form gesellschaftlichen Existierens – Vegetierens hätte er geschrieben – objektiv den Rang eines Wunschbildes einnehmen musste: Zeitlebens hat LENZ das weibliche **Eigentum** und die **Lücke in der Republik** nicht auffinden können, die ihm ein mediokres Normallos hätte bescheiden können. Kein Platz, um sich als Rad zu drehen, geschweige denn ein **Platz zu handeln.**

So wäre zuletzt der Blick auf die Titelgestalt des Dramas zu richten, auf Läuffer. Welchen Freiheitsraum verschafft er sich, welchem Menschenbild entspricht der Hofmeister? Wie man auch schaut, dieser dramatische Protagonist macht von allen Seiten eine klägliche Figur: Als Arbeitsuchender beim Pastorenvater und bei der Stadtschule abgewiesen; als Hofmeister zunehmend im Hungerlohn verknappt, von der eitlen Patronin gedemütigt, vom cholerischen Hausherrn eingeschüchtert, vom flegelhaften Sohn geohrfeigt und von der liebeshungrigen Tochter des Hauses als Lückenbüßer benutzt; von den adligen Pistolen zum Dorfschulmeister gehetzt, hier wiederum in ein Wechselbad der Gefühle von Erleichterung, Herabwürdigung und Drangsalierung gestürzt; in einer panischen Selbstbestrafungsattacke das Messer an seine Männlichkeit legend, in der fanatischen Verkennung bejubelt und letztlich wieder verächtlich aus dem Predigerschulhaus verstoßen – wenn denn das Wort von dem **Spielball anderer** (s.o.) auf jemanden zutrifft, so auf diese erbärmliche Kreatur. Dieser Hofmeister ist nicht allein ein ›Läufer‹, er ist ein Getriebener, Gehetzter, Gedrückter, Geschundener. Und seine Persönlichkeit deformiert sich unter diesem grausamen Spiel der Umstände immer mehr: Tritt Läuffer im Eingangsmonolog noch mit gleichmütiger Zuversicht, ja mit einer gewissen Selbsteingenommenheit auf –

> Zum Pfaffen bin ich auch zu jung, zu gut gewachsen, habe zu viel Welt gesehn […]. Im halben Jahr hätt ich doch wieder eingeholt, was ich von der Schule mitgebracht, und dann wär ich für einen Klassenpräzeptor noch immer viel zu gelehrt gewesen (5 o.) –,

so verbiegt er sich im Angesicht des Majors mit servilen **Scharrfüßen** (5 M.) und in Gegenwart der Majorin **in sehr demütiger Stellung** (7 M.) und lässt sich schließlich vom Dorflehrer schulmeistern und nach dessen asketisch-fanatischer Hand ziehen, bis seine Person unter all diesen Verformungen in Teile zerspringt, von denen der eine mit dem Messer auf den anderen losgeht. Mithin ist Läuffer ein deformiertes, ein sich verstellendes und sich selbst entstellendes Wesen. Ein solches Wesen trägt freilich keine Freiheitsparolen in die Welt.

Einmal wagt er es zwar, gegenüber dem borniertem und, wie sein Name schon sagt, alkoholfreudigen Grafen Wermuth seine eigene Meinung über einen mittelprächtigen Balletttänzer zu äußern, doch verbittet sich die Majorin diese Ungehörigkeit gegen die Standesparagraphen, und Läuffer scheint diese Lektion ein für allemal verinnerlicht zu haben. Sein Vater hat dann wohl Recht, wenn er in Bezug auf die vom Geheimrat verachtete Aufgabe der Freiheitsansprüche entgegnet: **man kann nicht immer seinen Willen haben, und das lässt sich mein Sohn auch gern gefallen** (20 M.). Nur bewundernd gegenüber Wenzeslaus nimmt Läuffer die **güldene Freiheit** (51 o.) noch in den Mund, lässt sich aber wiederum von diesem selbstgefälligen Redegern bis auf einige stichwortgebende Einwürfe vollständig an die Wand reden und beinahe **zu Tode meistern** (54 u.). Auch sein einziger couragierter und gewissermaßen aufbegehrender Einwand – **Die heutige Welt ist über den Aberglauben längst hinweg; warum will man ihn wieder aufwärmen. In der ganzen heutigen vernünftigen Welt wird kein Teufel mehr statuiert** (83 M.) – kommt über den Status einer vereinzelten und von Wenzeslaus rhetorisch zertrampelten Zwischenbemerkung nicht hinaus.

Läuffer entspricht also ebenso wenig wie jede andere Gestalt des Dramas dem enthusiastischen und heroischen Menschenbild der Genieepoche. Der Hofmeister ist dem Sturm und Drang nicht deswegen zuzuordnen, weil er irgendeinen seiner programmatischen Kraftkerls oder Genies auf die Bühne stellte. Im Gegenteil ist gerade die Titelgestalt am wenigsten ein Prometheus, nicht einmal ein festsituiertes Maschinenrädchen, sondern der hin- und hertorkelnde Spielball gesellschaftlicher – und naturhaft-triebgesteuerter – Kräfte. Nimmt man die Symbolik seiner Selbstkastration hinzu, erscheint Läuffer geradezu als **die Inkarnation des ›Nicht-Genies‹,** denn **in der Selbstentmannung wird das Genie, die Zeugungskraft, in drastischer Weise aufgegeben.**[32]

Befremdlich ist diese Physiognomie der Läufferfigur vor allem auch deshalb, weil sich, wenn überhaupt, gerade in dieser Figur selbstbildhafte Züge des Autors verbergen:

> Hier wird hinter dem umgetriebenen Verstoßenen des Stücks das Selbstporträt seines Verfassers sichtbar. Doch es ist eher eine bizarre Selbstkarikatur, die alle Spuren selbstironischer Verzerrung und sogar gnadenlosen Selbsthasses aufweist. Eine Selbstdeutung, die die Züge des Schwächlichen, Lächerlichen und auch des moralisch Zweifelhaften betont – Reflex der Zweifel des aus Vaterordnung und geistlicher Bestimmung ausgebrochenen Lenz an der eigenen Existenzmöglichkeit.[33]

Fast scheint es, als hätte sich die erschreckende Diskrepanz zwischen dem selbstbewussten und freiheitlichen Enthusiasmus seiner Schriften und seiner ernüchternden Realitätserfahrung bei Lenz in grausamem Selbsthohn niedergeschlagen[34]. Nicht anders geht ein berühmter, späterer Autor mit sich um; auch einer, der wie Lenz Anlass zu anklagenden Vaterbriefen – zu einem einzigen, expandierten – hatte: Kafka. In seinem letzten Werk, dem Hungerkünstler, geht da einer nicht allein gegen seine Sexualität, sondern gegen sein körperliches Existentsein überhaupt an und überliefert damit ein groteskes und gnadenloses Selbstbild des Autors.

1.6 Verstoßene Söhne und gefallene Töchter: Appellfiguren an den Vaterzorn

Ohne Frage hat das Schicksal des Hauslehrers Läuffer mit der im Titel ausgewiesenen Hofmeisterthematik zu tun. Seine Laufbahn berührt unbestreitbar auch das Geschick seiner Privatschülerin Gustchen und damit wiederum den Lebenskreis ihres Vetters Fritz, dem sie sich versprochen hat, den sie aber mit dem Lückenbüßer Läuffer hintergeht. Die Personen Läuffer, Gustchen und Fritz und deren familiäre Bezugspersonen haben also in dem Hofmeisterdrama eine plausible Daseinsberechtigung. Was jedoch Fritzens Freund Pätus, dessen Ausersehene Jungfer Rehaar und obendrein

Vater Pätus und dessen Mutter in diesem Hofmeisterstück zu suchen haben, will nicht recht einleuchten. Letztere genießen sogar den Vorzug, am feierlich-zärtlichen Tableau der beiden Endszenen teilzuhaben, während Läuffer bereits in der drittletzten Szene abtritt. Wird schon die Erziehungsdiskussion im Drama eher zerstreut und sich selbst aufhebend geführt, so wird auch die vermeintliche Titelgestalt recht nachlässig behandelt. Erweist sich das Hofmeisterstück als nur scheinbares Debattenstück, so zeigt es sich auch als nur scheinbares Läuffer-Stück.

Weder der Wirkungskreis eines Hofmeisters noch die Person Läuffers sind also eindeutiger Mittelpunkt des Theaterstücks. Ebenso machtvoll drängen bestimmte spannungsreiche Familienkonstellationen zwischen Vater und Sohn oder Vater und Tochter ins Rampenlicht und lenken von der titelgebenden Problematik ab. Genau besehen hat allerdings auch Läuffer Anteil an dem damit ins Stück tretenden Motiv des Vater-Sohn-Zerwürfnisses – wenn dieses auch im Verhältnis zum leiblichen Vater kaum eine Rolle spielt, so durchaus im Verhältnis zum Ziehvater Wenzeslaus: Diese Themenschicht überlagert, ja überragt doch mitunter alles, was mit der Hofmeisterthematik irgend zu tun hätte.

Entzweiungen und Aussöhnungen zwischen Vätern und ihren jugendlichen Kindern stellen also eine auffällige Sinnschicht des Dramas dar.[35] Sowohl Gustchen als auch ihr Vetter Fritz von Berg wie dessen Freund Pätus und dessen Geliebte Jungfer Rehaar haben ein ausgesprochenes Vaterproblem: Gustchen flieht nach dem Ruchbarwerden ihrer Mesalliance zu Läuffer aus Angst vor entsetzten Reaktionen aus ihrem Vaterhaus; Jungfer Rehaar verliert nach einem Fenstereinstieg ihres Verehrers Pätus die jungfräuliche Reputation und wird vorsorglich aus der Vaterstadt entfernt; dem Studiosus Pätus wird wegen seiner zunehmenden Verschuldung das väterliche Haus verschlossen; der aus Großmut für ihn im Schuldgefängnis einsitzende Freund Fritz wird von seinem Vater nicht ausgelöst und innerlich fallen gelassen. Darüber hinaus hat auch Läuffer ein verdecktes Vaterproblem: Wegen seiner vermeintlich heldenhaften Überwindung der Fleischeslust wird er zunächst vom askesebegeisterten Schulmeister und Laienprediger Wenzeslaus als sein **geistlicher Sohn** (74 o.) angesehen, doch gibt ihn sein **geistlicher Vater** (85 o.) verächtlich wieder auf, als er eine über die Selbstkastration hinwegreichende sinnliche Anfälligkeit für Lise offenbart.

Dass LENZ dieses beziehungspsychologische Motiv des spannungsvollen Vaterverhältnisses so sehr beschäftigt, hat autobiografische Gründe. LENZ selbst litt und zerbrach an einer belastenden Vaterbeziehung. Er entstammte einer Pastorenfamilie; der Vater, Christian David Lenz, war ein eifernder Bußprediger und unduldsamer Erzieher, dessen Aufstieg in der

Kirchenhierarchie – 1779 wurde er zum Generalsuperintendenten Livlands ernannt – seiner patriarchalischen Familienstellung die weltliche Beglaubigung hinzufügte. Lenz konnte nicht umhin – obgleich ihn Zweifel und Schuldgefühle lebenslang nicht losließen –, aus dem Bestimmungskreis dieses machtvollen Vaters zu entfliehen, das Theologiestudium abzubrechen und nicht als Hofmeister auf die vorgesehene Pfarrstelle in Livland zu gehen, sondern seiner geheimen Berufung zur Literatur in ein nie gesichertes Dasein zu folgen. Für Lenz gehen Vater- und Gottvaterbild eine kaum trennbare Verbindung ein:

> Wie weit er sich vom Vater auch entfernte, es bleibt das Gefühl einer im Grunde unantastbaren väterlichen Autorität doch erhalten. Dieses Autoritätsbewusstsein wurzelt offenbar in der frühen, kindlichen Verbindung des Vaterbildes mit der Gottesvorstellung. Der gewaltige Kanzelredner, zu dessen Füßen der Knabe saß, der zürnende Bußprediger und mächtige Eiferer, der doch Vertrauen schenkte und Hilfe gab, musste dem Pfarrersohn […] als Abbild Gottes selbst erscheinen.[36]

In die Titelfigur seines Dramenfragments CATHARINA VON SIENA mag Lenz seine eigenen quälenden Gefühle hineingelegt haben. Diese flieht vor den sie betreffenden Plänen des Vaters in die Einöde und will sich durch die Liebe zum Heiland von der erdrückenden Liebe des – ebenfalls gottähnlich empfundenen – Vaters befreien:

> Mein Vater blickte wie ein liebender,/Gekränkter Gott mich drohend an./Doch hätt' er beide Hände ausgestreckt –/Gott gegen Gott! *Sie zieht ein kleines Kruzifix aus ihrem Busen und küsst es.* Errette, rette mich/Mein Jesus, dem ich folg', aus seinem Arm! […]/Errette, rette mich von meinem Vater/Und seiner Liebe, seiner Tyrannei.

Die fremdbestimmende Obhut des Vaters macht die Tochter **zu seiner Sklavin**; die Flucht vor der tyrannischen Vaterliebe ist nötig, **um die Ehrfurcht gegen dich nicht zu verletzen,/Um dir durch Widerspenstigkeit nicht weh zu tun.**[37]

Doch dieses Abfallen vom Vaterwillen hat Lenz innerlich nicht verkraftet. Die quälende Vorstellung eines Verstoßes gegen das vierte Gebot – die Ehrung von Vater und Mutter – mag Lenz mit anderen Sündvorstellungen verbunden haben, geht er doch theologisch mit seinen von Aufklärung und Sturm und Drang beflügelten Gedanken abtrünnige Wege, die sich vom orthodoxen Gottvaterbild entfernen. Sein verhängnisvoller Daseinslauf muss den Gedanken einer Mahnung oder eines Strafgerichtes immer wieder aufgedrängt haben. War das Elend, das ihn nach seinem Fortgang vom Vater befiel, nicht das Zeichen seiner Frevelhaftigkeit? Ein Gleichnis aus der Bibel, das vom verlorenen Sohn (vgl. Lukas 15,11–32), wird ihm halbbewusst zur Lebensformel. Diese Formel aber ist Damoklesschwert und rettende Verheißung zugleich. Denn sie setzt das Scheitern und die Sündhaftigkeit des weggehenden Sohnes voraus, verspricht aber auch die Verzeihung und geradezu belohnende Wiederaufnahme durch den Vater. LENZ scheint sein Leben lang die bedrückende Vorerwartung dieses Scheiterns in sich getragen zu haben; nicht zufällig tauchen Bilder von der schiffbrüchigen Reise oder vom stürzenden Ikarus in seinen brieflichen oder literarischen Worten gehäuft auf. Beides sind Bilder des Hinaustretens aus der Vaterbahn, die in der Katastrophe enden.[38] Und immer wieder flüchtet er sich, wenn sein Lebenselend ihn eingeholt hat, in die versöhnenden Dialogteile der biblischen Parabel: **Vater! ich habe gesündigt im Himmel u. vor Dir u. bin fort nicht werth, dass ich Dein Kind heiße. Jacob Lenz**[39], setzt er unter einen Brief Schlossers, der dem Vater von der ausbrechenden Geisteskrankheit des Sohnes berichtet. Und sein letzter Brief an den Vater, kurz vor seinem erbärmlichen Tod am Moskauer Straßenrand, lautet:

> Aber – teurester Vater! ich winde mich als ein Wurm im Staube und flehe um Erlösung [...]. Ich habe gefehlt, 1000mal gefehlt. Am meisten in Liefland [...] gegen Sie, gegen meinen ältesten Bruder [...] – denn ich sehe nun erst spät hinterher, daß Sie mein Herz besser kannten als ich selber.[40]

Die rettende Absolution und sorgende Hand des Vaters wurde LENZ jedoch, anders als dem verlorenen Sohn der Bibel, in seinem Leben nicht zuteil.

Ich bin nicht wert, dass ich Ihr Sohn heiße (90 M.) – mit eben diesen Worten aus der biblischen Parabel fällt auch Fritz von Berg seinem Vater zu Füßen und leitet damit die Aussöhnung mit dem Vater ein. Vorher hat er bereits seinen Freund Pätus (allerdings in einem verneinenden Sinne, s.u.) als einen **verlorenen Sohn** bezeichnet (40 M.). Verweisgesten auf die Bibelgeschichte scheinen also unübersehbar. LENZENS Formel des Selbstverständnisses hat sich für Schöne in einem dichterischen Wiederholungszwang ausgeprägt, der besonders in den *HOFMEISTER*, aber auch in andere Werke und Briefe, das Muster des verlorenen Sohnes hineinträgt – selbst wenn es dadurch zu merkwürdigen Widersprüchlichkeiten in Bau und Gedankengehalt der Werke kommen mag. Ja, diese Inkonsequenzen und Disparatheiten sind gerade das Indiz dieses Zwanges und damit für Schöne der Schlüssel des Baugesetzes.[41]

Verfolgt man die These vom dichterischen Wiederholungszwang des Gleichnisses vom verlorenen Sohn genauer – und fragt man über den phänomenologischen Nachweis ähnlicher Konstellationen hinaus nach deren Aussagefunktion im Drama –, so fällt zunächst ins Auge, dass keine der Konstellationen dem biblischen Modell wirklich entspricht.

Vaterkonflikt	Grund des Zerwürfnisses	Art der Versöhnung
Bibel: Verlorener Sohn (Lukas 15,11–32)	Sohn verlässt Vater mit seinem Erbanteil. Grund des Fortgehens wird nicht genannt, doch aus dem folgenden, prasserischen Lebenswandel zu erschließen: Übermut, Erlebnislust.	Sohn wirtschaftet sich ins Elend und kehrt reumütig zurück. Sein Vater verzeiht ihm, nimmt ihn vorbehaltlos wieder auf, feiert seine Wiederkunft.
Fritz – Geheimrat (15–18, 38–42, 48 ff., 55, 81, 90)	Vater verstößt Sohn wegen vermeintlicher Liederlichkeit. (Fritz bürgt im Schuldgefängnis, wird von Seiffenblase verleumdet. Vater löst ihn nicht aus, lässt ihn innerlich fallen.)	Sohn geht demütig auf seinen Vater zu. Dieser lässt sich auf eine Versöhnung ein.
Pätus – Vater Pätus (38–42, 48 ff., 90, 95)	Vater verstößt Sohn wegen vermeintlicher Liederlichkeit. (Pätus führt unbedachtsamen Lebenswandel, Vater kommt nicht mehr für die Schulden auf, verschließt sein Haus.)	Sohn geht demütig und – wegen des Lotteriegewinns – triumphierend auf Vater zu. Vater geht seinerseits auf den Sohn zu, da ihm die Mutter eigenes Vergehen verziehen hat.
Vater Pätus – Großmutter Pätus (hier: Mutterkonflikt; 93)	Sohn verstößt Mutter aus Geldgier. (Ratsherr Pätus treibt Marthe nach Überschreibung des Besitzes aus dem Haus ins Bettlerdasein.)	Mutter verzeiht kaltblütigem Sohn (dieser überträgt Verzeihung auf eigenen Sohn).
Gustchen – Major (13, 37 f., 43 f., 56 f., 58, 63 f.)	Tochter flieht den erwarteten Vaterzorn. (Gustchen verletzt durch ihre Beziehung zum Lehrdomestiken Läuffer die Familien- und Standesehre und flieht aus Angst vor den Reaktionen.)	Vater verzehrt sich nach der Tochter, geht ihr nach. Tochter, von Visionen des Vaterleids getrieben, kommt dem Vater entgegen. Vater verzeiht der Tochter vorbehaltlos das Fehlverhalten.
Jungfer Rehaar – Vater Rehaar (64–99, 71 ff.)	Vater entfernt Tochter aus dem Familienkreis. (Katharina verscherzt ihren Ruf, indem sie Pätus ins Fenster steigen lässt. Um das Gerede abebben zu lassen, wird sie zur Tante verschickt.)	Vater befriedet und zufrieden gestellt, als Pätus sich bereit erklärt, Katharina zu heiraten.
Läuffer – Vater Läuffer (5 o., 19)	Vater lässt Sohn im Stich, versucht ihm aber auch zu helfen. (Pastor Läuffer nimmt seinen Sohn nicht als Adjunkt an, setzt sich aber später für ihn beim Geheimrat ein.)	Weder Zerwürfnis noch Versöhnung im eigentlichen Sinne ausgeprägt.

Vaterkonflikt	Grund des Zerwürfnisses	Art der Versöhnung
Läuffer – Ziehvater Wenzeslaus (50–54, 73 ff., 87–90)	Ziehvater bejubelt geistlichen Sohn und lässt ihn später innerlich fallen. (Wenzeslaus feiert Läuffers Selbstkastration als religiöse Heldentat, wendet sich enttäuscht ab, als dieser weiterhin sinnliches Verlangen äußert.)	Halber Ausgleich zwischen Zerwürfnis und Versöhnung: Ziehvater gibt sein widerstrebendes Einverständnis zur missbilligten Heirat Lises.

Der Sinn des Bibelgleichnisses nämlich ist die Rechtfertigung des reuigen Sünders. Das im Lukas-Evangelium vorangehende Gleichnis vom verlorenen Schaf spricht diese Botschaft Jesu explizit aus: **Ich sage euch: Also wird auch Freude im Himmel sein über** *einen* **Sünder, der Buße tut, mehr als über neunundneunzig Gerechte, die der Buße nicht bedürfen** (Lukas 15,7). Vater – und im höheren Sinne Gottvater – stellen Vergebung und Wiederhabensliebe gegenüber dem abtrünnigen und verloren geglaubten, aber aus reuiger Einsicht selbst wiederkehrenden Sünder höher als eventuelle Vorhaltungen oder nachtragenden Zorn wegen dieses sündhaft-abtrünnigen Verhaltens.

Im HOFMEISTER aber liegen die Dinge anders. Mit Recht charakterisiert sich Pätus dem Vater gegenüber nicht als verlorener, sondern als **unglücklicher verstoßener Sohn** (95 o.). Denn weder er noch Fritz haben das Elternhaus aus Übermut und Erlebensdrang verlassen wie der biblische Sohn, sondern im Einklang mit dem Vaterwillen zum Zweck ihrer universitären Ausbildung. Zwar ähnelt dann das Verhalten des Pätus, der mit dem väterlichen Salär nicht gebührend umzugehen versteht, dem leichtsinnigen Verhalten des biblischen Sohnes – wie Fritz missbilligend anmahnt, hat er sich sogar vorübergehend in den Garnen einer **Kokette** verfangen (64 M.) –, doch ist das Wesen dieses Sohnes keineswegs die Liederlichkeit. Vielmehr hat er nur **nie gewusst mit Geld umzugehen** und ist so weichherzig, dass er einem Bettler das letzte Hemd überlassen hätte, wodurch seine **Kreditores** mit ihm umgehen konnten **wie Straßenräuber** (40 M.). Fritzens Äußerung, **sein Vater verdiente nie, einen verlorenen Sohn zu haben, der bei all seinem Elend ein so gutes Herz nach Hause brachte** (40 M.), ist also anders, als es das isoliert entnommene Stichwort vom verlorenen Sohn zu suggerieren scheint, gerade so zu verstehen, dass Pätus keinen verlorenen Sohn der Bibel darstellt, weil sein Herz kein so übermütig-sündhaftes, sondern eben **ein so gutes** ist. Mehr noch und völlig außer Zweifel gilt dies für Fritz selbst. Er ist geradezu ein Ausbund von Selbstlosigkeit, Ehrenhaftigkeit und Großmut, an dem alle Welt und zuvörderst sein Vater seine helle Freude haben müssten, ließe nicht Letzterer sich unverständlicherweise durch einen fadenscheinigen Intriganten dazu bereden, den redlichen Sohn als Mitglied eines Kleeblatts der **Lüderlichkeit** (49 o.) anzusehen.

Entsprechen also weder die Gründe des Fortgehens noch die Art des Lebenswandels der biblischen Parabel, so ebenso wenig das Verhalten der Väter. Denn anders als der verzeihende und unverbrüchlich liebende Vater (und Gottvater) der Bibel sind die Väter hartherzig und stellen sich taub gegen die Bitten ihrer aus Unbedachtsamkeit oder Freundschaftstreue ins Elend geratenen Söhne. Beim anderen, bei Vater Pätus, erkennt der Geheimrat diese Herzlosigkeit sogar selbst – **jedermann hat dem Vater die Härte verdacht** (49 M.) –, während er sein eigen Fleisch und Blut **nach fünf vergeblich geschriebenen Briefen** des Sohnes (55 M.) in die Hoffnungslosigkeit stößt. Selbst auf Gustchens Appell: **Da mein Vater mir vergeben hat, sollte Ihr Sohn ein minder gütiges Herz an Ihnen finden?**, antwortet er lieblos: **Er ist auch noch in keinen Teich gesprungen** (81 M.). Wenn also beide Söhne in der innerlichen Trennung von ihren Vätern leben müssen, so nicht aufgrund eigener Frevelhaftigkeit, sondern aufgrund der Verkennung durch die Väter und wegen deren Unbarmherzigkeit. Der Vaterzorn trifft aber im Grunde nicht die wirkliche Wesensart, sondern richtet sich gegen ein falsches, ein Vorurteilsbild von den Kindern. Fritz und Pätus sind daher keine verlorenen, sondern verkannte und verstoßene Söhne. (Auch Läuffer wird übrigens durch seinen Ziehvater verkannt, doch verkennt dieser das, was er bewundert, und nicht das, worüber er zürnt.)

Und nicht zuletzt gestaltet sich auch die Wiederkunft der Söhne anders als in der Bibel. Sie kommen nicht elend und mit leeren Händen nach Hause, sondern im Triumph ihres – wenn auch lotteriebedingten – Reüssierens. Die Väter wiederum versöhnen sich nicht wegen ihrer alles verzeihenden Kindesliebe, sondern wegen der wiedergewonnenen gesellschaftlichen Reputation der Söhne, also wegen der vollzogenen Reparatur des Familienansehens, und vor allem aus eigener Beschämung. **Ihr wilde Bursche denkt besser als eure Väter** (90 u.), muss der Geheimrat einräumen, und Vater Pätus kann nicht umhin auszurufen: **Muss denn alles heute wetteifern, mich durch Großmut zu beschämen?** (95 M.). Somit zeigt Lenz im Geheimrat und in Vater Pätus keineswegs vorbildliche biblische Väter, sondern solche, die selbst Anlass zur Reue haben. Aus diesen von Lenz anders als in der Bibel gestalteten Verhältnissen ergibt sich gerade der tiefenpsychologische Sinn seiner Appellfiguren an den Vaterzorn: Denn diese Väter haben Grund, beschämt zu sein und in sich zu gehen, weil sie ihren Söhnen (und Vater Pätus auch der Mutter) Unrecht getan haben. Ihre Söhne sind sozusagen besser als der verlorene Sohn der Bibel, besser als ihr Ruf bei den Vätern und in der Öffentlichkeit (Seiffenblase und sein Hofmeister). Damit haben sie die Wiedergutmachung durch die Väter noch mehr ›verdient‹ als der verlorene Sohn die großzügig gefeierte Aussöhnung (die der daheimgebliebene biblische Sohn ja auch missgünstig ansieht). In eben einer solchen Situation mag sich der Autor selbst empfunden haben. Sein Vater hat sich von der fortgehenden Lebensreise des Sohnes Lenz falsche Vorstellungen gemacht; er unterstellt Leichtsinn, Übermut, Renitenz und Frevelhaftigkeit, während es in Wirklichkeit der unbezwingliche Drang zum Schriftstellertum und die Aversion gegen das Predigeramt sind, die den Dichter in der Trennung und in der Ferne vom Vater halten. Mit seinen verstoßenen Söhnen im Hofmeister nun rechtfertigt Lenz keine frevelnden, aber einsichtigen Sünder, sondern die nur scheinbar frevelnden und zu Unrecht vom väterlichen Argwohn verfolgten Söhne.

Die vermeintlich verlorenen Söhne des Hofmeisterdramas weichen also markant von dem des biblischen Gleichnisses ab. Man könnte daher versucht sein, einen ganz anderen Deutungsansatz zu verfolgen und in all diesen Zerwürfnissen einen Generationenkonflikt zu entdecken. Doch träfe diese Begrifflichkeit nicht den Akzent der von Lenz dargestellten Beziehungen. Letztlich verkörpern nämlich die Jüngeren keine anderen, keine gewandelten oder fortschreitenden Lebensvorstellungen, wie der Verlauf der Zerrüttungen und die schließlichen Versöhnungen zeigen. Nur in den verkennenden Augen der Väter haben sich die Söhne einem liederlichen Lebenswandel ergeben, haben sie den Ehrenkodex von Stand und Familie und die Prinzipien der besonnenen Vernunft verletzt, indem sie sich fragwürdigen Leidenschaften überlassen oder in karriere- oder rufverderbliche Machenschaften verstrickt haben. In Wirklichkeit pocht Fritz gegenüber Pätus auf die gleiche **Vernunft**, die sein Vater ihm gegenüber im Munde führt, und Pätus richtet die desolaten Familienbeziehungen ebenso sehr nur durch **Geld**, […] **doppelte Zinsen** und **Kapital** (95 o.) ins Lot, wie sein Vater sein mutterverstoßendes und den Sohn wieder annehmendes Verhalten durch Entreißen oder Verschenken von **Vermögen** (93 o.) regelt. Man findet sich unter den gleichen Normen gemeinschaftlich wieder zusammen, und wenn man sich von ihnen entfernt hat, so nur aus schnell überwundener Leichtsinnigkeit bzw. überhaupt nur scheinbar (lediglich Läuffer macht mit seiner Infragestellung des religiösen Aberglaubens einen halbherzigen Versuch, das Denkgefüge seines Ziehvaters auch geistig zu attackieren).

Es handelt sich bei diesen Beziehungsbrüchen also nicht um Zeitumbrüche oder um Normenkonflikte, so wenig es um das biblische Thema des reuigen Sünders geht. Es handelt sich um ein seelisches Geschehen, es geht um den Alptraum der gestörten Liebesbeziehung zwischen Eltern und Kindern. Lenz appelliert mit seinen Vater-Kind-Konfigurationen an die zornigen Väter, ihren durch räumliche Trennung aus den Augen verlorenen Kindern zu vertrauen und ihnen väterliche Langmut und väterlichen Segen über alles Fehlverhalten und vor allem über alles vermeintliche Fehlverhalten hinweg zu erhalten.

Das zeigt auch der Seitenblick auf die weiblichen ›verlorenen Söhne‹ des Stückes, auf Gustchen von Berg und Katharina Rehaar. Auch diese Töchter entsprechen nicht dem biblischen Modell; sie verlassen das Vaterhaus nicht aus Abenteuerlust, sondern im Falle Gustchens aus Angst vor dem Vaterzorn und im Falle Jungfer Rehaars auf Geheiß des Vaters selbst. Allerdings haben beide vor dieser Entfernung aus dem Vaterhaus leichtsinnig und Gustchen im Zeitverständnis sündhaft gehandelt, indem Gustchen eine sexuelle Liaison mit Läuffer einging und Katharina ihrem Verehrer Pätus nicht das Fenster verschlossen hat. Beide sind in den Augen der Öffentlichkeit entehrt und damit gefallene Frauen. Kann Katharina im Folgenden außer Betracht bleiben, weil sie überhaupt nicht handelt oder leidet, sondern ihr Schicksal über ihren Kopf hinweg von Pätus und Vater Rehaar gütlich ausgehandelt wird, so entspricht Gustchen, wenn überhaupt, noch am ehesten dem Bibelmodell. Denn diese vom Vater durch ›sündhaftes‹ Verhalten getrennte Tochter kehrt dann in der Tat ähnlich dem biblischen Sohn aus dem Elend zu ihrem Vater zurück und wird vom Major mit eben der überschwänglichen und verzeihenden Liebe aufgenommen wie jener (in Kap. 1.4.1 wurde bereits gezeigt, dass der Major der eigentliche Vater der biblischen Geschichte ist).

Im HOFMEISTER-Stück wimmelt es also nicht von verlorenen Söhnen, sondern von verstoßenen Söhnen und gefallenen Töchtern. Diese immer wieder anders akzentuierten Konstellationen kreisen dennoch um einen archimedischen Punkt: um die Dimension menschlicher Verzeihung und väterlicher Liebe. Gleichviel, was die Söhne und Töchter nun begangen oder nicht begangen haben: LENZENS dichterisches Wunschbild und latenter Appell läuft stets auf die Versöhnung hinaus. Nur das grundtiefe Bedürfnis nach Aussöhnung, nach Wiederherstellung menschenzuträglicher Beziehungen zum Vater ist das Movens der dichterischen Imagination dieser vielen Vater-Kind-Konstellationen.

Allerdings zahlen die Söhne im Drama für diesen Liebesbeweis ihrer Väter einen Preis: den der Demut. Obgleich Fritz sich keinen Vorwurf zu machen hat und er objektiv kein sündiger verlorener Sohn ist, fällt er vor dem Vater auf die Knie und bezeugt mit der Formel des biblischen Sohnes seine Unterordnungsbereitschaft. Das bereits eingangs als vermeintliches Indiz für die Wiederholung der biblischen Begebenheit herangezogene Zitat, **ich bin nicht wert, dass ich Ihr Sohn heiße** (90 M.), beweist also nicht, dass Fritz ein verlorener Sohn ist, sondern dass er dessen demütige Haltung übernimmt. Damit verkörpert er eine auch vom Autor LENZ sein Leben lang verinnerlichte Haltung[42], die bezeichnenderweise bei Lukas in unmittelbarer Nähe des Gleichnisses vom verlorenen Sohn verankert ist: **Denn wer sich selbst erhöht, der soll erniedrigt werden; und wer sich selbst erniedrigt, der soll erhöht werden** (Lukas 14,11).

Es sind also keine rebellischen Söhne in diesem Stück, keine heldenhaften Vertreter eines Generationenkonfliktes. Diese Söhne pochen nicht auf Gerechtigkeit und Beziehungswahrheit, geschweige denn, dass sie für eigene Reviere der Freiheit oder neue Werte kämpfen. Diese Söhne tragen es vielmehr mit stoischer Demut, dass sie verkannt waren, dass ihr Flehen nicht erhört und sie mit zynischer Härte behandelt wurden. Sie unterwerfen sich den Vätern selbstlos und ohne Vorwurf, wenn diese nur bereit sind, von ihrer Verstoßung wieder abzusehen und ihre Liebe zu zeigen. Das Harmonieverlangen LENZENS offenbart damit etwas Problemverdrängendes und Konfliktverschüttendes. Eine offene Auseinandersetzung wird nicht geführt, der Kampf mit dem Vater nicht aufgenommen. So sehr fühlte sich LENZ abhängig und ohnmächtig, dass er sich die väterliche Liebe nur in seinen fragwürdig geschönten Wunschbildern herbeidichten konnte.

1.7   Geschlecht und Geschlechterverhältnis

1.7.1   *Das ›tierisch Bedürfnis‹ und Lenzens Rechtfertigung der Konkupiszenz*

In LENZENS Zeichnung eines philiströsen Maschinenlebens (vgl. S. 48) stockt das moderne Auge an einer Stelle: **Wir werden geboren [...] – irgend ein artiges Mädchen drückt in unser Herz den Wunsch es eigen zu besitzen, es in unsere Arme als unser Eigentum zu schließen, wenn sich nicht gar ein tierisch Bedürfnis mit hineinmischt [...].** Für den Zeitenabstand von damals und heute ist es bezeichnend, dass LENZ, ohne mit der Wimper zu zucken, eine Frau zum Eigentum des Mannes deklarieren kann, aber offenbar zusammenzuckt, wenn er an körperliche Freuden zwischen Mann und Frau denkt. Anrüchig und animalisch erscheinen vielen Intellektuellen des 18. Jahrhunderts solche Bedürfnisse; auch der Zeitgenosse SCHILLER erwähnt in seinen Werken und Schriften die **viehische[n] Begierden** mit merklich degoutierter Miene.[43] Da scheinen sie sich in (doch eher unguter) Gesellschaft mit dem Dorfschullehrer Wenzeslaus zu befinden, denn dieser ist sehr umtriebig, gegen die **bösen Begierden** (52 o.) in sich selbst und bei anderen zu Felde zu ziehen. Hat ihn der Autor dabei in eigener Sache in die Kampagne geschickt?

In der Tat weist die frühe Selbstverständigungsschrift CATECHISMUS, deren Grundgestus noch den rigorosen Moralismus des Vaters verrät, deutliche Parallelen zu den Reden des Wenzeslaus auf. Mit großer Inbrunst macht sich LENZ hier Gedanken, welches **das vornehmste Verwahrungsmittel gegen die Wollust** sei.[44] Dazu fällt ihm **vors erste [die] beständige Gegenwart**

und Spannung aller unsrer Kräfte zu Gott ein; im Weiteren aber die Vermeidung aller **Unmäßigkeit in Befriedigung andrer tierischen Begierden des
Hungers, des Durstes** sowie die Umgehung der Unmäßigkeit **einer sonst
sehr menschlichen Begierde, der nach Freude Lustigkeit und Vergnügen,
welche alsdann in Wildheit und Raserei ausartet,** und andere Einschränkungen, etwa **der Begierde, zu gefallen.** Vor allem sei es wichtig, **dass wir unsere Phantasei von allen wollüstigen Vorstellungen befreien** [...]: **lieber
aber einschlafen oder nichts denken, als böse Bilder und Irrlichter verfolgen die uns zuletzt in Sümpfe leiten.**[45] Lenz baut in solchen pedantischen
und quälerischen Selbstanweisungen Dämme gegen eine Macht auf, deren
Unabweisbarkeit er gleichwohl spürt. Wie Wenzeslaus gegen ein ›überhöri-
ges Sattessen‹ anredet – **denn das macht böse Begierden und schläfert den
Geist ein** (53 o.) –, kämpft auch der frühe Lenz gegen eine ›unmäßige‹ Stillung des Hungers an, weil dadurch auch eine anderweitige Zügellosigkeit
entfacht werden könnte. Und wenn der Dorfschulmeister und Laienprediger von der Kirchenkanzel herabwettert, es **müsse unser Geist auch durch
allerlei Kreuz und Leiden und Ertötung der Sinnlichkeit für den Himmel
zubereitet werden** (83 M.), so klingt das ähnlich wie das frühe Credo seines
Autors: **Überhaupt ist's gut das Fleisch zu kasteien und zu kreuzigen damit
der Geist wachsen und sich bilden könne.**[46]

Seltsam konservativ wirkt in dieser Schrift also noch ein Autor, der bald
hiernach in seinem SOLDATEN-Drama ganz ungeniert die Einrichtung einer staatlichen Kurtisanenschule fordert oder eine PHILOSOPHISCHE VOR-
LESUNG FÜR EMPFINDSAME SEELEN mit dem anstößigen Titel UNVER-
SCHÄMTE SACHEN versieht und darin bündig erklärt: **Um kurz von der
Sache zu kommen, der Geschlechtstrieb ist die Mutter aller unserer Empfindungen.**[47] Die Parallelen zwischen LENZENS frühem CATECHISMUS und
den triebfeindlichen Tiraden des Schullehrers sollten jedoch nicht überse-
hen werden, machen sie doch eines deutlich: Wenzeslaus ist die Karikatur
und Überwindung früherer Denkweisen des Autors selbst. Freilich hat sich
das moralphilosophische Denken des Autors rapide weiterentwickelt. In
seinem ENTWURF EINES BRIEFES AN EINEN FREUND, DER AUF AKADEMIEEN
THEOLOGIE STUDIERT stellt sich Lenz die Frage, ob der Mensch metaphysi-
sche oder moralische Freiheit besitze. In metaphysischer Hinsicht sei dieser
nicht frei, weil er an die Natur gebunden sei:

> Wer dem Menschen die Dependenz von der Natur abspricht, der hat ihn
> noch nie recht angesehen. [...] Können wir davor, daß wenn wir all unsere
> Säfte in der glücklichsten Fülle fühlen, uns beim Anblick und den Schmei-
> cheleien einer Buhlerin Begierden aufwachen, deren wir uns vorher nie ver-
> sehen hätten. Die Natur geht und wirkt ihren Gang fort, ohne sich um uns
> und unsere Moralität zu bekümmern [...].

Allerdings habe der Mensch von Gott zugebilligte Willensfreiheit, die im möglichen Widerstand und in der teilweisen Überwindung der Naturabhängigkeit bestehe:

> Was ist denn nun die moralische Freiheit? Die Stärke die wir anwenden können, den Trieben der Natur nach den jedesmaligen Erfordernissen unsrer bessern Erkenntnis und unserer Situation zu widerstehen. Wir können also moralisch immer freier, immer willkürlicher werden.[48]

In solchen Formulierungen des menschlichen Körper-Geist-Dualismus drückt sich zwar ein Anerkennen, doch auch eine mitschwingende Abwertung des Naturhaften im Menschen aus. Das im gleichen zeitlichen Umkreis geschriebene SUPPLEMENT ZUR ABHANDLUNG VOM BAUM DES ERKENNTNISSES GUTES UND BÖSEN geht hier einen Schritt weiter und tilgt die negative Konnotation des naturgegründeten triebhaften Verlangens, für das LENZ fortan gern den Begriff **Konkupiszenz** wählt. Auf den ersten Anschein – und in der verkürzenden Darstellung manches modernen Interpreten – scheint LENZ nunmehr die Apotheose des Sexuellen in den 60er-Jahren des 20. Jahrhunderts vorwegzunehmen:

> Ich hab Ihnen gezeigt, daß die Konkupiszenz, das Streben nach Vereinigung, den Fall unsrer ersten Eltern verursacht. War sie also eine Sünde? – Das sei ferne! Nur ihre zu ungeduldige Befriedigung war es. Noch mehr, die Konkupiszenz ist dem Menschen zur Glückseligkeit notwendig, eine Gabe Gottes – die herrlichste aller Gaben Gottes. […] Denn Glückseligkeit muß genossen werden, und Genuß kann kein Vergnügen bringen, ohne zuvor begehrt zu haben.

Doch in Wirklichkeit gesteht er dieser Begehrlichkeit nicht sozusagen selbstzweckhaft zu, eine **Gabe Gottes** zu sein, sondern nur instrumental, als Mittel zum höheren Zweck. LENZ integriert das menschliche Verlangen in sein genie-bezogenes Menschenbild:

> Wenn Gott aus dem Menschen bloß ein denkendes und empfindendes Wesen hätte machen wollen, so würde er's bei […] der schönen Dekoration des Paradieses haben bewenden lassen. Aber er wollte ihn auch handelnd, nicht bloß leidend [hier im Sinne von: passiv, der Natur folgend]. Der Mensch […] sollte auch frei, ein kleiner Schöpfer, der Gottheit nach-handeln. Die Triebfeder unserer Handlungen ist die Konkupiszenz: ohne Begier nach etwas bleiben wir ruhig – und da handeln die größte aller menschlichen Realitäten ist, wie sträflich wär es, den Keim unserer Tätigkeit, aller unsrer Vortrefflichkeit zu ersticken.[49]

Diese Gedankengänge LENZENS aus dem Jahre 1772 weisen übrigens eine erstaunliche Nähe zu GOETHES Konzeption des Mephistophelischen im FAUST auf (wie sie sich noch nicht in GOETHES frühen Konzeptionen von 1775 und 1790 – URFAUST und FRAGMENT –, sondern erst im »Prolog im Himmel« als Teil der klassischen Überarbeitung von 1808 offenbart).

Dort weist der Herr Mephisto eben diejenige von LENZ beschriebene Rolle als Schrittmacher des Menschen zu: **Des Menschen Tätigkeit kann allzu leicht erschlaffen,/Er liebt sich bald die unbedingte Ruh;/Drum geb ich gern ihm den Gesellen zu,/Der reizt und wirkt und muß als Teufel schaffen** (V. 340–344). Bei diesem hintersinnigen Schöpfungsplan wird der traditionelle Vertreter von Körperlichkeit und Sündhaftigkeit zum Instrument des Höheren: Mephisto weiß von sich selbst, er ist **ein Teil von jener Kraft,/Die stets das Böse will und stets das Gute schafft** (V. 1335 f.).[50] LENZ tastet sich also in seinen moralphilosophischen Vorlesungen an ein nicht-rigoroses und philanthropisches Menschenbild heran, wie es GOETHE in seiner moralisch generösen Konzeption des *FAUST* entwickelt. Und zwar sorgt in LENZENS Anschauung die Begehrlichkeit für den Aktivitätsdrang im Leben – aber in dialektischer Tücke gerade durch das Verbot: **Gott wollte also unsere Konkupiszenz in Bewegung setzen – das konnte nur durch ein Verbot geschehen.** Hier wieder in bemerkenswerter Nähe zu GOETHES Polaritätsdenken weiß LENZ, **daß in der ganzen Natur alle Kräfte nur entgegen wirken. Alle Aktion ist Reaktion [...]**.[51]

In LENZENS reiferem Menschenbild wird also das Triebhafte von seiner negativen Konnotation befreit und – ähnlich wie in GOETHES Anthropologie – als notwendige und gerechtfertigte polare Teilkraft anerkannt (weitere Aspekte von LENZENS Geschlechterdenken siehe Mat. 5 und Tafelbild Additum nach Stunde 7). Durch das Wechselspiel von Konkupiszenz und Moral wird das freie Wesen als solches erst konstituiert und sein Handeln in Gang gesetzt. Die Sexualität ist eine Gabe Gottes, aber nur eine trickreiche: keine Freistatt der Wollust, sondern eine allgemeine Triebfeder und ein Anreiz am Horizont des Weges.

1.7.2 ›Böse Begierden‹ und der Martialakt zur ›Ertötung der Sinnlichkeit‹

Von dieser Anerkennung der Konkupiszenz als anthropologischer Schubkraft ist freilich der Dorfschullehrer, dem Läuffer in die Fänge gerät, weit entfernt. Dieser kauzige Kreuzritter gegen die Geschlechtlichkeit, dessen Lieblingsspruch **in amore omnia insunt vitia** (›in der Liebe liegen alle Fehler‹, 75 o.) aus der Komödie *DER EUNUCH* von Terenz stammt, wettert vielmehr allenthalben gegen die **bösen Begierden** an (52 o.), ruft als Laienprediger von der Kanzel herab zur **Ertötung der Sinnlichkeit** auf (83 M.) und wähnt in jedem harmlosen Zeitgenossen, der nicht von der Askese beseelt ist, partout einen **Jungfernknecht** und **Hurenhengst** (61 M.).

Bei solchen Anschauungen wundert es nicht, wenn der Kasteiungsfanatiker in Entzückung verfällt, als Läuffer der vermeintlichen Wurzel allen Übels radikal zu Leibe rückt:

Wa – Kastriert – Da mach' ich Euch meinen herzlichen Glückwunsch drüber, vortrefflich, junger Mann, zweiter Origenes! Lass dich umarmen, teures, auserwähltes Rüstzeug! [...] Das ist die Bahn, auf der Ihr eine Leuchte der Kirche, ein Stern erster Größe, ein Kirchenvater selber werden könnt. […] sing Er mit Freudigkeit: ich bin der Nichtigkeit entbunden, nun Flügel, Flügel, Flügel her. (73 f.)

Im religionsideologischen Schwarz-Weiß-Bild des Schulmeisters ist nämlich der Teufel mit dem Geschlechtstrieb im Bunde, und Gott hat Wohlgefallen an denen, die diesen in sich ausmerzen. Mithin ist es für ihn ausgemacht, dass mit dem geschlechtlichen Verlangen **der Teufel unsern ersten und besten Kräften sein arglistiges Netz ausstellt** (74 o.), während derjenige, der dem Verderber einen blutigen Strich durch die Rechnung macht, ganz gewiss nicht daran sterben wird, denn es **wird ja Gott auch ihm Gnade zu einer Kur geben, die Euer ewiges Seelenheil befördern wird** (75 M.).

Im Ehestand selbst werden dann allerdings die **bösen Begierden** für Wenzeslaus sanktioniert, weil sie der Fortzeugung des Menschengeschlechtes dienen: **Seid fruchtbar und mehret euch, steht in Gottes Wort. Wo Eh' ist, müssen auch Kinder sein** (89 M.). Hier wird der Geschlechtsakt gewissermaßen zur Verpflichtung, und da will der Sittenprediger nichts davon hören, wenn der Kastrat Läuffer in Bezug auf die zukünftige Ehefrau Lise dessen eigene sexualverdammenden Stichworte aufgreift: **Sie verlangt nur Liebe von mir. Und ist's denn notwendig zum Glück der Ehe, dass man tierische Triebe stillt?** (89 M.).

Die gerade angesprochene und beiläufig erscheinende Debatte über Kastratenehen ist durchaus von geistesgeschichtlichem Interesse und lenkt auf einen Stichwortgeber für beide Hauptdramen Lenzens: auf den livländischen Pastor und Aufklärungsschriftsteller August Wilhelm Hupel, den er schon von Jugend auf (wahrscheinlich auch persönlich) kannte.

Dessen kurios klingende Schriften *Vom Zweck der Ehen, ein Versuch, die Heurath der Castraten und die Trennung unglücklicher Ehen zu vertheidigen* (Riga 1771) und *Origines oder von der Beschneidung, über Matth.19. V.10–12. Ein Versuch, zur Ehrenrettung einiger gering geachteten Verschnittenen* (Riga 1772) werden von der Sekundärliteratur zu Lenzens Kastrationsdrama zwar im Literaturverzeichnis redlich miterwähnt, doch kaum wirklich eingesehen.

In seiner ersten Schrift (*Zweck der Ehen*) richtet sich Hupel gegen die von den meisten Theologen und Rechtsgelehrten seiner Zeit vertretene Ansicht, dass Kinderzeugen und -aufziehen der Hauptzweck der Ehe sei, weswegen man Kastraten – und hier meint Hupel Männer, die durch Geburt, Arztfehler, Krieg oder Unfall (!) zeugungsunfähig geworden sind – das Recht zur Eheschließung verwehrte. Hupel interpretiert nun spitzfindig die betreffenden Bibelstellen und weist nach, dass nicht die Kinderzeugung, **sondern die Hülfleistung zu beyderseitiger Wohlfahrt** (1771, 78) der Hauptzweck der Ehe sei, und diese umfasse **Versorgung, gemeinschaftliche Arbeit, Rath, Triebe zum Beyschlaf, Beförderung des Glücks, Erlangung zeitlichen Vermögens, Kinderzeugen,**

Pflege, geselliger Umgang, Zeitvertreib, zärtliche Freundschaft; alles findet hier seinen Platz (1771, 79). Unter dieser Voraussetzung bestehe also kein Grund, Zeugungsunfähigen die Ehe zu verweigern, und – was in Bezug auf die SOLDATEN von Belang ist – Hupel erlaubt sich zugleich einen Seitenhieb auf die militärische Ehelosigkeit und wirft das Stichwort einer Pflanzschule ein (er gibt zu bedenken, **ob es nicht rathsam wäre, die Armee zugleich als eine Pflanz-schule anzusehen: aus welcher nach zwanzig Jahren immer wieder ein neues unter dem Geräusch der Waffen gebornes, abgehärtetes, lauter Sieg verspre-chendes Kriegsheer vorwüchs;** vgl. 1771, 96 f.). Im zweiten Teil seiner Schrift tritt Hupel für die theologische Sanktionierung der Scheidung unglücklicher Ehen ein – die seinerzeit von Protestanten sparsam zugelassen, vom päpst-lichen Recht aber untersagt war.

Das Ansinnen der zweiten Schrift Hupels (ORIGINES) ist die Ehrenrettung von gemeinhin verspotteten Kastraten, die Hupel durch eine Legion von ge-schichtlichen Beispielen aus verschiedenen Gründen entmannter, aber ehren-hafter oder heldischer Gestalten vornimmt. Die in der Matthäus-Passage he-rauslesbare Kastration um des Himmelsreichs willen sei durchaus eine große, würdige religiöse Tat, allerdings keine Allgemeindevise für das Volk, sondern ein Weg für dazu Erwählte (und das Folgende kann auch als LENZENS Einstel-lung zu seinem Wenzeslaus gelten): **Unsinn wäre es, wenn ein neumodischer Sittenlehrer des Menschengeschlechts mit der blutigen Foderung aufträt, daß einer nach dem andern sich gütigst möchte entmannen lassen: auch das Ver-sprechen der größten Vortheile, selbst ewiger, würde diesen Charletan nicht wider das Tollhaus schützen** (1772, 8).

Von Interesse als mögliche Stichwortgeber für LENZENS Hauptdramen sind des Weiteren zwei andere Passagen. In der einen redet Hupel von zwangsent-haltsamen Soldaten:

> Was zu thun? Die Brunst ist da. […] Hurerey? – aber das Gewissen! Man überschreyet es! aber wo findet eine Armee, etliche im Felde, in einer Garni-son beysammen liegende Regimenter so viele willige Weibsbilder, die ihre Ehre, Hoffnung einer endlichen Versorgung, Ruhe, zeitliche und ewige Wohlfahrt ohne Bedenken für eine kurze Wollust verkaufen. Einige Dut-zende schlagen nicht vor […] (1772, 86) –

in der Pflanzschule von Soldatenweibern, hört man hier LENZ antworten. In der anderen Passage berichtet Hupel von Abälard:

> Eine wegen der geschwängerten Verwandtinn äusserst aufgebrachte Fami-lie, durch die vermeinte Beschimpfung gereizt, will den armen verliebten Abelard die Lust versalzen und ihn Mores lehren; man überfällt ihn und verschneidet ihn aus Rache. Ein Hofmeister, der die ihm anvertraute Schü-lerin verführt, ist ein strafwürdiger Verbrecher. Aber jede Rache ist dem sanften Charakter des Evangeliums ganz entgegen (1772, 127) –

während ein sanftes Bauernmädchen diesem Charakter sehr entgegenkommt, möchte man in Anbetracht des HOFMEISTER-Dramas hinzusetzen.

LENZ mag durch Hupels ORIGINES-Schrift zu seinem Kastratendrama angeregt worden sein, doch sein kläglicher Kandidat Läuffer handelt durchaus nicht **um des Himmelreichs willen**, wie es bei Matthäus heißt. Dabei hat die lustfeindliche Gehirnwäsche seines Ziehvaters gewiss ihren fatalen Teil zu dieser drakonischen Tat beigetragen, doch ein bewusster und religiöser Akt war sie nicht, sondern ein wahnsinniger Akt der Selbstfeindseligkeit und Selbstbestrafung. **Sein Frohlocken verwundet mich mehr als mein Messer** (75 M.), muss Läuffer angesichts der verkennenden Jubelschreie des Schulmeisters feststellen: **Ich fürchte, meine Beweggründe waren von andrer Art … Reue, Verzweiflung** – (74 u.). Läuffer stand vor dem Bankrott seines Lebens: von der Adelsunterdrückung in die Schulmeisterzucht getrieben, nicht mehr wissend, wer er ist und was er noch werden soll, das uneheliche Kind vor Augen, dem die Gesellschaft nur ein verächtliches Bastardleben einräumen wird, und vom Schuldgefühl geschüttelt, er habe den Selbstmord Gustchens zu verantworten. Dieser Bankrott erzeugt Panik, Angst und eine konfuse Wut, die sich bei einer Servilnatur wie Läuffer gegen sich selbst richtet – und dabei gerade gegen denjenigen Körperteil, den die orthodoxen Einflüsterungen der Zeit zum Urgrund allen Unheils erklären: **O Unschuld, welch eine Perle bist du! Seit ich dich verloren, tat ich Schritt auf Schritt in der Leidenschaft und endigte mit Verzweiflung** (75 M.).

Im Spektakulum der Kastration offenbart sich also der blutige Ernst der Sexualitätsverteufelung im HOFMEISTER. Der kurz darauf folgende Auftritt der **göttliche[n] Lise** (89 u.) hingegen ist LENZENS Credo der Menschlichkeit und der Liebe zur sinnlichen Schöpfung. Wie bei den verstoßenen Söhnen, die er nicht in der sozialen Abstiegsbahn belassen wollte, hält der Autor auch in Bezug auf das desaströse Geschlechtsleben seines Hofmeisters der inhumanen Schauderfratze der Kastration **die liebenswürdigste Kreatur […], die jemals die Schöpfung beglückt hat** (87 u.), entgegen. Und hier, das muss zu Läuffers Ehrenrettung gesagt sein, wird dem Gedemütigten und Entstellten doch ein einziges Mal ein heroischer Part zuteil. Er singt – und das schließt an ein ungewolltes Loblied des Wenzeslaus an (vgl. 85, 11–15) – das pathetische Hohelied des sinnlichen Entzückens:

> Ich bekenne mich schuldig – Aber kann man so vielen Reizungen widerstehen? Wenn man mir dies Herz aus dem Leibe risse und mich Glied vor Glied verstümmelte und ich behielt' nur eine Ader von Blut noch übrig, so würde diese verräterische Ader doch für Lisen schlagen. (87 u.)

Unter all der Sexualverteufelung im Stück und all der quälerischen Auseinandersetzungen des frühen Autors in seinen moralphilosophischen Schriften leuchtet hier doch ein anderes Bekenntnis hervor, das dem Himmel, sollte er denn wirklich so sinnenfeindlich sein, beschwörend entgegengehalten wird: **Seht diese Wangen, ihr Engel! Wie sie in unschuldigem Feuer brennen und denn verdammt mich, wenn ihr könnt** – – (85 u.).

Läuffers Selbstkastration aber – und das ist eine letzte Denkwürdigkeit in diesem Zusammenhang – erscheint auch als ein verstecktes und für LENZENS gesamte Existenz prophetisches individualpsychologisches Symbol. Auch LENZ fehlt es in seinem Dasein an Mitteln zur Befriedigung seiner natürlichen Triebhaftigkeit – nicht körperlich, aber sozial und aus moralphilosophischen Skrupeln heraus. Verehrung ohne Vollzug – damit ist nicht nur die Beziehung Läuffers zu Lise benannt, sondern auch *das* Grundmuster von LENZENS Frauenbeziehungen überhaupt.[52]

1.7.3 Das Steuerruder der Vernunft und die philosophische Überwindung des Vorurteils

Moderater als beim fanatischen Wenzeslaus und bei Läuffer erscheinen Verunsicherung und Argwohn gegenüber der Sexualität bei den anderen Dramenfiguren. Dass der Geheimrat die verschworene Innigkeit zwischen Gustchen und Fritz verbietet, mag zwar auch in der (im Drama nicht ausgesprochenen) Vorsicht im Hinblick auf vorschnelle Folgen solcher Intimität begründet sein, im Wesentlichen aber möchte er die Jugendlichen vor dem unvernünftigen und unbedachtsamen Schwur behüten. Betrachtet man das recht baldige Ergebnis der gutherzigen Debatte beider Liebender, welches Geschlecht denn das ungetreuere sei – **O nein; ich bin ein Frauenzimmer; die Mannspersonen allein sind unbeständig** (13 u.) –; betrachtet man also Gustchens bald folgendes erotisches Arrangement mit Läuffer, so wird man diesem Tadel ewiger Treueschwüre durchaus Recht geben müssen. Der Sohn des Geheimrats hat aber diese zu Vernunft und Affektbeherrschung mahnende Lektion durchaus verinnerlicht. Fast schon wie Wenzeslaus mit seinem **in amore omnia insunt vitia** hat er eine dezidierte, wenn auch tolerantere Vorstellung von der **Ursach zu all deinem Unglück**, wie er Pätus klar macht: **Ich tadle es nicht, wenn man sich verliebt. Wir sind in den Jahren, wir sind auf der See, der Wind treibt uns, aber die Vernunft muss immer am Steuerruder bleiben, sonst jagen wir auf die erste beste Klippe und scheitern** (64 M.). Diese Vernunft aber verlangt, dass die sexuelle Triebhaftigkeit im Zaum gehalten werde:

> Ein Mann, der gegen ein Frauenzimmer es so weit treibt, als er nur immer kann, ist entweder ein Teekessel oder ein Bösewicht; ein Teekessel, wenn er sich selbst nicht beherrschen kann, die Ehrfurcht, die er der Unschuld und Tugend schuldig ist, aus den Augen zu setzen: oder ein Bösewicht, wenn er sich selbst nicht beherrschen will und wie der Teufel im Paradiese sein einzig Glück darin setzt, ein Weib ins Verderben zu stürzen. (64 u.)

Wieder ist der Antichrist mit der Sexualität im Bunde, doch eingedenk der geschichtlichen Situation ist nicht von der Hand zu weisen, dass die sozialen Folgen eines vorehelichen Geschlechtsverkehrs oder gar einer unehelichen Schwangerschaft zumeist ein reales **Verderben** darstellten: nämlich die öffentliche Ächtung, die Disqualifikation als mögliche Heiratskandidatin, vielleicht die Verstoßung durch die Familie – und als noch tiefer verstrickende Vermeidungstat der eventuelle Kindesmord.[53] Schließlich sehen auch im Stück selbst die eigenen Eltern ihre Tochter Gustchen sofort und ohne weitere Nachfragen als **Hure** an (vgl. 44 M. und 57 M.).

Insofern hat der in modernen Ohren antiquiert und altklug klingende Aufruf Fritzens zu einem verantwortlichen Umgang mit der Sexualität historisch ein noch höheres Gewicht als heute. Die Erkenntnis, dass diese verderblichen Folgen aber nicht in der Natur der Geschlechtlichkeit, sondern in der Art ihrer sozialen Einbettung und Ansehensweise liegen, braucht noch geschichtliche Zeit. Lenz allerdings, und hier macht er Fritz zu seinem Sprachrohr, ist ein Vorkämpfer dieser mentalitätsgeschichtlichen Veränderungen. Fritz macht mit dem Kampf der Aufklärung gegen das sexualmoralische Vorurteil wirklich ernst, indem er es Gustchen nicht als Schuld nachträgt, dass sie bereits vor der Ehe ihre ›Unschuld‹ verloren hat, und es fällt ihm nicht bei, das an allem gänzlich unschuldige Kind wegen seiner gesellschaftlich nicht sanktionierten Zeugungssituation unwirsch anzusehen.

Mit der fast spöttischen Frage des Majors: **Siehst du, dort ist das Kind. Bist ein Philosoph? Kannst alles vergessen? Ist Gustchen dir noch schön genug?** (94 M.), räumt Lenz allerdings ein, dass Fritzens aufgeklärtes Musterverhalten seinerzeit nicht etwa eine Sache der vorgefundenen Wirklichkeit, sondern der vorauseilenden Denkerzunft ist. Die missbilligende Reaktion des ansonsten Lenzens Drama enthusiastisch feiernden Rezensenten Schubart – **Wer 'ne Hur nimmt wissentlich,/Bleibt ein Hundsfut ewiglich**[54] – spricht hier Bände. Jedoch gibt Fritz dem Leser ein Vorbild solchen humaneren Verhaltens. Fritz erkennt, wenn auch vornehmlich bezogen auf das von alters her so angesehene ›schwache‹ Geschlecht, die menschliche **Schwachheit** – d. h. Anfälligkeit und Fehlbarkeit – an und ist sich im gleichen Moment auch der **Torheit** des männlichen Geschlechtes bewusst (95 u.), die sich in einem verantwortungslosen erotischen Draufgängertum äußert. Niemand, am wenigsten Vertreter des männlichen Geschlechts selbst, die ja ihr Vergnügen in dem ›hurenhaften‹ Verhalten der Frau finden, hat das Recht, sich pharisäerhaft über einen solchen ›Fehltritt‹ zu erheben. Wenn auch Fritz sein Verzeihungsverhalten rhetorisch etwas überzieht – **Dieser Fehltritt macht sie mir nur noch teurer – macht ihr Herz nur noch englischer** (94 u.) –, weiß er sich doch eins mit der humanen Religionsphilosophie seines Autors. Von denjenigen, die das moralische Gesetz nicht einhalten konnten, verlangt er

nicht tut Buße (das Wort hat ein böser Dämon in unser deutsches Wörter-
buch gebracht) sondern verändert euren Sinn, erhebt ihn, trachtet von gan-
zem Herzen, das Geschehene zu verbessern – und alsdenn ›glaubet an das
Evangelium‹, ihr habt einen Gott, der mißlungene Versuche nicht mit dem
Tode bestraft, sondern mit Leben, ewigem Leben, wenn sie nur fortgesetzt
werden.

Wenn der Mensch fehlgeht, wenn er von der von Gott vorgesehenen **Bahn
der Glückseligkeit […] zur Seite abgeht, wegirrt,** so ist es durchaus schade
um ihn, denn er **geht vergebens – ihr erreicht nie, was ihr sucht, müßt euren Weg wieder zurückmachen, müßt's wieder da anfangen wo ihr's gelassen habt**[55] –, aber er wird nicht mit ewiger Verdammnis bestraft. Und um
so weniger hat die irdische Kreatur das Recht, über das Fehlgehen anderer
ihr soziales Verdikt zu verhängen.

1.7.4 *Liebe in Stellvertretung und die Beiläufigkeit der sexuellen Beziehung*

Angesichts der mittelalterlich anmutenden Reden des Wenzeslaus erscheint
es erstaunlich, wie modern LENZ die Wirklichkeit der Sexualität in seinem
Stück darstellt. Die Rede ist von der Beziehung Läuffers zu Gustchen – oder
Gustchens zu Läuffer: Und allein dieser Zweifel deutet bereits auf ein Moment moderner Vielschichtigkeit hin.

Ein anderes Anzeichen des Modernen ist die Beiläufigkeit, Selbstver-
ständlichkeit, ja Naturnotwendigkeit der Sexualität zwischen Gustchen
und Läuffer. Die beiden (man kann ja nicht eigentlich sagen) Liebenden
machen überhaupt kein Aufhebens von der vollzogenen körperlichen Vereinigung, sodass der Leser schon viel vor- und zurückblättern und genau
nachlesen muss, bis er sich das Skandalon bestätigt hat: Ja, es muss einfach
passiert sein. Dass der Lehrer zwanglos auf dem Bette der sich darin räkeln-
den Schülerin sitzt und Gustchens spätere Unpässlichkeit und körperliche
Veränderung erwecken zwar schon seine Mutmaßungen; bis diese sich aber
nach allen dazwischen tretenden und ablenkenden Geschehnissen in Gustchens Kind bestätigen, verstreichen ganze zwei Akte (Geschlechtsakt unmittelbar vor II,5; Bestätigung in IV,2).

In zwei kurzen Szenen (II,2 und II,5) wird die unstatthafte Beziehung
zwischen bürgerlichem Hauslehrer und adliger Privatschülerin beleuchtet.
In der ersten Szene erscheint Läuffer weinerlich – **Aber was fehlt Ihnen
denn? Sagen Sie mir doch! […] Die Augen stehn Ihnen ja immer voll Was-
ser** (26 o.) – und seiner Schülerin unterlegen. Diese nämlich springt lau-
nisch mit ihm um, nimmt seine Hausaufgaben nicht ernst, versäumt seine
Zeichenstunden und bringt schnippisch-fadenscheinige Entschuldigungen
vor: **ich hatte den Schnuppen auf eine erstaunende Art** (26 M.). Mit weh-
leidigem Unterton hält der Lehrer seiner Schülerin Grausamkeit vor; und

spätestens hier wird deutlich, dass es nicht mehr nur um Unterricht, sondern um Annäherungsversuche und ein amouröses Spiel geht: **Überhaupt werd ich Ihren Herrn Vater bitten, den Gegenstand Ihres Abscheues, Ihres Hasses, Ihrer ganzen Grausamkeit von Ihnen zu entfernen. Ich sehe doch, dass es Ihnen auf die Länge unausstehlich wird, von mir Unterricht anzunehmen** (26 u.). Solch übertriebene Selbstherabsetzung buhlt um besänftigende Zurückweisung und damit ein Zeichen der Wertschätzung; sie stellt eine kokette Probe auf das Interesse der möglichen Beziehungspartnerin dar. Gustchen, selbst viel zu sehr aus ihrem Dornröschenschlaf geweckt, um dieses aufregende Beziehungsspiel durch wirkliche Ignoranz zu ersticken, lässt Läuffer auf solche Zeichen nicht vergebens warten – sie *fasst ihn an die Hand*, sie macht ihm *halb weinend* Komplimente: **Wie können Sie das sagen, Herr Läuffer? Es ist das einzige, was ich mit Lust tue** (26 M.).

Und diese **Lust** liegt natürlich weniger in der Zeichenfreude als im Umgang mit einem jungen Herrn, der sich selbst immerhin als **zu gut gewachsen** empfindet (5 o.), und an dem Gustchen ihre durch schwärmerische Liebesliteratur angefachte Fraulichkeit erproben kann. Als das beiderseitige kokette Spiel zur sexuellen Begegnung geführt hat (die LENZ freilich nur dezent andeutet), scheint sich allerdings das Beziehungsmuster umzukehren; nun ist Läuffer, der wegen seiner monetären Einschnürung ans Quittieren denkt, der ›Erbarmungslose‹: **Grausamer, und was wird' ich denn anfangen?** (34 o.), klagt seine Schülerin. Gustchen ist durch ihre sinnliche Neugierde in die Rolle der Abhängigen geraten – und noch mehr wird ihr gesamtes weiteres soziales Schicksal von den Folgen ihrer erotischen Offenheit bestimmt: Sie flieht vor dem erwarteten Vaterzorn, bringt ihr Kind unter armseligen Bedingungen zur Welt und wäre allerwelts als Gassenhure verschrien, fände sie nicht im humanisierten Vater und humanistischen Liebhaber die sozialen Rettungsinstanzen.

Das gesellschaftliche Skandalon und die individualgeschichtliche Einmaligkeit der ersten sexuellen Beziehung spiegeln sich allerdings nicht in der gezeigten, merkwürdig unaufgeregten Szene wider.[56] An Gustchens Bett sitzend, denkt Läuffer nicht an die **bösen Begierden**, sondern an seine soziale Situation (vgl. den Eingang der Szene II,5), und lässt sich auch nicht davon abbringen, als ihn Gustchen mit der Zuwendung provozierenden Frage: **Aber um meinetwillen – Ich dachte, du liebtest mich** (34 M.), dazu zwingen möchte. Außerdem setzt er mit seinen zu Abälard schweifenden Gedanken (vgl. 35 M.) – Heloises Geliebter wurde aus Rachsucht entmannt – der offenbar alltäglich gewordenen Intimität einen düsteren Stempel auf.

Umgekehrt imaginiert sich Gustchen die ganze Zeit über in ihr Lieblingsstück *ROMEO UND JULIA* hinein; Läuffers Hand ergreifend und zu Zeit zu Zeit an die Lippen führend, deklamiert sie: **Aber so verlässest du mich, unedler Romeo.** Siehst nicht, dass deine Julie für dich stirbt – von der ganzen Welt, von ihrer ganzen Familie gehasst, verachtet, ausgespien. Wie weit beide Beziehungspartner voneinander entfernt sind, zeigt Läuffers unwillige Reaktion: **Was schwärmst du wieder?** (34 f.)[57]

Lenz zeichnet mit der Beziehung von Läuffer und Gustchen in der Tat das moderne Bild einer entfremdeten Beziehung – **denn was liebkost nicht ein Mensch in der Verzweiflung?**, könnte man mit den Worten aus LENZENS *ZERBIN* darüber schreiben[58] – fernab aller zeittypischen Stilisierung und Typisierung des Verhältnisses von Mann und Frau.

> Lenz trägt Sorge, diese unübliche Beziehung weder als Liebe über die Klassenschranken hinweg noch auch als sexuelles Gewaltverhältnis des Mannes über die Frau erscheinen zu lassen. Er stellt die Beziehung zwischen Gustchen und Läuffer vielmehr als schnell verpuffte Eruption unterdrückter Triebe dar, die eher aus der Situation als aus den Charakteren resultiert. […] Diese Liebesbeziehung […] erscheint als totale Fremdheit der Beteiligten.[59]

Bei Läuffer, dem materiell ungesicherten Angestellten, verdrängt der Gedanke an die soziale Situation die Liebesflausen, die sich der privilegierten, aber innerlich unerfüllten Geldgeberstochter aufgrund ihrer Freizeitlektüre in den Kopf setzen. Aber schlimmer noch: Wie die nachfolgenden Anspielungen Gustchens zeigen – **Vielleicht bist du nicht ganz strafbar. Deines Vaters Verbot, Briefe mit mir zu wechseln, aber die Liebe setzt über Meere und Stürme, über Verbot und Todesgefahr selbst** (35 o.) –, gibt Läuffers Kündigungsgedanke zwar das Stichwort für die melancholischen Schwärmereien der ›verlassenen Geliebten‹, doch im eigentlichen Sinne ist nicht Läuffer, sondern der ferne Fritz das Alltagsmodell des Romeo. Damit wird Läuffer in der Liebe zum Stellvertreter für Fritz (wenn man nicht sogar in Bezug auf die eigentlich ›ideale‹ Liebe zur literarischen Figur des Romeo sagen will: zum Stellvertreter des Stellvertreters). Auch in seiner Liebesbeziehung, von der viele Interpreten naiv vorurteilen, Läuffer habe Gustchen verführt, ist also ›Läuffer‹ nur ein ›Beiläuffiger‹ und gibt ein beklagenswertes Bild ab. Auch hier wird er benutzt, ist ein **Spielball** (vgl. Kap. 1.5) oder in der modernen feministischen Ausdrucksweise: Objekt.

1.8 Brechts Werkbearbeitung des »Hofmeister«: Gleichnis der geistigen Entmannung

Für BRECHT ist der *HOFMEISTER*

> […] die früheste – und sehr scharfe zeichnung der deutschen misere. als gegenstück hat es wohl nur DIE RÄUBER, wo der mensch, mensch zu bleiben, räuber werden muß. hier muß der mann, gesellschaftsfähig zu bleiben, sich entmannen.[60]

Was Brecht hier beschreibt, ist die Darstellungsabsicht seiner Neufassung, nicht die des Ausgangstextes. Läuffers Selbstentmannung ist bei Lenz Folge sexueller Not und Gewissensbisse unter den Bedingungen eines sozial aufgezwungenen Zölibats (Mittellosigkeit, Standesschranken) und religiöser Sexualitätsverteufelung (fanatische Reden des Wenzeslaus). Es handelt sich um einen seelischen Zusammenbruch im Nachhinein, nicht um ein Kalkül auf die Zukunft (Anpassung, berufliche Chancensteigerung). Löst man sich indes von den genauen Umständen und Veranlassungen und deutet Läuffers Kastration symbolisch, so könnte man Brechts Auffassung näher kommen – nicht zuletzt spricht ja auch ein anderes populäres Drama des (späten) Sturm und Drang, Schillers *Räuber*, vom **schlappe[n] Kastratenjahrhundert** in diesem gleichnishaften Verstande.[61] In einem letzten Sinne gestehen gesellschaftliche Umstände dem Hofmeister Läuffer die Verwirklichung natürlicher Bedürfnisse nicht zu, und in der unbewussten Wahl zwischen der Empörung gegen diese Umstände oder der Bekämpfung der eigenen Natur geht Läuffer lieber gegen sich selber los: **Durch die Selbstkastration verliert er seine Restidentität und entäußert sich des Kreatürlichen, was sich als einziges bis zuletzt nicht unterdrücken ließ; seine soziale Anpassung ist damit vollendet.**[62]

Was als sublime Sinnschicht der Fügsamkeit und Unterwürfigkeit in Lenzens Stück beschlossen liegt, wird in der Brecht'schen Bearbeitung jedoch als unmissverständliche, ja aufdringliche, Sinnschicht herausgestellt. Mithin geht es der Bearbeitung, wie der dem Urtext hinzugesetzte Prolog vorbuchstabiert, um das **ABC der Teutschen Misere** (2333) – also um die mit Friedrich Engels zum marxistischen Schlagwort geronnene Revolutionsunfähigkeit der Deutschen – oder, wie es der Epilog nachbuchstabiert, um die in Deutschland alteingespurte **Knechtseligkeit** (2394). Indem der Lehrerstand, der bei Brecht nicht allein in den Gestalten Läuffer und Wenzeslaus, sondern auch in den später ebenfalls **den Tatzenstock schwingen[den]** Kandidaten Pätus und Bollwerk begegnet (2385), diese deutsche Untertanenmentalität verinnerlicht und seinen Schülern einbläut, wird er von Brecht zur Symbolgestalt der **deutschen Misere** stilisiert.

Handlungskern von Brechts »Hofmeister«-Bearbeitung
(vgl. auch die veränderte Fassung der Kastrationsszene in Mat. 4)

Läuffer, dessen Vaters Geldbeutel für die Schlussexamina nicht gereicht hat und der dem Geheimrat daher für die Stadtschule ›nicht gelehrt genug‹ erscheint, wird von der Majorin als wohlfeiler Hofmeister eingestellt, mit einem unverschämten Aufgabensoll bedacht und im Übrigen als Domestik behandelt, der in Anwesenheit von Standespersonen nicht mitzureden habe. Die einheimischen Mädchen meiden den liebesläufigen Hofmeister, weil sie ihren Ruf nicht durch die Liaison mit einem Fremden gefährden wollen; ein gelegentlicher kontaktsuchender Ausritt nach Königsberg wird ihm vom Major zugesagt, aber dennoch vorenthalten.

Fritz, der für drei Jahre in Halle studieren wird, und Gustchen weiden sich indessen im tragisch-heroischen Abschieds- und kommenden Wiedersehensgefühl, das sie mit Klopstocks vaterländischer Ode von Hermann dem Cherusker und seiner Thusnelda intonieren: **Ha, dort kömmt er mit Schweiß, mit Römerblute/Mit dem Staub der Schlacht bedeckt! So schön war/Hermann niemals. [...] Komm, ich bebe vor Lust!** Der überraschend eintretende Geheimrat gemahnt das Paar zum Aufschub ihrer Anwandlungen und erteilt dem Sohn eine Lektion über die wahre Freiheit: **Die Hengste und Stuten müssens, aber die Menschen sind frei, es nicht zu tun.**

In Halle ist der Student Pätus bereits viermal durchs Examen gefallen, weil er die Ansichten seines Leibphilosophen Kant vertritt, der den Völkern, die **das barbarische Mittel des Krieges** angewendet haben, empfiehlt, neben dem Dankfest einen Bußtag abzuhalten. Auch im fünften Jahr will Pätus **der ganzen teutschen Untertänigkeit** ein klares **Nein!** erteilen. Fritz und Bollwerk besuchen Lessings Komödie **Minna von Barnhelm**, um die Aktricen zu bewundern; Bollwerk führt dabei Jungfer Rehaar, die Angebetete des Pätus, aus, weil dieser seinen letzten Rock versetzt hat und nicht mitkommen kann. Als sich herausstellt, dass Bollwerk an diesem Abend Jungfer Rehaar geschwängert hat, wobei beide inniglich ihres gemeinsamen Freundes gedacht hätten, quält sich Pätus mit der philosophischen Frage, ob der Körper oder der Geist mehr zähle, wenn eine Frau **einen bestimmten Mann A liebt und begehret oder befriedigt mit dem Körper einen andern B.** Er hält auf den Geist und sieht es als seine Pflicht an, das Geld für die Abtreibung zu beschaffen, wofür ihm Fritz großmütig sein Reisegeld opfert; Gustchen muss vergeblich auf dessen Ferienbesuch warten.

Pastor Läuffer und sein Sohn wenden sich an den Geheimrat. Die zunehmenden Lohnkürzungen wollen sie auf sich nehmen, nur für das zugesagte Pferd soll sich der Geheimrat beim Bruder verwenden. Dieser argwöhnt, Läuffer brauche es nur, um in die Bordelle zu kommen, und lehnt ab. Es kommt, wie es Läuffer vorausahnt: Gustchen und der Hofmeister schlafen miteinander – Gustchen gedenkt dabei schwärmerisch ihres Cousins, des fernen Hermanns und Romeos. Als die Majorin das Verhältnis entdeckt, fliehen beide. Läuffer schlüpft beim autoritären Dorfschullehrer Wenzeslaus unter, der **teutsche Hermanne** heranzüchten will: **gesunde Geister in gesundem Körper, untertänige Riesen oder riesige Untertanen.** Dort wird Läuffer vom erbitterten Major angeschossen, der wenig später seine Tochter aus dem Dorfteich zieht, in den Gustchen – melodramatisch und des väterlichen Eingreifens gewiss – gewatet ist, nachdem sie ihre Aktion im Wirtshaus angekündigt hatte. Fritz wird vom Geheimrat auf eine italienische Reise geschickt, damit er von den Vorgängen verschont bleibe; Gustchen gebiert geraume Zeit später ihr Kind im Kreise der Majorsfamilie.

Im Hause des Schulmeisters hat Läuffer Umgang mit Lise, dem Mündel des Wenzeslaus, und kann wiederum seine Triebe nicht zügeln. Wenzeslaus entdeckt das sich küssende Paar und verweist Läuffer, der als Habenichts sein Mündel nicht ernähren könne, des Hauses. Der unglückliche Hofmeister, der sich als **Schurke ohne Zeugnis und Zukunft** empfindet, entmannt sich im verzweifelten Hader mit seiner Natur und unter der Last seiner **Sorgen um meinen Beruf**. Im dahingestreckten Läuffer erkennt der begeisterte Schulmeister jetzt seinen geistigen Sohn und preist ihn als **Leuchte der Schulwelt** und **Stern erster Größe der Pädagogik**. Seine Zukunft sei gesichert, von allen Lehrern habe er nunmehr die höchste Qualifikation: **Habt Ihr nicht die Aufsässigkeit in Euch für ewig vernichtet, der Pflicht alles untergeordnet?**

Von seiner italienischen Reise zurück, erfährt Fritz, wie Pätus inzwischen seinem Kant öffentlich abgeschworen hat, um eine Lehrerstelle zu ergattern, und wie er die Rehaarin verstoßen und die karriereförderliche Tochter des Rektors geheiratet hat. Ein infamer Brief unterrichtet Fritz über die ehrenrührigen Vorfälle um Gustchen. Schuldbewusst – er hat Gustchen auf Geheiß des Vaters ohne Lebenszeichen gelassen – kehrt Fritz in die Familie zurück, nimmt Gustchen und ihr Kind an, wie ehedem Pätus wähnend, dass sie im Geiste immer nur ihn geliebt habe.

Läuffer und Lise heiraten ebenfalls – zum Verdruss des Wenzeslaus. Seine Kastration anpreisend, hat Läuffer ein Zeugnis von der adligen Familie bekommen, das ihm beste Chancen erwirkt, nun eine Lehrerstelle zu bekommen und sein Eheweib zu ernähren.

Um den *HOFMEISTER* zu einem Gleichnis der Untertänigkeit umzuformen, kann der Urtext zwar nicht unangetastet bleiben; er muss aber auch nicht völlig willkürlich behandelt oder gänzlich abgelehnt werden. Vielmehr kann BRECHT an von LENZ gesponnene Fäden anknüpfen, um sein eigenes Gewebe daraus zu flechten. Sehr wohl ist das Motiv der Knechtseligkeit nämlich bei LENZ angerissen, am deutlichsten in den Vorhaltungen des Geheimrats gegen die Hofmeister, dass sie sich freiwillig in **sklavische Unterwürfigkeit** schickten (21 M.), die sich ja auch in der **sehr demütige[n] Stellung** (7 M.) und Verhaltensweise des Läuffers bewahrheitet. Aber auch in der Anpassungsbereitschaft des Pastors Läuffer (**das muss sich ja jeder Hofmeister gefallen lassen [...], und das lässt sich mein Sohn auch gern gefallen**; 20 M.) oder in der feigen Servilität des Lautinisten Rehaar (**ein Musikus muss keine Courage haben und ein Musikus der Herz hat, ist ein Hundsfutt**; 66 o.) klingt das Motiv der Unterjochung an. Selbst der gegenüber den adligen Eindringlingen couragierte Wenzeslaus richtet seinen pädagogischen Ehrgeiz vorrangig auf den Drill des Gradschreibens, von dem aus der Schritt zum Anherrschen von Reih-und-Glied-Formationen nicht weit ist, und als notwendiges Herrschaftsmittel begrüßt er auch den Aberglauben: **Nehmt dem Bauer seinen Teufel, und er wird ein Teufel gegen seine Herrschaft werden** (84 M.). Doch ist der politische Gehalt von LENZENS Drama keineswegs einheitlich, und überhaupt verselbständigen sich

neben dem pädagogisch-politischen Motivbereich die Themen des moralischen Vaterappells (verstoßene Söhne) und des Umgangs mit der menschlichen Triebhaftigkeit (Beziehungen und Sexualität). Diese Disparität der
Themen und Aussagen musste BRECHT gleichrichten, um ein geschlossenes
Schauspiel zu schaffen, das die **Kritik an der Anpassung des Erziehers und
an der Erziehung zur Anpassung**[63] demonstriert.

Hierzu wendet der Bearbeiter im Wesentlichen vier Operationen an: Er
tilgt die auf das öffentliche Schulwesen gerichteten reformerischen Hoffnungen, er verknüpft die Kastration eindeutig mit dem Motiv der Anpassung, er streicht das Motiv der verstoßenen Söhne und macht stattdessen
Pätus zu einer weiteren opportunistischen Lehrergestalt, und er verbindet
die Pätus-Handlung zusätzlich mit der Fritz-Gustchen-Handlung durch
ein verdoppeltes Motiv der Liebe in Stellvertretung. Dieses nimmt zudem –
als eine andere Form sexueller Selbstverleugnung – zu Läuffers Selbstentmannung eine motivische Beziehung auf. Damit ist die Textur motivischer
Verweise und Entsprechungen aller Handlungen – im Gegensatz zur Vorlage – eng gewebt. Insgesamt gesehen ist es sowohl bei der neu akzentuierten Läuffer-Handlung als auch bei der neu konstruierten Pätus-Handlung

> das zentrale poetische Verfahren, durch die (ausgeweitete) sexuelle Proble-
> matik die (erst eigentlich eingesetzte) politische Problematik der Anpas-
> sung in solcher Weise zu beleuchten, dass die sexuellen Absonderlichkeiten
> als satirisch-karikaturistische Mittel dienen, die politischen Erbärmlichkei-
> ten bloßzustellen und lächerlich zu machen. Die körperliche Verstümme-
> lung des Hofmeisters wie das philosophische Zurechtbiegen der Realität
> durch den Lehramtsanwärter übersteigen das unmittelbare Geschehen und
> werden symbolisch: Gleichnisse der Anpassung, d. h. der geistig-seelischen
> Kastration.[64]

BRECHTS *HOFMEISTER*-Bearbeitung (erste Phase vor November 1949, Ur-
aufführung April 1950) hatte durchaus ihre historische Bezüglichkeit: Sie
geschieht im Kontext der Proklamation der DDR (Oktober 1949). Wenn
BRECHT im Epilog von der im Schulmeister verkörperten **deutschen Misere** spricht, mit der sich **ein jeder [...] abfand/Vor hundert Jahr und vor
zehn Jahr/Und vielerorts ists auch heut noch wahr** (2394), so deutet die
bewusste regionale Unschärfe darauf hin, dass es um die Kontinuität der
Untertänigkeit in beiden deutschen Staaten geht:[65] **Die Aufführung konnte
durchaus als ein Beitrag zu der großen Erziehungsreform gelten, die eben
jetzt in der Republik durchgeführt wird.**[66] Die von außen aufgezwungene
sozialistische ›Revolution‹ in der DDR birgt für BRECHT nämlich wie die
missglückte bürgerliche in Deutschland die Gefahr, dass die mit alten autoritären Relikten behaftete Mentalität den real möglichen gesellschaftlichen
Fortschritt verhindert – die Gefahr also der Fortzeugung der **deutschen
Misere** in neuer Gestalt:

Der reinigende Prozeß einer Revolution war Deutschland nicht beschieden worden.[67]

Es ist ein großes Unglück unserer Geschichte, daß wir den Aufbau des Neuen leisten müssen, ohne die Niederreißung des Alten geleistet zu haben.[68]

Eine neue historische Bezüglichkeit gewann BRECHTS Bearbeitung des Lehrerthemas durch den bundesrepublikanischen ›Radikalenerlasses‹ (1972), d. h. die weltanschaulichen Eingangsüberprüfungen für Lehramtskandidaten, die dem Staat ratsam erschienen, seit eine angewachsene linke Studentenbewegung den ›Marsch durch die Institutionen‹ antreten wollte. So mancher Pätus mag hier vor der Entscheidung gestanden haben, seinen Kant alias Marx weiter zu verteidigen oder die pädagogische Staatsstelle vorzuziehen.

Aber nicht nur in historischer Hinsicht erscheint BRECHTS Bearbeitung von einigem Interesse, sondern auch literaturgeschichtlich und literaturdidaktisch. BRECHT hat mit seiner wenig zimperlichen Umformung des LENZ-Stückes ein literarhistorisches Anfangssignal gesetzt für eine stattliche Reihe anderer Werkbearbeitungen, die ihren Höhepunkt in den 60er- bis 80er-Jahren hatte, aber bis heute nicht abreißt.[69] Auch LENZENS zweites Hauptwerk, DIE SOLDATEN, wurde von HEINAR KIPPHARDT umgeschrieben, allerdings im Sinne einer behutsamen Novellierung und nicht als rigorose Ingebrauchnahme wie in BRECHTS Bearbeitung.

Das Verfahren, Literatur als Anstoß für neue Literatur zu benutzen, hat indes nicht nur in der renommierten Dichtung, sondern auch im Deutschunterricht Schule gemacht. Mit der didaktischen Facette der so genannten produktionsorientierten Aufgabenstellungen ist dem Unterricht in den letzten Jahren ein ungemeiner Zugewinn erwachsen. Schüler müssen nicht allein theoretisch-analytisch, sondern können auch praktisch dichtend auf literarische Texte reagieren: ihre Unbestimmtheitsstellen ausschreiben, ihre Handlungen weiterschreiben, die Problemkonstellation in die Gegenwart versetzen, das Geschehen in eine andere Figurenperspektive transformieren, dem Werk andere Lösungsmöglichkeiten unterschieben usw. Die Verfahren produktiver Rezeption, die BRECHT und andere Werkbearbeiter nach ihm angewendet haben, sind auch zugleich Möglichkeiten produktionsorientierten Umgangs mit Literatur im Deutschunterricht.[70] Somit tritt mit BRECHTS HOFMEISTER in der Tat noch **des deutschen Schulmeisters Urahn hervor** (2333): Seine chauvinistischen und servilen Paukerfiguren sind – hoffentlich – Vergangenheit, doch seine kreative Umdichtungs-Didaktik lebt im modernen Deutschlehrer fort.

2 »Die Soldaten«

2.1 Handlungskern

Marie, die hübsche Tochter des Galanteriewarenhändlers Wesener, ist dem Tuchhändler Stolzius versprochen, verschmäht ihn jedoch, als der adlige Offizier Desportes sie mit Komplimenten und Präsenten für sich einnimmt. Vater Wesener misstraut den jungen Milizen und versucht der Verbindung Einhalt zu gebieten, leistet ihr jedoch wenig später selbst Vorschub, da er einen affektierten Liebesbrief des Barons als Heiratsversprechen deutet und ihm der Gedanke schmeichelt, seine Tochter könnte zur **gnädigen Frau** aufsteigen. Diese Beziehungshandlung wird immer wieder unterbrochen durch Szenen aus dem Offizierskorps, die den Hochmut, die Vergnügungssucht und das Intrigenspiel der gelangweilten Soldaten vorführen.

Nach einiger Zeit verschwindet Desportes spurlos und hinterlässt einen Berg von Schulden, für die Vater Wesener aufkommt, weil er in verzweifelter Blindheit weiterhin an die Einlösung des Heiratsversprechens glaubt und öffentliches Gerede verhüten möchte. Desportes schickt inzwischen seinen Offizierskameraden Mary vor, um diesen in Marie verliebt zu machen und ihrer entledigt zu sein. Marie, die in Mary die einzige Verbindung zu Desportes sieht, gerät in schlechten Ruf. Gräfin La Roche, die Maries Schicksal anrührt und die Gefahr darin sieht, dass auch ihr Sohn sich um die Gunst der verrufenen Bürgertochter bemüht, nimmt sich ihrer an und macht sie – unter der Auflage eines strengen Zölibats – zu ihrer Gesellschafterin. Als sie Marie in einer heimlichen Unterredung mit Mary überrascht, verstößt sie die vermeintlich Rückfällige aus dem Haus und treibt sie in eine erneute Suche nach Desportes. Der Baron allerdings, der um seine militärische Laufbahn und den Segen seiner Adelsfamilie fürchtet, beauftragt seinen Jäger, Marie auf dem Wege zu ihm abzufangen und zu entehren, um endgültig einen Vorwand zu haben, sich von seinem Heiratsversprechen loszusagen. Inzwischen hat sich Stolzius, der Verlobte Maries, als Soldat bei den Offizieren eingeschlichen und vergiftet schließlich aus Rache den Verführer Desportes und zugleich sich selbst.

Zwei Jahre später findet der durch seine Schuldenbegleichung wirtschaftlich ruinierte Wesener seine zerlumpte Tochter, die er für eine Hure hält, auf einer Landstraße wieder. Beide fallen sich um den Hals und **wälzen sich halbtot auf der Erde**.

Im Gespräch über die unglücklichen Ereignisse schlägt der Obrist von Spannheim vor, öffentlich in Ehren gehaltene Staatsprostituierte heranzuziehen – nämlich eine **Pflanzschule für Soldatenweiber** einzurichten –, damit die Bürgermädchen nicht weiterhin von der triebgedrängten, aber zur Ehelosigkeit verpflichteten Offizierskaste bedroht seien.

2.2 Szenenaufbau und Themenstruktur

Szenen-/Aktfolge	Handlung	Strang/Thema/Funktion
I,1 Lille. Haus Weseners. Marie und Charlotte.	Marie setzt einen im Stil vornehm-gezierten, aber von Rechtschreibfehlern strotzenden Brief an die Mutter ihres Verehrers Stolzius auf. Wegen des Briefes und Maries Eitelkeit entspinnt sich eine Kabbelei mit ihrer Schwester Charlotte.	Mariehandlung: Maries Unbedarftheit und Höherstreben, Naivität und Prätention. Geschwisterzwist.
I,2 Armentieres. Wohnung des Stolzius. Stolzius und Mutter.	Mutter Stolzius lässt ihren nach Maries Abreise kränkelnden Sohn den Brief lesen. In freudiger Aufwallung möchte Stolzius umgehend auf den Brief antworten, doch die Mutter mahnt ihn zur Arbeit: Uniformen für die Regimenter müssen zugeschnitten werden.	Stolziushandlung: Mutterabhängigkeit. Liebe zu Marie. Berufliche Verflechtung mit dem Militär.
I,3 Lille. Haus Weseners. Marie und Baron Desportes, dazukommend Wesener.	Desportes schmeichelt Marie mit Komplimenten, die diese mit gespieltem Unglauben gern entgegennimmt. Eine Einladung in die Komödie und das Geschenk einer Zitternadel untersagt der Vater, weil er den jungen Offizieren misstraut und befürchtet, Marie könne ins Gerede kommen. Hinter seinem Rücken jedoch fädelt Desportes einen heimlichen Komödienbesuch mit Marie ein.	Mariehandlung: Routinierte Verführungsstrategie des Barons, Maries Anfälligkeit. Vorsicht des bürgerlichen Familienvaters. Geschäftsbeziehungen zwischen Wesener und Familie Desportes.
I,4 Armentieres. Offiziersstube. Obrist Graf Spannheim, Feldprediger Eisenhardt, ein junger Graf mit Vetter und Hofmeister, Haudy, Mary und andere Offiziere.	Die Offiziere disputieren mit dem Feldprediger über Nutzen oder Schaden der Komödie, speziell der allgemein geschätzten französischen. Beugt sie als Zeitvertreib für die Offiziere anderen sonst ausgelösten Unordnungen vor oder leitet sie gerade zu galanten Abenteuern an, die Bürgerfamilien ins Unglück stürzen? Durch diese Unterstellung des Predigers fühlen sich die Offiziere in ihrer Ehre gekränkt und spielen entsprechende Vorkommnisse herunter. Die betreffenden Frauenzimmer seien selbst schuld: Eine Hure wird immer eine Hure. Der Geistliche hält dagegen: Eine Hure wird niemals eine Hure, wenn sie nicht dazu gemacht wird.	Komödiendebatte: Soziale Wirkung der Komödie. Sexualitätsdebatte: Meinungen und Vorurteile über den Werdegang einer Hure. Offiziershandlung: Gefährdung der Bürgerwelt durch erotisch abenteuernde Offiziere. In allem Selbstreflexion des Stückes und Vorausdeutung auf Maries Schicksal.

»Die Soldaten« – Szenenaufbau

Szenen-/Aktfolge	Handlung	Strang/Thema/Funktion
I,5 Lille. Haus Weseners. Wesener, Frau Wesener, Charlotte, hinzutretend Marie.	Wesener speist zur Nacht mit Frau und älterer Tochter. Marie tritt ganz geputzt und berauscht herein und gesteht treuherzig ihr Vergehen, mit Desportes in der Komödie gewesen zu sein. Vater erzürnt, nimmt Marie jedoch vor Lottes Häme (**gottvergessene Alleweltshure**) in Schutz.	Mariehandlung: Erster Schritt von Desportes' Verführungskalkül gelungen. Geschwisterliche Eifersucht, Affenliebe des Vaters.
I,6 Lille. Maries Zimmer im Hause Weseners. Marie, hinzutretend Vater Wesener.	Marie auf ihrem Bett, verträumt die Zitternadel betrachtend. Erboster Vater überrascht sie dabei, wird aber bald von der zutraulichen Tochter besänftigt, die ihm andere Geschenke und ein gekünsteltes Liebesgedicht des Desportes vorzeigt, das Wesener als Bekundung ernsthafter Absichten auffasst. Er erlaubt der Tochter den Komödienbesuch, schärft ihr aber allerlei Vorsichtsmaßregeln ein. Sie könne vielleicht einmal **gnädige Frau** werden – doch soll Marie den bürgerlichen Verehrer durchaus noch warm halten. Wieder allein, versinkt Marie ins Selbstgespräch (**Stolzius – ich lieb dich ja noch – aber wenn ich nun mein Glück besser machen kann**) und in melancholische Vorahnungen (**trifft mich's, so trifft mich's, ich sterb nicht anders als gerne**).	Mariehandlung: Zwei weitere Schritte der Verführungskunst: Präsente und Lyrik. Weseners eigene Anfälligkeit gegen den Aufstiegswunsch, Maries dunkle Seelenanteile. Vorausdeutung auf ein tragisches Schicksal.

| II,1
Armentieres. Am Fluss
Lys. Stolzius und Haudy. | Der verzweifelte Stolzius und der vermeintliche Freund Haudy gehen spazieren. Haudy redet auf Stolzius ein, es sei nichts zwischen Marie und Desportes. Die unschuldigsten Mädchen würden von den Abgewiesenen am meisten verleumdet. | Stolziushandlung: Heuchlerische Anbiederung des Offiziers. Sexualitätsdebatte: Unschuld und Ruf eines Bürgermädchens. |

II,2 Armentieres. Kaffeehaus. Prediger Eisenhardt und Hauptmann Pirzel, im Hintergrund andere Offiziere. Hinzutretend Stolzius.	Der spintisierende Hauptmann Pirzel philosophiert, ob man Gott beleidigen könne oder nicht. Die Offiziere treiben mit Anspielungen auf die Untreue Maries ihren grausamen Spott mit Stolzius; dabei durchkreuzt der intrigante Rammler mit seinen eigenen hämischen Ränkespielen die heuchlerischen Kabalen der anderen. Pirzel weiß als Ursache der beobachteten Rohheiten: **das macht, weil die Leute nicht denken. Denken, denken, was der Mensch ist, das ist ja meine Rede.**	Offiziershandlung: Zynisches Ränkespiel mit dem rangniedrigen Spottobjekt Stolzius. Stolziushandlung: Demütigung durch grausam-spottlustige Offiziere. Selbstreflexion des Stückes: Idealistische Philosophie lächerlich machtlos gegen die Boshaftigkeit des Menschen.
II,3 Lille. Haus Weseners. Marie, hinzutretend Desportes. Später hinzutretend Wesener, Jungfer Zipfersaat und Großmutter Wesener.	Marie hält weinend einen Brief von Stolzius in der Hand, der ihr Untreue vorwirft. Desportes tritt herein, schimpft ihn einen Lümmel und verlockt Marie: **Sie sind für keinen Bürger gemacht.** Schäkerei, als Desportes den Antwortbrief schreiben will; Wesener ermahnt die Übermütigen. Die eintretende Jungfer Zipfersaat wird verspottet. Großmutter Wesener singt ein volkstümliches Lied über das Leid eines Mädchens an den Männern.	Mariehandlung: Störung des bürgerlichen Verlöbnisses, doch leichtfertiges Überwechseln in die standesungemäße Beziehung. Standesprivileg als Waffe im Beziehungskampf. Dunkle Vorausdeutung auf Maries kommendes Leiden.
III,1 Armentieres. Haus des Juden Aaron. Rammler mit Helfern, Aaron, hinzutretend Mary, Haudy und andere Offiziere.	Intrige der Offiziere gegen Rammler. Sein erotischer Heißhunger wurde angespornt: Er soll sich ins Bett einer schönen Jungfer schleichen, wird aber in die Bettstatt des alten Juden Aaron gelotst. Verlachen durch die Offiziere.	Offiziershandlung: Grausame Späße, vor allem mit dem benutzten Juden. Spiegelung: Erotischer Hunger der Offiziere in der Karikatur Rammlers (sprechender Name).

Szenen-/Aktfolge	Handlung	Strang/Thema/Funktion
III,2 Armentieres. Wohnung des Stolzius. Stolzius und Mutter.	Kränkelnder Stolzius mit dem ihn zurückweisenden Antwortbrief Maries bzw. Desportes' in den Händen. Mutter schimpft ihm aus, weil er solch einer **Soldatenhure** noch nachjammert. Stolzius verteidigt Marie, sie sei unschuldig, nur habe der Offizier ihr den Kopf verrückt und sie in eine andere verwandelt. Ein Rachegedanke frisst sich in Stolzius ein: **Ich will dem Teufel, der sie verkehrt hat – O du sollst mir's bezahlen, du sollst mir's bezahlen.**	Stolziushandlung: Demütigung durch Marie, deren Aufkündigung der Beziehung. Autoritäre Mutter, schwächelnder Sohn. Vorausdeutung: Rachevorsatz.
III,3 Lille. Haus Weseners. Jungfer Zipfersaat und Familie Wesener.	Desportes aus dem Staube, von Jungfer Zipfersaat genüsslich kolportiert. Wesener bürgt für die zurückbleibenden Schulden, um Gerede und üblen Ruf von seinem Haus abzuwenden. In einer Reueanwandlung will Marie sofort an Stolzius schreiben und Abbitte leisten, doch sie zerreißt den Brief, weil sie nicht lügen möchte. Wesener will an die Eltern des Desportes schreiben: Diese sollen Wechsel und **Promesse de Mariage** einlösen (wofür er die an sich genommenen Liebesverse hält).	Mariehandlung: Einleitung der Katastrophe. Adliger Verführer erweist sich als Schauspieler und Bankrotteur. Familienhandlung: Wesener beschwört seinen wirtschaftlichen Ruin herauf.
III,4 Armentieres. Am Stadtgraben. Eisenhardt und Pirzel.	Eisenhardt und Pirzel wundern sich, dass Mary nach Lille kommt. Prediger sieht den Urgrund männlicher Handlungen im Frauenzimmer; man sehe auf Schritt und Tritt nur Soldaten, die mit Mädchen poussieren. Pirzel spintisiert wieder vom mangelnden Denken der Soldaten; Eisenhardt seufzt in sich hinein: **Was die andern zuviel sind, ist der zu wenig. O Soldatenstand, furchtbare Ehlosigkeit, was für Karikaturen machst du aus den Menschen!**	Sexualitätsdebatte: Destruktive Folgen der verordneten Ehelosigkeit von Offizieren (Mädchenjagd und spinnerte Vergeistigung). Vorausdeutung auf den Reformvorschlag am Dramenende.
III,5 Lille. Marys Wohnung. Mary und Stolzius.	Stolzius ist Soldat geworden und bewirbt sich als Bedienter bei Mary, der ihn erfreut annimmt.	Stolziushandlung: Stolzius auf dem langen Marsch der Rache.

III,6 Lille. Haus Weseners. Marie, Charlotte, Mutter Wesener, hinzutretend Mary.	Mutter und Schwester machen ihr Vorwürfe, dass sie es mit Mary ebenso treibe wie mit Desportes. Marie verweist darauf, dass in Mary, Desportes' Freund, die einzige Chance bestehe, noch Verbindung mit dem Baron aufzunehmen. Dem eintreffenden Galan begegnet Marie aufgeräumt und im Rollenspiel der vornehmen Dame; in dessen Bedienten (Stolzius) erkennt sie mit gleichgültiger Distanz **einen gewissen Menschen**, der einmal um sie angehalten habe, dem sie aber einen Korb geben musste, weil er es ihr so **eingetränkt** habe.	Mariehandlung: Haltloses Abgleiten, korrespondierend ein schlechter Ruf. Spiegelung bzw. Wiederholung: Desportes durch Mary ersetzt.
III,7 Philippeville. Unterschlupf des Desportes. Desportes.	Desportes, der die Briefe der Weseners an seinen Vater abfängt, schreibt im heuchlerisch-beschwörenden Tonfall an Marie, sie solle ihm nicht weiter schreiben, bis er in Ruhe alles seinem Vater entdeckt und die Heiratserlaubnis eingeholt habe. Um Marie damit los zu sein, hofft Desportes darauf, dass Mary sich in Marie verliebt und sein Nachfolger wird; um diesen dazu anzustiften, will Desportes ihm vorgaukeln, er dürfe später Hausfreund sein, wenn Desportes Marie geheiratet habe.	Offiziershandlung: Gewissenloses Lügen und Intrigieren des Desportes gegen das Bürgermädchen, aber auch den Offizierskameraden. Ausnutzungsspiel mit Menschen. Bodenlose Amoral.
III,8 Lille. Haus der Gräfin La Roche. Gräfin und ihr Sohn, ein Bedienter.	Die Gräfin ist um ihren Sohn besorgt, der sich mit Marie einlässt. Er beginnt, **lüderlich** zu werden; Marie stehe **nicht in dem besten Ruf**, wenn wohl auch nicht aus eigener Schuld. Der junge Graf beteuert ihre Unschuld, spricht von der lenkenden Gewalt der **Umstände** und bekundet seine innigste Anteilnahme. Die Gräfin bittet: **Überlaß das Mitleiden mir … mir kann das Mitleiden nicht so gefährlich werden.** Der Sohn soll verreisen; sie werde sich Marie als **zärtlichste Freundin** anbieten.	Gräfinhandlung: Helfende Intervention im Zwielicht von Sohnesschutz und empfindsamer Menschenliebe.
III,9 Haus Weseners. Marie und Mutter Wesener.	Mary scheint Marie zu vernachlässigen und sich Madame Düval zuzuwenden. Marie will ihn mit dem jungen Grafen La Roche eifersüchtig machen.	Mariehandlung: Beziehungsspiel wächst ihr über den Kopf, doch jongliert sie routiniert. Unbemerktes weiteres Abgleiten.

Szenen-/Aktfolge	Handlung	Strang/Thema/Funktion
III,10 Haus Weseners. Marie und Gräfin La Roche.	Die Gräfin bezeigt Marie innige Zuwendung; sie habe sich ihr Unglück nicht durch ein Laster, sondern durch Unkenntnis des Standesunterschiedes zugezogen. Ihre Schönheit habe sie zum Wunsch verleitet, gesellschaftlich eine Stufe höher rücken und einen Mann über ihrem Stand heiraten zu wollen – während dies für die adligen Verehrer einen Bruch der Familienehre und des Offiziersschwurs auf Ehelosigkeit bedeuten würde. Wenn Marie daran glaube, hieße das, **Sie wollten die Welt umkehren.** Hätte ihre Eitelkeit sie nicht betrogen, **wie glücklich hätten Sie einen rechtschaffnen Bürger machen können.** Sie bietet Marie an, in ihrem Haus Gesellschafterin zu sein und dadurch ihren geschädigten Ruf wiederherzustellen, doch dürfe sie ein Jahr lang keine Mannsperson sehen.	Marie- und Gräfinhandlung, Standesdebatte: Plädoyer für die realistische Anerkennung der Standesgrenzen und der sozialen Zwänge von adligen und ehelosen Offizieren.
IV,1 Lille. Wohnung Marys. Mary und Stolzius.	Trotz der Zerstreuungsversuche mit Madame Düval ist Mary rasend verliebt in Marie, die ihm eine verfängliche Nähe gestattet und ihn zutraulich in ihre schwermütigen Gedanken einweiht, aber mit Verweis auf Desportes doch immer in Schranken hält. Wenn Desportes sie nicht heirate, wolle er es tun – Stolzius soll einen Weg ausfindig machen, wie man Marie trotz der gestrengen Obhut der Gräfin sprechen könne.	Stolziushandlung und Offiziershandlung: Stolzius muss mit anhören, wie auch Marie leidet. Er selbst wird als führendes Wesen übersehen; seine Geliebte wird wie eine weiterzureichende Ware gehandelt.
IV,2 Armentieres. Gefängnis. Desportes und Haudy.	Desportes sitzt wegen fortbestehender Schulden im Gefängnis von Armentieres; er will an den Obersten schreiben, damit das Regiment für die Schulden einstehe. Mary soll nichts von seiner Nähe erfahren, um den Verkupplungsplan nicht zu stören. Haudy erzählt von einem Streich gegen Rammler, der sich in Absicht auf deren schöne Cousine	Offiziershandlung: Ränke und Gekungel. Wiederholte Karikatur des erotomanen Rammler (Jude – Madame Bischof).

	irrtümlich ins Bett einer alten krummen Witwe geschlichen habe und zum Gelächter der Offiziere daraus wieder hervorgestoben sei. Der Witwe habe man aber tunlichst den Floh ins Ohr gesetzt, Rammler sei in sie verliebt, und so habe er sich zum Mordsvergnügen aller anderen stets deren runzligen Liebäugelungen zu erwehren.	
IV,3 Lille. Garten der Gräfin La Roche. Marie und Mary, hinzutretend Gräfin.	Marie im geheimen Gespräch mit Mary. Sie bekräftigt, dass sie dem Rat der Gräfin folge und alle Verbindungen zu Mary und selbst Desportes abbrechen müsse. Die Gräfin entdeckt das Gespräch und will Maries Vertrauensbruch nicht entschuldigen: **Ich verzeih es dir niemals, wenn du wider dein eigen Glück handelst.** Sie verweist Marie des Hauses, fragt sich aber im Nachhinein, ob es recht war, die schwärmerischen Gedanken Maries zu zerstören: **Was behält das Leben für Reiz übrig, wenn unsere Imagination nicht welchen hineinträgt. Man müsste Maries Phantasie und der Gräfin Klugheit, Herz und Verstand, vereinigen können.**	Mariehandlung; Verstoßung aufgrund des Missverstanden-Werdens. Reflexionen über Vernunft und Phantasie.
IV,4 Armentieres. Gefängnis. Desportes.	Desportes nervös, weil ein Brief von Maries Flucht aus Lille berichtet. Sie dürfe nicht zu ihm gelangen, ihn zum Spott der Kameraden machen oder gar dem Vater unterlaufen. Desportes schmiedet einen brutalen Plan und schreibt einen Brief (vgl. IV,8 und V,3).	Offiziershandlung; Desportes' sozialen Zwänge fällen das Urteil über Marie.
IV,5 Lille. Weseners Haus. Wesener, Bedienter der Gräfin.	Marie fortgelaufen –! Ich bin des Todes. (Szene aus einem Satz!)	Familienhandlung; Familiäre Katastrophe bahnt sich an.
IV,6 Lille. Marys Wohnung. Mary und Stolzius.	Mary und der ganz bleich und verwildert aussehende Stolzius erfahren von der Flucht. Sie wollen Marie nachsetzen, die sie auf dem Weg nach Armentieres vermuten.	Stolziushandlung und Offiziershandlung; Stolzius erlebt alle Erschütterungsmomente von Maries Niedergang hautnah, aber aus demütigender Perspektive mit.

Szenen-/Aktfolge	Handlung	Strang/Thema/Funktion
IV,7 Lille. Weseners Haus. Wesener.	Wesener kommt von erfolgloser Suche zurück. **Wer weiß, wo sie sich ertränkt hat!**	Mariehandlung: Ahnungen auf einen tragischen Verlauf ihrer verzweifelten Fluchthandlung.
IV,8 Philippeville. Jäger des Desportes.	Jäger hält den Brief des Desportes in der Hand, der ihm offenbar einen delikat-genüsslichen Auftrag erteilt: **Oh, da kommt mir ja ein schönes Stück Wildpret recht ins Garn hereingelaufen** (vgl. IV,4 und V,3).	Offiziershandlung und Mariehandlung: Zynischer Auftrag des Desportes: ›Entwertung‹ durch Vergewaltigung.
IV,9 Armentieres. Haus der Frau Bischof. Witwe Bischof und andere Damen, verschiedene Offiziere. Hinzutretend Stolzius.	Konzertgesellschaft; Rammler muss sich der koketten Anspielungen der greisen Witwe erwehren, wird ausfallend und verlässt unter Gelächter der Offiziere den Saal. Desportes lacht nicht; ihm steht das Bild Maries vor Augen, das er gewaltsam fortscheucht: **Kann ich dafür, daß sie so eine wird. Sie hat's ja nicht besser haben wollen.** Stolzius bittet Mary zur Seite. Von Marie hat er keine Nachricht; es seien jedoch Ratten im Quartier und er brauche eine versiegelte Vollmacht, Rattengift zu kaufen.	Offiziershandlung, Stolziushandlung und Sexualitätsdebatte: Ränkespiel der dekadenten Offizierskaste. Gewissensbisse des Desportes, Abschüttlung durch Hurenvorurteil. Vorausdeutung: Stolzius wird Gift kaufen.
IV,10 Lille. Weseners Haus. Mutter Wesener und Bedienter der Gräfin.	Ein Bedienter berichtet, die Gräfin liege angegriffen zu Bette. Frau Wesener soll ihr Haus wegen der Kaution für Desportes gepfändet werden soll. Wesener, der von der Rückkunft Desportes ins Regiment erfahren hat, sei auf dem Weg nach Armentieres, um den Baron zu belangen.	Familienhandlung: Familie rutscht in den Ruin. Mitleidenschaft der Gräfin.
IV,11 Vor der Apotheke in Armentieres. Stolzius.	Stolzius vor der Apotheke, zaudernd, nervös: **Und müssen denn die zittern, die Unrecht leiden, und die allein fröhlich sein, die Unrecht tun!** Doch der Gedanke an Marie treibt ihn voran; wenn das Gift nicht für Desportes sei, so für ihn selbst.	Stolziushandlung: Der Racheplan wird konkret. Anklage der ungerechten Weltordnung. Auch Vorausdeutung auf möglichen Selbstmord.

V,1 Weg nach Armentieres. Vater Wesener.	Wesener, auf dem Weg nach Armentieres, denkt an seine Tochter, die immer **Staatsdame** habe spielen wollen. Sein Geschäft liegt bereits zwei Jahre darnieder. Er vermutet Marie bei Desportes und sorgt sich, was dieser mit ihr anstellen werde. **Man muß Gott vertrauen.**	Familienhandlung: Ökonomischer Ruin des Bürgers. Vatersuche nach der Tochter. Fatalistisches Gottvertrauen.
V,2 Anderer Weg nach Armentieres. Marie.	Marie, auf einem anderen Weg nach Armentieres, wird gequält vom Gedanken, nun ein **Bettelmensch** zu sein, während sie sich vormals mit Wein **in der Hitze die Hände wusch.** Ihr trockenes Brot kann sie nicht hinunterbekommen und wirft es fort: **Ich will kriechen, so weit ich komme, und fall ich um, desto besser.**	Mariehandlung: Soziales Elend, Umkehr der Verhältnisse von Überfluss in Bettelnot. Fatalistische Sterbegedanken.
V,3 Armentieres. Marys Wohnung. Desportes, Mary und Stolzius.	Desportes und Mary bei Tisch; Stolzius trägt auf und hört mit. Desportes versucht sein Gewissen reinzuwaschen; Marie sei von Anfang an eine Hure gewesen, die nur auf Präsente aus gewesen sei und ihn noch um Haus und Hof gebracht hätte. Er habe deshalb seinem Jäger zu verstehen gegeben, dass er sie abfangen und sich die Zeit mit dem Mädchen nicht lang werden lassen solle. Mary redet von Maries verteufelter Attraktivität und davon, dass er sie geheiratet hätte, wenn sie ihn nicht mit dem jungen Grafen vergrätzt hätte. **Da hättest du ein schön Sauleder an den Hals bekommen.** Nach solchen Worten verschlingt Desportes seine Weinsuppe – und verfällt in Sterbezuckungen. Stolzius, der sich zugleich mit vergiftet hat, sterbend im Rachetriumph: **Ich bin Stolzius, dessen Braut du zur Hure machtest ... Du bist gerochen, meine Marie! Gott kann mich nicht verdammen.**	Stolzius- und Offiziershandlung: Brutale Zynik des Desportes endgültig offenbar (vgl. IV,4 und IV,8). Vollzogene Rache des Gedemütigten am Demütigenden, des Gedrückten am Privilegierten.

Szenen-/Aktfolge	Handlung	Strang/Thema/Funktion
V,4 Armentieres. Am Fluss der Lys. Vater Wesener und Marie.	In der Dämmerung zupft eine verhüllte Person an Weseners Rock; dieser will die Dirne verärgert abschütteln: **ich bin kein Liebhaber von solchen Sachen. … Ihr lüderliche Seele! … Geht, lauft Euern Soldaten nach.** Im Gedanken an seine eigene – jetzt vielleicht woanders auch bettelnde – Tochter besinnt sich Wesener jedoch eines anderen. Er schenkt ihr Geld und fragt nach ihrer Herkunft; beide erkennen sich und umschlingen sich besinnungslos. **Beide wälzen sich halbtot auf der Erde. Eine Menge Leute versammeln sich um sie, und tragen sie fort.**	Mariehandlung: Durch Tochter leidegeprüfter Vater wird zum Menschenfreund. Kreatürliche Wiedervereinigung. Verzeihende Tochterliebe.
V,5 Armentieres. Wohnung des Obristen Spannheim. Obrist und Gräfin.	Der Oberst ist erschüttert, einen Bürger durch seine Offiziere in den **unwiederbringlichsten Untergang** gestürzt zu sehen; er will zumindest die Schulden sowie eine Entschädigung zahlen. Die Gräfin erklärt das Unheil aus den **Folgen des ehlosen Standes der Herren Soldaten;** der Oberst fasst den Gedanken eines rühmlich zu haltenden Standes von Staatskonkubinen, die als Märtyrerinnen ihre hohen Begriffe **von ewigen Verbindungen** aufopfern sollten, um damit die übrigen Gattinnen und Töchter vor den Nachstellungen der Soldaten zu bewahren. Gräfin zweifelt an dem Plan: **Wie wenig kennt ihr Männer doch das Herz und die Wünsche eines Frauenzimmers.**	Sexualitätsdebatte: **Pflanzschule von Soldatenweibern** – Reformvorschlag zur gesellschaftlichen Sexualplanung, um äußere und innere Sicherheit des Staates zu vereinen. Relativierung durch Gräfin.

2.3 ›Eine Hure wird immer eine Hure‹: Zum Werdegang eines gefallenen Mädchens

Marie, die umhegte Kaufmannstochter, ist am Ende des Dramas buchstäblich in die Gosse abgeglitten; sie führt eine Bettler-, vielleicht sogar – wie es ihr Vater auffasst – eine Dirnenexistenz. Das Hurendasein hängt von Anfang an als Damoklesschwert über Maries Schicksal, und in Voraussage und Nachrede der Mitwelt ist diese Beschuldigung stets gegenwärtig. Schon früh warnt der Vater davor, durch den Umgang mit den leichtfertigen Offizieren **in der Leute Mäuler** zu geraten (I,3; 10 u.), und am Ende ist die verlassene Geliebte für den zynischen Verführer Desportes nur eine **Hure von Anfang an** gewesen (V,3; 52 M.). Ob Marie schließlich wirklich zur Prostituierten geworden ist oder nicht, erscheint fast nebensächlich: Den entsprechenden Ruf hat sie jedenfalls, das soziale Verdikt ist gesprochen: **Ihre Ehre ist hin, kein Mensch darf sich, ohne zu erröten, ihrer annehmen** (Schlussszene der 1. Fassung, 58 M.).[71]

Das Stück stellt also den sozialen Werdegang einer als Hure verschrienen Frau dar. Und bereits in der ersten Reflexionsszene (I,4) entzündet sich zwischen den Offizieren und dem Feldprediger ein Streit, ob eine Hure **immer eine Hure** werde (I,4; 12 M.) oder ob eine Hure **niemals eine Hure** werde, **wenn sie nicht dazu gemacht wird** (13 o.). Damit hat Lenz gleichsam eine sozialwissenschaftliche Fragestellung lanciert, die er am exemplarischen Fall ›Marie‹ überprüft wissen will. Als Aufklärer möchte er wissen, ob die verbreitete Meinung von der ursprünglichen Gefallsucht bestimmter Frauentypen berechtigt ist oder sich als Vorurteil erweist.

Gegensätzliche Thesen zum Werdegang einer Prostituierten

Offizier Haudy	Feldprediger Eisenhardt
Eine Hure wird immer eine Hure.	Eine Hure wird zur Hure gemacht.
Prostitution ist die notwendige Folge einer persönlichen Veranlagung.	Prostitution ist das Produkt sozialer Einflüsse.
Prostitution ist charakterlich bedingt.	Prostitution ist gesellschaftlich bedingt.

Ist also Marie selbst verantwortlich für ihren sozialen Abstieg oder ist sie ein Opfer der Verhältnisse und Einflüsse?

Um diese Frage zu beantworten, ist zunächst Maries Charakter zu untersuchen. Gleich in der ersten Szene wird ihr Wunsch, etwas Besseres zu sein, offenbar (und von Lenz durch ihre Rechtschreibfehler karikiert): Sie befleißigt sich einer vornehmtuenden, französisierenden Sprache – obgleich sie doch der Bürgerfrau Stolzius, und damit von Stand zu Stand schreibt – und scheint sich durchaus darin zu gefallen, ihre schöne Hand[schrift] **zur Schau zu stellen** (I,1; 6 o.). Der Vater weiß sehr wohl um den aristokratischen Hang seiner Tochter: **das mußte immer die Staatsdame gemacht sein** (V,1; 51 u.), überdenkt er am Ende das ruinöse Schicksal seiner Tochter – eine Einsicht, mit der er bereits anfänglich, als Marie um den Komödienbesuch mit dem Baron bettelte, die geheime Antriebskraft seiner Tochter gekennzeichnet hat (vgl. I,3; 9 o.). In ihrem abendlichen Seufzer macht Marie denn auch mit entwaffnender Offenheit und Naivität deutlich, dass gefühlsmäßige Bindungen nicht so tief in ihrer Seele wurzeln wie der Wunsch nach einem prangenden Sozialstatus: **Gott! was hab ich denn Böses getan? – – Stolzius – ich lieb dich ja noch – aber wenn ich nun mein Glück besser machen kann – und Papa selber mir den Rat gibt** (Ende I,6; 17 o.). In der Tat beflügelt der Vater, der die unbescheidenen Wünsche zunächst unwillig abgetan hat, noch den Aufstiegsgedanken der Tochter: **Kannst noch einmal gnädige Frau werden, närrisches Kind** (Ende I,6; 16 u.). Dieses bessere Glück, das sich Tochter und Vater hier ausmalen, ist kein höher gestimmter Zustand der Seele, sondern ein höheres Plateau in der Ständegesellschaft.

Desportes kennt die Magie des Adelsstandes und nutzt seine Sozialerotik instinktiv aus. Als routinierter Verführer kitzelt er gezielt die Grande-Dame-Sehnsüchte des Bürgermädchens und träufelt Honig in die Ohren der Begehrten, wenn er sie als **göttliche Mademoiselle** (Anfang I,3; 7 o.) oder **Vollkommenste** (Anfang I,3; 7 u.) tituliert und ihr schmeichelnd einredet, sie sei zu gut für ihren Stand: **Sie sind für keinen Bürger gemacht** (Anfang II,3; 25 o.). Damit zieht Desportes zugleich die Trumpfkarte seines höheren Standes, um den bürgerlichen Konkurrenten Stolzius – den er durch dünkelhafte Beschimpfungen wie **Hundejung[e]** oder **Lümmel** mit Bedacht noch weiter herabsetzt – aus dem Beziehungsfeld zu stechen. Dass Desportes mit dieser Strategie bei Marie ein nur zu leichtes Spiel hat, zeigt ihre sofortige Übernahme der verlockend angebotenen Rolle: Genau im herablassenden Tonfall des Barons bezeichnet sie ihren Stolzius als **Flegel** und **Grobian** und empfindet sich selbst als Höherstehende, die durch den Antrag des Rangniedrigeren beleidigt wird: **als ob ich die Säue mit ihm gehütet hätte** (II,3; 25 u.). So fällt es dem adligen Offizier nicht schwer, durch weitere gezielte Verführungsmaßnahmen – berauschende Komödienabende, gleißende Schmuckgeschenke und hochtrabende Liebesverse (die Lenz freilich auch durch ihre sprachliche Schemenhaftigkeit und Brüchigkeit karikiert) – Maries aristokratischen Traum zu nähren. Bald erhebt sie sich nicht allein über ihren bürgerlichen Verehrer, sondern auch über ihre Standesfreundinnen: Jungfer Zipfersaat muss mutwillige Scherze einer die Hofdame mimenden Marie über sich ergehen lassen (vgl. II,3; 26) oder wird erst gar nicht mehr zur Audienz vorgelassen, weil Marie nun einmal **so vornehm geworden** ist (Anfang III,3; 29 u.).

Als Desportes sich aus der Affäre zieht, hätte dies Marie eine schmerzliche Lehre sein können, zumal sich damit ursprüngliche väterliche Warnungen als realistisch erwiesen haben. Eine kurze Reueanwandlung gegenüber Stolzius scheint diesen Weg zu weisen (vgl. III,3; 31 f.), doch spürt Marie, dass sie damit nicht nur Stolzius, sondern auch ihr eigenes Naturell belügen würde. Unter der Schutzbegründung, damit nur die letzten Verbindungsfäden zu Desportes in den Händen behalten zu wollen, klammert sie sich vielmehr an dem liebgewonnenen Lebensstil fest und lässt sich ungeniert vom nächsten vornehmen Offizier, von Mary, und später auch noch vom jungen Grafen La Roche hofieren (vgl. III,6; 35 f., Anfang III,9; 39 M.). Auf Komplimente, Präsente, Feuerwerksvergnügen und Kutschfahrten im Cabriolet kann das Bürgermädchen, das nun einmal blaues Blut geleckt hat, kaum mehr verzichten.

Von der Gräfin La Roche in das Zölibat einer privaten Höhere-Töchter-Schule gelockt, scheint sich Maries Lebenswandel ernsthaft zu verändern, denn sie untersagt sich nun endgültig die Verbindung zu den Offizieren (vgl. IV,3; 45 u.). Doch ist diese Absage an alle vornehmen Blütenträume nur ein Muss; die Vernunft der Gräfin hat ihr Herz überredet, nicht wirklich geläutert (vgl. IV,3; 46 u.). Davon abgesehen vereitelt aber schließlich ein unglücklicher Umstand von außen den glimpflichen Verlauf von Maries Lebenslinie[72], wie er in einer zwar klösterlichen, aber sozial umhegten Lebensweise unter der Obhut der Gräfin hätte bestehen können: Die Gräfin missversteht gerade dasjenige geheime Gespräch, mit dem Marie den wirklichen Trennungsstrich zu den Offizieren zieht, als Anzeichen einer Rückfälligkeit ins Poussiergehabe und verstößt das Bürgermädchen aus ihrer aristokratischen Enklave. Damit ist Maries ruinöser Abstieg besiegelt. Zurück bleibt eine verelendete Landstreicherin, die das trocken Brot, das ihr einzig noch bleibt, nicht hinunterwürgen kann, weil sie der Gedanke an ihre frühere Überheblichkeit quält: **O hätt' ich nur einen Tropfen von dem Wein, den ich so oft aus dem Fenster geworfen – womit ich mir in der Hitze die Hände wusch –** (V,2; 52 o.). Einzig die genuine Vaterliebe, welche die verlorene Tochter vorbehaltlos wieder ins Elternhaus aufnimmt, gibt Maries Schicksal ein versöhnliches Abschlusssignal.

Durchschaut man also abschließend Maries Charakter, so zeigt sich eine sinnliche Ansprechbereitschaft für den Glanz höherer Stände und für das charmante und kokette Liebesspiel. Marie ist keine, die an dem beschränkten bürgerlichen Standard ihr Genügen fände. Damit macht sie sich selbst zum Objekt der in bürgerlichen Gefilden freibeutenden adligen Offiziere.

Persönliche Dispositionen Maries
Wunsch, etwas Besseres zu sein (gestelzte Sprache: I,1/5–23; **Staatsdame:** I,3/9,4; V,1/51,24 **Glück besser machen:** Ende II,1/17,12; Vornehmtun: III,3/29,29–37). Eitelkeit, Unbescheidenheit (Handschrift: I,1/6,2 f.; Verschwendung V,2/52,4–8). Anfälligkeit für Komplimente und Präsente (I,6/15,24–16,22). Koketterie, Verführungsbereitschaft, Leichtsinn (provoziert Komplimente: I,3/7,4–35; lockt Zusagen hervor: II,3/24,33–25,12; flirtet, schäkert: II,3/25,23–33; II,3/26,1–40; unterstützt Desportes' Überredungsversuche gegenüber Wesener: I,3/8,23 ff.; I,3/8,35; I,3/9,6 f.; I,3/10,23 f.; geht auf Desportes' Überlistungstaktik ein: I,3/9,15–34). Erotisches Jonglieren, Sich-selbst-Belügen und fataler Wiederholungszwang (Mary: III,6/35,3–40; IV,1/43,26–33; junger Graf: III,9/39,14–26; III,10/42,18 ff.).

Skrupellosigkeit der Offiziere
Abwertung der Verführten (triumphierende Rufschädigung: I,3/10,26–32; **keine von den sturmfesten:** II,2/19,42 f.). Zynisches Vorurteil zur Entlastung des eigenen Gewissens (**hat's ja nicht besser haben wollen:** Ende IV,10/50,29/vgl. I,4/12,24; **Eine Hure wird immer eine Hure:** I,4/12,25; vgl. Anfang V,3/52,18 f.). Schändungsauftrag, um Marie heiratsunwert zu machen (IV,4/46,34–38; IV,8/48,3–8; V,3/52,25–53,6).

Stellungnahmen im Stück selbst
Angeborene Verwerflichkeit und Gefallsucht (Obrist, Haudy, Desportes: I,4/12,22 ff.; I,4/12,25 ff.; Ende IV,10/50,27 ff.; Anfang V,3/52,18 ff. – siehe oben: Skrupellosigkeit der Offiziere). Schuld der verantwortungslosen Offiziere (Eisenhardt: **zur Hure gemacht:** I,4/13,6–10; Stolzius: **der Officier hat ihr den Kopf verrückt:** III,2/28,34 f.; **Teufel, der sie verkehrt hat:** III,2/29,7; **dessen Braut du zur Hure machtest:** Ende V,3/54,21; Lied der Großmutter: **Ein Mädele jung ein Würfel ist:** II,3/26,26; Gräfin: **soll hintergangen worden sein:** III,8/38,30). Sowohl-als-Auch (junger Graf: **Umstände … – und doch – wie leicht ist sie zu hintergehen gewesen:** III,8/38,32–35; Gräfin: eitler Aufstiegswunsch, mangelnde Kenntnis der Standesschichtung – adlige Familienräson, ausschweifende Lebensart der Offiziere (III,10/40,29–42,14.).

Reaktionen des Umfelds
Warnungen, Beschimpfungen, Verleumdungen, Ächtungen (Wesener: **Luder, Mätresse:** I,5/14,29; **lüderliche Seele:** V,4/55,3; Charlotte: **gottvergeßne Alleweltshure:** I,5/15,13; **Soldatenmensch:** III,6/35,27; III,6/35,32; Mutter Stolzius: **Luder:** III,2/28,26; **Soldatenhure:** III,2/28,28; **Metze:** III,2/29,19; Frau Wesener: **du machst es darnach:** III,6/35,35 f.; Gräfin: **nicht in dem besten Ruf:** III,8/38,28 f.).

Der Feldprediger Eisenhardt ist der Ansicht, Huren würden zu Huren gemacht – und er zielt damit recht eindeutig in Richtung der ihn umgebenden soldatischen Edelleute. Welchen Einfluss hat also das Verhalten der Offiziere auf Maries Lebenslauf?

Vater Wesener schätzt die Kontakte dieser jungen Militärs zu den Bürgertöchtern als ein leichtfertiges Gesellschaftsspiel ein, bei dem man sich öffentlich seiner Erfolge brüstet und damit den Leumund der Frauen zerstört:

> Einer ist so gut wie der andere, lehr du mich die jungen Milizen nit kennen. Da laufen sie in alle Aubergen und in alle Kaffeehäuser, und erzählen sich, und eh' man sich's versieht, wips ist ein armes Mädel in der Leute Mäuler. Ja, und mit der und der Jungfer ist's auch nicht zum besten bestellt, und die und die kenne ich auch, und die hätt' ihn auch gern – (Ende I,3; 10 u.)

In der Tat bewahrheitet sich diese Einschätzung später an Marie, denn sehr bald ist es unter den Soldaten herum, **dass sie keine von den sturmfesten ist** (II,2; 19 f.). Dasjenige Mädchen, das sich offenherzig zeigt und einem Offizier ihre Gunst schenkt, wird nachträglich als im Grunde liederlich abgestempelt und damit abgestraft – darin liegt die Paradoxie erotischer Freigebigkeit der Frau, nicht nur zu Lenzens Zeiten. Durch solche innere Abwertung vorbereitet, fällt es den Offizieren um so leichter, sich der Mädchen wieder zu entledigen, wenn die Standesräson ruft oder der Überdruss sich einstellt. Gleichsam als erotische Manövriermasse schiebt man ein solches Mädchen einfach weiter. Als Desportes in diesem Sinne Mary mit Marie verkuppeln möchte, macht ihm nur Sorge, ob sich der Offizier verlieben werde; dass auch Marie einen eigenen Willen haben könnte, liegt außerhalb seines Vorstellungsvermögens (vgl. III,7; 37 o.). Der Plan geht in Bezug auf Mary durchaus auf, ja dieser scheint sogar ernsthafte Heiratsabsichten zu entwickeln. Als aber Marie durch ihre Liaison mit den jungen Grafen La Roche selbst unbewusst an ihren flatterhaften Ruf erinnert, ernüchtert sich ihr Verehrer und hält sich im Zaum, ein allgemeines erotisches Spielobjekt durch eine Heirat als Person ernst zu nehmen.

Sind mit diesen von LENZ vorgeführten Prozessen gewisse, man möchte fast sagen, überzeitliche Gesetze des Beziehungsspiels und Geschlechterkampfes berührt, so steigert sich die Handlung im Falle des Desportes ins singulär Teuflische. Mit seiner Empfehlung an den Jäger – **ein starker robuster Kerl** –, sich die Zeit mit Marie allein auf der Stube nicht lang werden zu lassen (V,3; 52 f.), setzt er Marie berechnend der rohen Grausamkeit aus, um sie zu entehren und damit für einen angeblichen **Honettehomme** (vgl. I,4; 13 M.) nach den Konventionen seiner Kaste als Ehefrau endgültig zu disqualifizieren.[73] Der Männerreigen, den Desportes selbst veranlasst hat, indem er erst Mary und dann seinen Jäger gezielt auf Marie ansetzt, gilt ihm dann nachträglich als Begründung für die unumgängliche Trennung von dem Bürgermädchen. LENZ demonstriert damit auf zwingende Weise,

welche sozialpsychologische Funktion ein Vorurteil haben kann: Es verein-
facht und verfälscht die Wirklichkeit zugunsten des Vorurteilträgers. Das
Vorurteil dient als Rationalisierung von Handlungen, denen andere, aber
für das Gewissen nicht lautere Motive zugrunde liegen. Indem er he-
rausposaunt, **es ist eine Hure vom Anfang an gewesen** (Anfang V,3; 52 M.),
versucht Desportes sein Gewissen gegenüber Marie zu betäuben, die er verlassen und noch dazu körperlich, seelisch und sozial unwiederbringlich ge-
schädigt hat. Der Hass, der dabei in seinen zusätzlich herabsetzenden Beschimpfungen liegt, ist der unbewusste Hass auf die eigene abgrundtiefe
Amoralität: Zum **schön Sauleder** und **Knochen** (V,3; 53) muss er die ehedem **göttliche Mademoiselle** (Anfang I,3; 7) degradieren, um das Bewusstsein seiner eigenen Schändlichkeit zu verdrängen.

Abgesehen von der allgemeinen Rufschädigung einer offenherzigen
Frau durch das erotische Bramarbasieren der Offiziere führt Lenzens
Stück in der zynisch-brutalen Handlungsweise des Desportes geradezu
buchstäblich vor, wie eine Hure zur Hure gemacht wird – wenn man diese
griffige Formel umsichtiger ausformuliert: Lenz führt vor, wie ein (freilich
durchaus leichtfertiges) Mädchen durch eine gleichsam angeordnete Ver-
gewaltigung in ihrer persönlichen Integrität so nachhaltig destruiert und
im öffentlichen Ansehen so schäbig demontiert wird, dass ihr kaum mehr
eine andere Lebensform übrig bleibt als die einer Dirne. Was der mitrui-
nierte bürgerliche Liebhaber und Rächer dem adligen Verführer ins Jenseits nachschleudert – **ich bin Stolzius, dessen Braut du zur Hure machtest**
(Ende V,3; 54 M.) –, hat also sehr wohl seine Berechtigung. Allerdings –
und auch hier hütet sich der Autor vor einem flachdimensionalen Plakat-
stil – wird dieser fatale Mechanismus des sozialen Ruins im letzten Moment noch aufgehalten durch die menschliche Großmut, die Lenz an seinem Vater vermisste und so oft literarisch einklagt: durch die alles
verzeihende Kindesliebe.[74]

Bevor aber die sozialwissenschaftliche Fragestellung nach den Ursachen
einer Prostituiertenkarriere aus Lenzens Sichtweise abschließend beantwortet werden soll, ist der Blick noch auf die in das Stück selbst eingela-
gerte theoretische Erörterung des Problems zu richten.

Im anfänglichen Disput zwischen Prediger und Offizieren ist es der
Haudegen Haudy, der die für die jungen Militärs so bequeme Ansicht verkündet, dass ein uneheliches Offizierskind nur dasjenige Mädchen be-
kommt, **das es nicht besser haben will**, und dass es um solche Subjekte im
Grunde nicht schade sei: **Eine Hure wird immer eine Hure, sie gerate unter
welche Hände sie will; wird's keine Soldatenhure, so wird's eine Pfaffen-
hure** (I,4; 12 M.). Es ist, wie an Desportes gezeigt wurde, ein sehr faden-
scheiniges und auf die moralische Selbstentlastung erpichtes Erkenntnisin-

teresse, das solche vermeintlichen Einsichten in die angeborene Verwerflichkeit und Gefallsucht mancher Mädchen zutage fördert. Wer sein Gewissen belügen muss, dem sind auch verzerrte Wahrheiten recht.

Der Armeegeistliche freilich hinterfragt solche Meinungen und charakterisiert sie als falsche Vorurteile. Er geht davon aus, dass jede Frau sich ihrer Jungfernschaft als höchstes Heiratskapital bewusst ist, das sie nicht mutwillig verscherzen werde: **Der Trieb ist in allen Menschen, aber jedes Frauenzimmer weiß, daß sie dem Triebe ihre ganze künftige Glückseligkeit zu danken hat, und wird sie die aufopfern, wenn man sie nicht drum betrügt?** (I,4; 13 o.) Hier argumentiert Eisenhardt durchaus im Sinne von Lenzens sexualphilosophischen Ansichten, die in der Begehrlichkeit einen nicht wegzupredigenden Faktor des menschlichen Miteinanders anerkennen, der die menschliche Glückseligkeit und das Aufeinander-Zustreben der Individuen überhaupt befördert und dessen einzig legitimer Ort der Verwirklichung die Ehe sei (vgl. Mat. 5). Der Prediger zielt mit seinen Anspielungen auf das verantwortungslose Verhalten der Soldaten gegenüber Bürgermädchen, das in seinen Augen auch durch die zeitgenössischen, bei den Offizieren so beliebten Komödien befördert werde: **Eben die honetten Mädchen müssen zittern vor Ihren Komödien, da lernen Sie die Kunst, sie malhonett zu machen** (I,4; 13 o.). Die Komödien – hier kann freilich nicht die moralistische klassische Komödie der Franzosen gemeint sein, sondern nur die rokokohafte, zärtlich-galante Opéra Comique[75] – sind also Anleitungen zur Verführungskunst und – das zeigt das Stück selbst – auch der Komödiengang an sich ist Teil einer solchen Verführungsstrategie: Weht doch dem Bürgermädchen in dieser verwirrend-berauschenden Atmosphäre der Hauch eines besseren, dem schnöden Krämeralltag enthobenen Daseins entgegen. Insofern ist der Komödienbesuch in den SOLDATEN der symbolische Sündenfall Maries, ohne dass das historische Drama – anders als KIPPHARDTs moderne Werkbearbeitung der SOLDATEN[76] – einen körperlichen Verführungsakt eigens vorführen muss.

Neben dem Feldprediger ist es die Gräfin La Roche, die als räsonnierende Instanz die theoretische Erörterung im Drama repräsentiert. Die Gräfin räumt zwar ein – und damit unterstützt sie die Position Eisenhardts –, dass Marie ausgenutzt und betrogen wurde – **das arme Kind soll hintergangen worden sein** (III,8; 38 u.) –, doch sieht sie im unbescheidenen und eitlen Aufstiegswunsch des Bürgermädchens eine zweite wesentliche Ursache ihres desaströsen Lebensweges:

Sie sind schön, der Himmel hat sie damit gestraft. Es fanden sich Leute über Ihren [sic!] Stand, die Ihnen Versprechungen taten. Sie sahen gar keine Schwürigkeit, eine Stufe höher zu rücken. Sie verachteten Ihre Gespielin-

nen, Sie glaubten nicht nötig zu haben, sich andre liebenswürdige Eigenschaften zu erwerben, Sie scheuten die Arbeit, Sie begegneten jungen
Mannsleuten Ihres Standes verächtlich, Sie wurden gehaßt. Armes Kind!
wie glücklich hätten Sie einen rechtschaffenen Bürger machen können,
wenn Sie diese fürtreffliche Gesichtszüge, dieses einnehmende bezaubernde
Wesen, mit einem demütigen menschenfreundlichen Geist beseelt hätten,
wie wären Sie von allen Ihresgleichen angebetet, von allen Vornehmen
nachgeahmt und bewundert worden. (III,10; 41 M.)

Diese Passage ist durchaus nicht als kritisch exponierte Position aufzufas-
sen, sondern sehr wohl als Integrationspunkt – als Selbstinterpretation des
Dramas – ernst zu nehmen (in Kap. 2.6 wird die Identität der gräflichen
mit der Autormeinung näher nachgewiesen). Marie hat die sozialen
Zwänge unterschätzt, die eine Standesposition in sich birgt und die alle –
und sei es wirkliche – Verliebtheit und Wohlmeinung über kurz oder lang
in die Knie der Standesräson zwingt:

Und Sie glaubten, die einzige Person auf der Welt zu sein, die ihn [den adligen Offizier], trotz des Zorns seiner Eltern, trotz des Hochmuts seiner Familie, trotz seines Schwurs, trotz seines Charakters, trotz der ganzen Welt, treu
erhalten wollten? Das heißt, Sie wollten die Welt umkehren. (III,10; 42 o.)

Diese Weltumkehrung wäre aber ein zu ungeheuerlicher Gedanke, als dass
ihn Lenzens Figuren oder auch der Autor selbst ernsthaft fassen könnten.
    In der zusammenfassenden Rückschau betrachtet, antwortet das Sol-
daten-Drama auf die Frage nach Schuld und Verantwortung einer Prosti-
tuierten-Karriere mit einem klaren – Sowohl-als-Auch. Lenz stellt die Verhältnisse und Charaktere differenziert, widersprüchlich und lebendig dar:
nicht typisiert, sondern realistisch. Die jungen Adligen unterliegen sozialen
Familien-, Militär- und Standeszwängen, und die Bürgertochter verkennt
in ihrem sozial genährten Aufstiegstraum diese Standesbarrieren und die
Willensunfreiheit ihrer aristokratischen Verehrer. Moralisch betrachtet
sind die Offiziere verantwortungslos und Desportes sogar menschenver-
achtend. In dieser Hinsicht ist Marie also Opfer – aber auch Mitschuldige.
Denn sie ist kokett, bereitwillig, verführbar. Ihr wird mitgespielt, aber sie
spielt auch mit. Die soziale Umwelt tut ein Übriges: Die gesellschaftliche
Ächtung und der Rufmord verbauen Rückwege. Eine Hure wird eine Hure,
weil sie anfällig dafür ist und dazu gemacht wird.

2.4 ›Furchtbare Ehlosigkeit‹:
Triebstau und Gesellschaftszerrüttung

Unglückliche Bürgerstöchter (I,4; 13 M.), verwüstete (V,5; 56 o.), in den
unwiederbringlichsten Untergang gestürzte Familien (V,5; 56 o.); eine
durch die Offiziere zerrüttete Gesellschaft (V,5; 57 o.) – das sind die Folgen

des ehlosen Standes der Herren Soldaten (56 o.). So jedenfalls lautet die anprangernde These des Sozialreformers LENZ, die er u. a. seinen Figuren Eisenhardt und der Gräfin in den Mund legt. Diese These gilt es anhand des Stückverlaufes zu überprüfen.

Mit seinem Drama reagiert LENZ auf zeitgenössische Militärverhältnisse: auf das stehende Söldnerheer mit adligem Offizierskorps und dem Gebot des Zölibats:

> In Preußen hatte Friedrich II. nachdrücklich die Ehelosigkeit im Heer gefordert. Jungen Offizieren wurde die Heiratserlaubnis erst gar nicht erteilt. Das Offizierskorps sollte sich mit ganzer Kraft und ohne Familien- und Haushaltssorgen seinem militärischen Beruf widmen. Offiziersfamilien brachten eine Belastung der Garnisonsstädte mit sich und verursachten Schwierigkeiten bei der Mobilmachung, ferner scheute der König die Kosten der vielen Witwenpensionen. Eheversprechen von Offizieren ohne vorher eingeholte Erlaubnis wurden mit Festungsarrest oder Kassation [Entlassung aus dem Militärdienst] bestraft. Mit seinen Wünschen setzte der König sich durch: Für die weit überwiegende Zahl der Offiziere war Ehelosigkeit die Regel.[77]

Diese Umstände führen auf dem Schauplatz der dramatischen Handlung dazu, dass **man keinen Schritt vors Tor tun kann, wo man nicht einen Soldaten mit einem Mädchen karessieren sieht** (III,4; 33 u.). Geht man wie LENZ davon aus: **kurzum, den Trieb haben doch alle Menschen** (Obrist in der ersten Fassung, 59 M.; ebenso auch Eisenhardt, I,4; 13 o.), so bricht sich eine unterdrückte Begierde, die sich eben nicht grundsätzlich abtöten lässt, an anderer Stelle eine Bahn. In einer geradezu mechanischen Vorstellungsweise geht LENZ davon aus, dass sich Triebhaftigkeit nicht grundsätzlich eindämmen lässt, sondern planvoll kanalisiert werden muss – notfalls durch die Institution der Staatskonkubinen. Mit dieser im SOLDATEN-Stück geäußerten Auffassung geht er über seine bereits erstaunlich weltoffenen sexualtheologischen Vorträge hinaus (vgl. Kap. 1.7.1 und Mat. 5); indem er nicht mehr nur die Ehe als Ort sexueller Verwirklichung anerkennt, sondern einer emotional und moralisch freigekoppelten Sexualität das Wort redet. Der Eindruck drängt sich auf, als würde Lenz von seinen militärplanerischen Ambitionen weit über seine moralisch-theologischen Herkunftsgründe hinweggerissen.

Die dem Offizierskorps untersagte Befriedigung der Sexualität in regulären Ehen führt also im Drama zur Umlenkhandlung, den Bürgermädchen nachzustellen. Deren Tugendhaftigkeit vorausgesetzt, bedarf es freilich weitergehender Versprechungen und Verpflichtungen, um – im Sinne des tiefer liegenden Annäherungsgrundes – dem Triebziel näher zu kommen. Solche Ernsthaftigkeits- und Heiratsversprechungen laufen aber wiederum der Ständedistinktion und dem militärischen Zölibat zuwider, so dass heuchlerisches und letztlich zerstörerisches Verhalten gleichsam vorprogrammiert sind. Dieser Mechanismus wird anhand von Maries Lebenslauf vorgeführt (vgl. Kap 2.3).

Wenn jedoch Eisenhardt stöhnt: **O Soldatenstand, furchtbare Ehlosigkeit, was für Karikaturen machst du aus den Menschen!** (III,4; 33 M.), so meint er nicht nur diese destruktiven Folgen einer angeordneten Triebunterdrückung. **Was die andern zuviel sind, ist der zu wenig** (III,4; 33 M.), denkt sich der Prediger über den Hauptmann und Seifenblasenphilosophen Pirzel. In Eisenhardts Augen sind die Folgen der Triebdämmung auf der einen Seite gesteigerte Triebhaftigkeit, auf der anderen aber der Kontaktverlust zum vitalen Leben, überdrehte Geistigkeit und weltfernes Spintisieren. Das sexuelle Überinteresse wird im Stück übrigens nicht allein durch Desportes und Mary repräsentiert, sondern noch in der Figur des – nomen est omen – Rammler. Dessen völlig besinnungslose Sexualgier macht ihn selbst bei den gewiss nicht abstinenten Kameraden noch zum Gespött, die ihn ohne Aufwand in die Betten eines alten Juden oder einer ältlichen Dame lenken können (vgl. III,1; 28 o., IV,2; 44 M.). Dieser Offizier Rammler ist nicht nur erotoman, sondern auch besonders intrigant und niederträchtig – aber auch darin verkörpert er nur die Zuspitzung von Charakterzügen, die auch andere seiner Kastengenossen in sich tragen: Zu Ränken und Scherzen, und seien sie auch noch so grausam gegen die Betroffenen (wie Aaron oder Stolzius), scheint dieses Korps jederzeit aufgelegt. Das domestizierende und kultivierende weibliche Element fehlt eben in dieser Männergesellschaft. Auch auf diese verrohende Folge der Ehelosigkeit, die sich bereits in einer oft ins Brutale und Ordinäre ausgreifenden Sprache dokumentiert, will Lenz wohl hinweisen.

Die Officiers – die eben keinen Ausgleich im Familienleben finden – **müssen doch einen Zeitvertreib haben** (I,4; 11 u.), und so scheint zumindest das Theater **ein heilsames Institut für das Corps Officiers** zu sein (I,4; 11 u.) – wenn nicht, wie Eisenhardt und wohl auch Lenz suggerieren, die französisch-galante Theatermode selbst in der Form dieser kulturellen Sublimierung das Triebleben aufs Neue entfachen und schüren würde. Die Hoffnung, **was für Unordnungen werden nicht vorgebeugt oder abgehalten durch die Komödie** (I,4; 11 u.), wird durch beschwingte Rokokokomödien betrogen und der Effekt wendet sich ins Gegenteil.

Doch gründen die **Unordnungen**, die das Offizierskorps in der Gesellschaft anrichtet – und hier meint Lenz das Unglück vieler Bürgerfamilien wie der Weseners, das gar die Gefährdung der inneren Staatssicherheit nach sich ziehe (vgl. V,5; 57 o.) –, wirklich und ausschließlich im Umstand der Ehelosigkeit der Offiziere?

Zunächst einmal wäre daran zu erinnern (vgl. Kap. 2.3), dass an Maries

Unglück zwei komplementäre Kräfte Anteil genommen haben: die Annäherung des Desportes, aber auch Maries Entgegenkommen. Die erotischen Absichten des Offiziers allein hätten bei einer charakterfesten Abweisung durch Marie nicht zur Tragik geführt.

Zum anderen wäre zu vermuten, dass den spielerischen Verführer Desportes das Erlaubte und Zugängliche – die Konkubinen der **Pflanzschule** ebenso wie eine zugestandene Ehefrau – weniger reizen würden als ein erotisches Abenteuer mit einem Bürgermädchen, das den superben Reiz des Unerlaubten und Ungewissen trägt und die eigentliche Verführungskunst herausfordert. Selbst wenn ein Offizier verheiratet wäre, würden sich solche pikanten Affären oder erotischen Trophäenjagden des Öfteren entspinnen, zumal in heimatfremden Garnisonsstädten. Und insofern LENZ ein mechanisch gedachtes Triebabfuhr-Problem aufwirft, bedurfte es nicht erst der staatlich bestallten Dirnen, hier gab es Straßenmädchen und Bordelle genug in den Garnisonsstädten (vgl. Kap. 2.5).

Mithin ist die beispielhaft vorgeführte Tragik der erotisch betrogenen Bürgertochter keineswegs allein im Status der Ehelosigkeit begründet; allenfalls könnte die Häufigkeit solcher Verführungsakte unter den Bedingungen des Offizierszölibats ansteigen. LENZENS realistische Charakterzeichnung Maries und des Desportes erfasst die Verhältnisse tiefer als die theoretische Programmatik, um deren Veranschaulichung willen die Handlung auf den ersten Blick entworfen zu sein scheint. Sozialwissenschaftliche These und exemplifizierender Einzelfall sind nicht überzeugend zur Deckung zu bringen: Der Dichter empfindet wahrer, als der Reformer denkt.

2.5 ›Pflanzschule von Soldatenweibern‹: Merkwürdigkeiten eines Sozialreformers

Das Problem der triebgedrängten, Bürgertöchtern nachstellenden Offiziere soll durch eine **Pflanzschule von Soldatenweibern** (V,5; 56 M.) gelöst werden; auf diesen Reformvorschlag scheint das Stück hinauslaufen zu wollen. Ausbuchstabiert hieße dies, der König soll zugunsten seiner Offiziere eine Heranbildungsstätte für staatliche Liebedienerinnen gründen oder, schärfer formuliert, ein Institut zur Förderung staatlich anerkannter Prostitution. Diese Konkubinen sollten als **Märtyrerin[nen] für den Staat** von der öffentlichen Meinung in Ehren gehalten werden; der König müsse sich dafür einsetzen, **diesen Stand glänzend und rühmlich zu machen**. Die aus solchen Beziehungen von Soldat und Staatskurtisane entstehenden Kinder sollten dem Heer verschrieben sein; somit **ersparte** der König zugleich **die Werbegelder** (V,5; 56 u.).

Der Reformvorschlag erscheint derart provokant und menschlich fragwürdig, dass man an seiner Ernsthaftigkeit zweifeln muss. Ist Oberst Spannheim, der diese Ideen entwickelt, ein Sprachrohr LENZENS?

In historischer Sicht verliert der Vorschlag allerdings bereits einen Teil seiner Provokation. Schon den Heeren des Mittelalters oder des Dreißigjährigen Krieges folgte ein ›Weibertross‹ von Prostituierten und Marketenderinnen (auch und teilweise zugleich Wäscherinnen, Köchinnen usw.), und es gab mitunter sogar ausgewiesene ›Hurenweibel‹, die sozusagen die Sexualplanung der Truppe zu besorgen hatten. Unter den Soldatendirnen herrschte die gleiche Hierarchie, oft sogar die gleiche Gruppenaufteilung, wie in der jeweiligen Gesamtarmee. Es gab die bessergestellten Prostituierten für die höheren Offiziere, Dirnen für Feldwebel und Unteroffiziere und die einfache Soldatenhure für die Mannschaft.[78] Auch im Umkreis des Autors dürften Soldatendirnen und Garnisonsbordelle keine Ungeheuerlichkeit, sondern ein militärisches Alltagbild gewesen sein. Seine Provokation besteht somit in *einer* Hinsicht nur darin, die selbstverständliche Spaltung von nicht-besprochener sozialer Realität und poetischem Diskurs aufgehoben – also ein ›niederes‹ Thema vollen Ernstes in die ›hohe‹ Gattung der Literatur hineingetragen – zu haben, und im illusionären Gedanken, ein verstohlen geduldeter Dirnenstand solle öffentlich geadelt werden. Doch freilich bleibt in anderer Hinsicht eine substantielle Provokation bestehen, die im Weitertragen – statt der Infragestellung – einer mechanischen Auffassung der Sexualität und im Automatismus der Verfügung über die Konkubinenkinder liegt. Insofern ist auch die Frage noch nicht beantwortet, ob LENZ die Vorschläge zur **Pflanzschule von Soldatenweibern** in seiner Person ernst gemeint hat.

Außer Zweifel steht, dass es ihm grundsätzlich ernst ist, an den verschiedenen Missständen des Soldatenwesens etwas zu ändern. Als Gesellschafter der Barone Kleist kannte er das Heereswesen aus eigener Anschauung und es drängten sich ihm Reformideen auf, die jedoch nicht nur die Lage der vom Militär Betroffenen und Geschädigten, sondern die Effektivität des Militärwesens selbst zum Ziel hatten. Dies wird offenbar, wenn man die während und nach den SOLDATEN geschriebene Schrift ÜBER DIE SOLDATENEHEN untersucht (Stück an Herder geschickt am 23. Juli 1775; Schrift zum Druck angeboten am ersten April 1776)[79]:

Die erhaltene Reformschrift, an der LENZ in den Jahren 1773 bis 1776 arbeitet, ist direkt an den Weimarer Herzog Karl August gerichtet, was eine Anspielung auf dessen Vorfahren Herzog Bernhard von Sachsen-Weimar (1604–1639) belegt: Späterhin dachte LENZ wohl auch daran, sie am französischen Hof zu unterbreiten. Es kam allerdings zu keiner Veröffentlichung zu Lebzeiten, wozu u. a. GOETHES entmutigende Reaktion beitrug.[80]

Lenz wollte sich mit seiner Reformschrift bei Potentaten als Heeresexperte empfehlen und strebte wohl insgeheim die Position eines Militärberaters in fürstlichen Diensten an: **Vielleicht sehen Sie mich einmal in herzoglich sächsischer Uniform wieder. Doch das unter uns.**[81] Diese Ambition, das spürte Lenz, könnte in Kollision mit der inneren Konsequenz seines literarischen Werkes über die Soldaten geraten: **Es könnte […] den Schaden haben, daß ein ganzer Stand, der mir ehrwürdig ist, dadurch ein gewisses Lächerliche, das nur den verdorbenen Sitten einiger Individuen desselben zugedacht war, auf sich bezöge.**[82] Hier liegt eine der Angstquellen des Autors vor der Veröffentlichung seines Soldaten-Stückes.[83]

Das Memorandum malt zunächst die **üblen Folgen der Ehlosigkeiten der Soldaten** breiter und drastischer aus als das Drama: **Wieviel zerrissene Ehen, wieviel sitzengebliebene Jungfrauen, wieviel der Population so gefährliche Buhlerinnen, wieviel andere schröckliche Geschichten, Kindermorde, Diebstähle, Giftmischereien […] – der Handel stockt […], die Künste liegen […], die Gelehrsamkeit wird verspottet, der Ackerbau nur aus Verzweiflung getrieben […], alle Stände seufzen, alle Bande des Staats gehn auseinander** (805).

Davon unabhängig führt er im Einzelnen noch andere Missstände des Heereswesens an:

– die Skrupellosigkeit der Rekrutenwerbung (**mehrenteils im Rausch angeworben worden, und denen es den andern Tag wieder gereut,** 810),

– das Schikanöse des Soldatenalltages (**aber *ununterbrochen* gequält oder auch nur gehudelt werden kann keine menschliche Kreatur in die Länge aushalten, hält nicht einmal ein Tier aus,** 811),

– den geisttötenden Offiziersdienst (**Und worin besteht ihr Dienst? In einem unlustigen, zu nichts führenden, unerträglichen Detail von Visitationen und Rapporten und Gegenwärtigkeit bei Sachen, von denen ihr Geist und Herz oft unaufhörlich abwesend ist,** 811),

– das Seelenlose und Verbrecherische an dem Metier gedungener Söldnerheere (**Armee von Automaten,** 790; **Armee von Marionetten,** 793; **etwas mehr als ausgelernte Mörder,** 792; **das einzige Motiv, das unsere Armeen bewegt, die Seele unserer Taktik ist die *Furcht*** [vor den Vorgesetzten, 797]),

– die destruktive Kluft zwischen Soldat und Bürger (**noch habe ich kein Wort gesagt von dem Haß der itzt unter Bürgern und Soldaten ist,** 821),

– die materielle Auspressung der Bürger gerade durch die hohen Militärkosten (**den Bürger, den Landmann, der bis aufs Blut ausgedrückt ist, vollends abzuschälen, zu sehen, ob ihm nicht noch eine Faser übrig gelassen worden, die er gleichfalls zum Besten des Staats hergeben könne,** 807),

– die Verrohung der Sitten (**die verdorbenen Sitten entnerven Bürger und Soldaten, die Schamhaftigkeit ist von unsern Weibern gewichen,** 796),

– bis hin zu den oben zitierten Folgen für Kunst, Wissenschaft und Handel, ja für ungesunde Bevölkerungswanderungen (**der Mangel und die Unmöglichkeit zu heuraten treibt diese Leute herdenweise zusammen um in dem Getümmel großer Städte und dem Rausch viehischer Ausschweifungen der Bedürfnisse des Lebens zu vergessen,** 822).

Diese Bilanz macht freilich unmittelbar deutlich, dass Lenzens kommunikative Strategie von vornherein zum Scheitern verurteilt ist, weil sie den Adressaten aus den Augen verliert. Die Verweise auf den sozialen Flurschaden des Heereswesens sind so drastisch und mit einem solch empörerischen Unterton versehen, dass sich jeder angesprochene Landesfürst peinlich berührt und angegriffen fühlen muss.

LENZENS gesellschaftliche Therapie sieht nunmehr anders aus als im Drama: Den Offizieren sollen nicht mehr staatliche Sexualobjekte, sondern – ganz anders – kirchlich angetraute Ehefrauen zugebilligt werden. Von geschichtlicher Zukunftsträchtigkeit ist hierbei allerdings die Herleitung dieser Empfehlung. Denn er wendet sich gegen die Institution des Söldnerheeres, das sich in den Händen (falscher) absoluter Herrscher als kriegerischer Machtfaktor (**Instrument der Einfälle von Fürsten und der Leidenschaften ihrer Minister, deren Sklaven sie waren**, 789) und nicht als Garant des Friedens erweise. Dem Söldnerheer stellt LENZ die Vision eines Bürgerheeres entgegen: **Ich sahe nun schon die alten glücklichen Zeiten wieder eintreten, da der Soldat auch zugleich Bürger war** (799). **Die innere Lebhaftigkeit einer einzigen Idee** wäre einer von äußeren Vorteilen bewegten **Armee von Automaten** überlegen (790); die **Geißel der Nachbarn** wäre in eine **Brustwehr seines Vaterlandes** überführt (792). Die innere Idee des Vaterlandes könne aber nicht durch Staatsrhetorik (**die Ehre seines Königes, die Ehre seiner Nation**), sondern nur durch **sinnliche, von allen Soldaten gleich anerkannte Vorteile** erweckt werden, die in **Wohlstand, Selbstverteidigung** zu finden seien. Diese **wundertätige[n] Kräfte** würden aber in die Soldaten strömen, **wenn sie für Weiber und Kinder fechten** (798).

Durchaus hat das von LENZ geforderte patriotische Bürgerheer seine geschichtliche Überlegenheit wenig später im französischen Revolutionsheer und in den deutschen Freiheitskriegen erwiesen. Andererseits müssen die hypertrophen Heilshoffnungen, die er an Offiziersehen knüpft, doch deutlich in Zweifel gezogen werden. Für den gemeinen Soldaten bestand das Gebot der Ehelosigkeit ohnehin nicht; hier hätte sich durch LENZENS Vorschläge nichts Wesentliches geändert (obgleich das Heer in der Regel ledige Bauern- und Bürgersöhne, Tagelöhner usw. rekrutierte und LENZ sich offenbar als Alternative insgesamt ein Heer von Verheirateten vorstellte).

Zur Beurteilung seiner persönlichen Haltung ist aber vor allem die moralische Position des Memorandums wichtig. Nimmt das SOLDATEN-Drama nämlich eindeutig Partei für die von der Soldateska erotoman bedrohte Bürgerwelt, so erscheint die Perspektive der Reformschrift ambivalent. Der Sozialschaden des Militärs für die Gesellschaft wird zwar wortreich beschworen, doch entstehen Zweifel, ob die sozialen und humanen Argumente Selbstzweck oder Mittel sind, d. h. ob der Zweck der Denkschrift die Beseitigung dieser inkriminierten Gebrechen ist oder ob die aufgewiesenen Missstände als Argument zur Verbesserung – und das heißt hier ausgewiesenermaßen: zur ökonomischen und militärisch effizienten Verbesserung – des Heereswesens dienen sollen. In der Tat hebt die Schrift mehrmals hervor, dass sie ganz dem Interesse der Fürsten dienen möchte (vgl. 789 f. und 802) und begründet die Soldatenehen ausführlich von den finanziellen Einsparungen her (Wegfall des Soldes in den

Wintermonaten usw.). Besonders fragwürdig wird die moralische Position des Memorandums dann, wenn LENZ eine frühkindliche Militärerziehung fordert – **Welch eine lustige, lachende militärische Erziehung, und wie wenig würden hernach die Feldwebel und Offiziere bei den Regimentern hinzuzutun haben!** (817) – oder den freien Willen eines Soldatensohnes schlichtweg außer Kraft setzt und ihm wiederum den Soldatenberuf aufoktroyiert (vgl. 799). Mit der Einsparung von Werbegeldern wird eine solche dirigistisch-inhumane Praxis auch noch angepriesen (vgl. 813) – übrigens in gleicher Weise wie im Drama, wo auch die Konkubinensöhne vom Staat eingezogen werden sollen (**Dafür ersparte er die Werbegelder, und die Kinder gehörten ihm,** V,5; 56 u.).

Letztlich verbleibt das Memorandum in einer zweideutigen Balance der beiden Funktionen einer Humanisierung und einer Rationalisierung des Heeres, was es sowohl als sozial-wohltätiges Manifest als auch als militärreformerischen Vorstoß disqualifiziert. Es offenbart sich eine eigentümliche Zweischneidigkeit der LENZ'SCHEN Ideen, die einen humanitären Impuls, aber auch den Eifer eines Projektemachers dokumentieren, dem es durchaus um das Reüssieren bei Hofe zu tun ist. Fragwürdig wird die Denkschrift sowohl in der einen wie in der anderen Wirkungshinsicht auch durch den offenkundig rhetorischen Gestus; sowohl die Gebrechen wie die Heilmittel des Militärwesens werden in einer kräftig ausholenden Schwarz-Weiß-Manier gemalt. Trotz der unbestreitbaren Detailkenntnisse und aufwändiger ökonomischer Aufrechnungen ist gewissermaßen der temperamentvolle Literat herauszuhören, der die sachliche Seriosität übertönt. Aller Bemühung um ein strategisches und wirtschaftliches Militärexpertentum unbenommen hätte er mit dieser Schrift, wäre sie denn wirklich den Fürsten vorgelegt worden, einen zwielichtigen Anschein erweckt. Gelesen oder ungelesen, sein **Gedicht** oder **Gesicht** (798) von einer durch Soldatenehen grundsätzlich verwandelten Gesellschaft wäre als Produkt eines Traumtänzers aufgenommen worden, der sich im Spagat zwischen Sozialrevolution und Militärtechnokratie verheddert.

Offenkundig widersprechen sich also die Reformimpulse von Drama und Memorandum. Spielt das Stück mit dem Gedanken, die ehelosen Offiziere und den Staat durch Märtyrermätressen zu befrieden, plädiert das Memorandum eindeutig für offizielle Offiziersehen. Diese Idee lehnt das Drama explizit ab: Schon Homer hat, deucht mich, gesagt, ein guter Ehmann sei ein schlechter Soldat. Und die Erfahrung bestätigt's, weiß hier noch der Obrist Spannheim zu berichten (V,5; 56). Und auch LENZ äußert sich noch im November 1775 Herder gegenüber ablehnend: Ordentliche Soldatenehen wollen mir nicht in den Kopf. Soldaten können und sollen nicht mild sein, dafür sind sie Soldaten. Hektor im Homer hat immer recht gehabt, wären der Griechen Weiber mit ihnen gewesen, sie hätten Troja nimmer erobert.[84] Bis zum April 1776 jedoch (zu diesem Zeitpunkt bietet LENZ das Manuskript der Reformschrift einem Verleger an[85]) wendet LENZ seine Meinung ins blanke Gegenteil, und er propagiert die Offiziersehen als geradezu wundertätiges Allheilmittel für ein schlagkräftiges Heer sowie für Sitte, Handel und Wandel der Gesellschaft. Diese innere Wendung LENZENS bedeutet jedoch rückwirkend für den Dramenschluss, dass LENZ die Idee der Staatsprostituierten offensichtlich als einen gedanklichen Schnellschuss aufs Papier geworfen hat, an dem er selbst nicht länger als ein halbes Jahr festhielt (das Dramenmanuskript war etwa Juli 1775 fertig). Die Schrift ÜBER DIE SOLDATENEHEN relativiert also eindeutig den Reformvorschlag des SOLDATEN-Dramas.

Dieser Prozess der Relativierung vollzieht sich übrigens bereits im Übergang von der ersten zur von Herder angeregten zweiten Fassung der Schlussszene. Ging der skurrile Innovationsgedanke in der ersten Fassung sogar von der Gräfin La Roche aus und musste nur auf die Geistesverwandtschaft des Obristen Spannheim treffen – Ihre Idee ist lange die meinige gewesen, nur habe ich sie nicht so schön gedacht (V,5; 59 M.) –, so wendet eben diese philanthrope Edelfrau in der zweiten Fassung gegen die Gedanken Spannheims ein: Wie wenig kennt ihr Männer doch das Herz und die Wünsche eines Frauenzimmers (V,5; 56 u.). Damit taucht LENZ die anstößige Reformidee deutlich in das Licht eines abenteuerlich-einfühllosen – und vielleicht chauvinistischen – Männergedankens.

Diese mangelnde Einfühlung bzw. diesen mangelnden Respekt vor dem freien Menschenwillen zeigt allerdings in anderer Hinsicht auch noch die Reformschrift, die alle in Soldatenehen geborenen Söhne schlichtweg wieder zu Soldaten determiniert. In dieser Werbegeld einsparenden Idee sind sich Drama und Traktat völlig einig. Denkt man andererseits an seine religiöse Herkunft, das Ethos der philosophisch-moralischen Schriften und nicht zuletzt an sein geniezeitliches Pathos des autonomen Indiviuums, so scheinen hier zwei Persönlichkeiten zu sprechen, die sich nicht um eine Vermittlung ihrer diametralen Positionen bemühen. Die militärplanerische Ambition spaltet das moralische Gewissen vom Bewusstsein ab. Der Reformvorschlag des Dramas zeigt den gleichen Prozess, nur noch jäher und schockierender. In die Tiefe gesehen, ist aber der oberflächlich in eine andere Richtung gehende Vorschlag des Memorandums – jedenfalls in Betracht auf die Nachkommen der Soldatenehen – aus dem gleichen Holz der Menschenvergessenheit geschnitzt.

Vor der Folie solcher Einsichten stellt sich schließlich der abstruse Vorschlag des Dramas als nicht mehr so LENZ-ungemäß dar, wie es auf den ersten Blick scheint. Lützelers Auffassung, Spannheim macht – in den Augen von Lenz – geradezu lächerliche Vorschläge[86], ist deutlich zu widersprechen: Ginge es wirklich um eine Diskreditierung des Reformvorschlages, so wäre es für Lenz ein Leichtes gewesen, ihn – wie KIPPHARDT in seiner modernen Bearbeitung des Stückes[87] – dem überdrehten Philosophie-Haupt-

mann Pirzel in den Mund zu legen. Durch das ernst zu nehmende humani-
täre Pathos des Obristen erhält der Gedanke jedoch, im Gegenteil, ein be-
stärkendes Gewicht. Im Moment seines Entwurfes war der haarsträubend
erscheinende Reformvorschlag also ernst gemeint; in der zweiten Fassung
werden Einwände zugelassen, ohne den Gedanken völlig preiszugeben,
und erst in der Reformschrift wird er ersetzt von einem anderen, in der Tat
eher realistischen Reformeifer, der aber weiterhin menschlich neben respektablen auch sehr zweifelhafte Züge trägt. Im Standbild LENZENS aber,
sollte es auf den Glanz eines stürmisch-drängenden Humanisten poliert
sein, brechen Risse auf. Das große Projekt der Genieepoche, die Inthroni-
sierung des autonomen Individuums, verendet im eifernden Plan,
Frauen – notfalls **durchs Los in den Dörfern**[88] – wie empfindungslose
Pflanzen in Baumschulen zu Prostituierten heranzuzüchten und Men-
schenkinder zum Rekrutierungsmaterial einer kostengünstigen Armee zu
entwürdigen. Wohl den Zeiten, da ein unbändiger Wille zur **Einmischung**[89]
es nicht nötig hat, so zu pervertieren.

2.6 ›Gemälde der menschlichen Gesellschaft‹: Ständedarstellung und ihre politischen Implikationen

Das Tun und Trachten seiner Figuren wurzelt in der Ständezugehörigkeit
und in der speziellen sozialen Situation; das ist ein moderner Zug an LENZ.
Seine intuitive Gestaltungskraft bewahrt ihn dabei vor der tendenziösen
Schwarzweißzeichnung; sein im Gegenteil vitalbuntes **Gemälde der
menschlichen Gesellschaft**[90] enthält vielmehr auch im Hinblick auf die
Ständedarstellung und deren sozialpolitischen Konsequenzen mehrere historisch bezeichnende Ansichtsweisen: Partienweise geradezu aufrührerisch, zeigt es sich anderwärts in rührender Gutgläubigkeit den Status quo
bewahrend.

Die soziale Verhaltensbegründung nimmt LENZ etwa in folgenden Mo-
menten seines *SOLDATEN*-Stückes vor:

– Zwiespältigkeit von Weseners Verhalten gegenüber Desportes: devote
  Dienstbeflissenheit gegenüber dem lukrativen Geschäftspartner einerseits
  (I,3/7,37 f.; I,3/8,3–6; I,3/9,28 ff.; I,3/10,14 ff.); wachsame Vorsicht
  (I,3/8,36–40; I,3/9,1–11) und verachtende Abgrenzung gegen die Angehö-
  rigen des Adels andererseits (Ende I,3/10,25–32);
– Weseners fatale Spekulation auf einen sozialen Aufstieg, eine Aristokratisie-
  rung der Tochter: **Kannst noch einmal gnädige Frau werden, närrisches
  Kind** (I,6/16,37 f.);
– Maries Märchenglauben, bei einem Edelmann ihr **Glück besser machen** zu
  können (Ende I,6/17,12; vgl. auch V,3/53,25–31);
– Desportes' selbstsichere Ausnutzung seiner Attraktivität, die in Wahrheit in

seiner Standeszugehörigkeit beschlossen liegt: **Sie sind für keinen Bürger gemacht** (II,3/25,8);

– Desportes' Verstoßung seiner bürgerlichen Geliebten, die in seiner Standesraison und in der Besinnung auf seine militärische Karriere begründet ist (IV,4/46,35–38; V,3/52,25 f.; III,10/41,42–42,9);

– Das gesamte erotomane und verantwortungslose Verhalten der Offiziere, das von Lenz als Folge des sozialen Umstandes der Ehelosigkeit hingestellt wird.

Dabei ist LENZENS Sensibilität für die Auswirkungen der Standeslage durch eigene Lebenserfahrungen aus den Jahren 1771 bis 1775 geschärft. Als akademischer Laufbursche der beiden älteren Barone Kleist lebt LENZ im Milieu von Offizieren und gerät in eine verwickelte Beziehungskonstellation zwischen einer Bürgertochter, adligen Courmachern und ihm selbst als einem heimlichen bürgerlichen Verehrer (in seiner Prosadichtung DAS TAGEBUCH schildert Lenz selbst diese Beziehung nuancenreich und weitgehend autobiografisch; in DICHTUNG UND WAHRHEIT stellt GOETHE sie mit süffisanter Herablassung dar[91]). Mit den Baronen verkehrt LENZ im Haus des angesehenen Straßburger Goldschmieds J. P. Fibich und seiner Tochter Susanne Cleophe. Auf Drängen des Vaters gibt der ältere Baron der Juwelierstochter ein notarielles Heiratsversprechen, eine förmliche ›Promesse de Mariage‹, bevor er – wie sich später herausstellt – ohne Wiederkehr in die Heimat verreist. LENZ fällt in diesem Zusammenhang die unselige Rolle zu, der Bürgertochter als ein Anstandswalter des abwesenden Bräutigams die Zeit zu verkürzen und sie vor Nachstellungen und Versuchungen – speziell auch durch den inzwischen eingetroffenen jüngsten Kleist-Bruder – zu bewahren, während gleichzeitig die somit gewährte Nähe und Vertrautheit sowie eine gewisse erotische Spielfreude Cleophes unbestimmte amouröse Hoffnungen in ihm selbst heranzüchten. LENZ steht im Rollenkonflikt zwischen der Aufpasserfunktion und seiner eigenen Begehrlichkeit, und er erlebt die standesbedingte Ohnmacht, als Beziehungskandidat gegenüber dem abwesenden adligen Bräutigam und dessen jüngstem Bruder (der Cleophe ebenfalls Avancen macht) von vornherein keinerlei Chance zu haben. Diese tief kränkende Erfahrung der kategorialen Inferiorität eines bürgerlichen Liebhabers ist den SOLDATEN in der Stolziusfigur deutlich eingeprägt, während Cleophe zum Urbild jener unschuldig-durchtriebenen und kokett-treuherzigen Beziehungsjongleurinnen wird, die Lenz nicht nur in Marie Wesener, sondern auch in die Prosawerke DAS TAGEBUCH, MORALISCHE BEKEHRUNG EINES POETEN und ZERBIN einschreibt.

Wenn LENZ auch die Sozialattraktivität sowie die sozialen Zwänge und Zugkräfte scharfsichtig erfasst, lässt er doch bei der Zeichnung der gesellschaftlichen Klassen Zwischentöne gelten; im Adel wie im Bürgertum mischen sich Licht- und Schattenseiten:

Positive Seiten	Negative Seiten
Bürgertum	
Wesener: närrische (Ende I,3/10,35 ff.) und am Ende verzeihende Tochterliebe (Ende V,4/55,24–29); Beherztheit und Bürgertugend (Ende I,3/10,21–32)	Wesener: korrumpierbar durch soziale Aufstiegshoffnungen (I,6/16,37–40); berechnend-kaufmännisches Verschachern seiner Tochter (I,6/16,23–32; I,6/17,1 ff.; III,3/32,30–33,3)
Marie: lebendig, liebenswert, reizend, offenherzig	Marie: treulos gegen Stolzius, illusionsbefangen, oberflächlich, leichtfertig, verführbar
Stolzius: liebend, treu, stolz, zielstrebig, rächend	Stolzius: schwächlich gegen die Mutter; kämpft nicht innerhalb der Beziehung um Marie; fixiert sich auf ein falsches Idealbild der Geliebten (III,2/28,33–29,7); greift zum Mittel des Mordes
Adel	
Obrist Graf von Spannheim: besonnen, gütig, ausgleichend, fair (I,4/13,26–32); verantwortungsbewusst, hilfsbereit, verbesserungswillig (V,5/55,35–57,5)	Obrist Graf von Spannheim: zunächst auch vorurteilsvoll (I,4/12,20–24)
Gräfin de la Roche: empfindsam, anteilnehmend, gütig, edelmütig, einsichtig (Anfang III,8/37, 16–39,9; III,10/40,8–43,3; IV,10/50,37 f.; V,5/55,33 f.; V,5/56,30–37)	Gräfin de la Roche: Engagement etwas zwielichtig, weil sie ihren Sohn vor dem kompromittierenden Umgang mit Marie bewahren will (III,8; 38,24–39,4; III,10/42,18 ff.)
	Desportes: heuchlerische Galanterie, maskenhafte Courtoisie (Anfang I,3/7,4–31); Standeshochmut (II,3/24,30–25,14); Verlogenheit, Intriganz (III,7/ 36,27–37,11); Gemeinheit, Zynik (V,3/52,18 ff.; V,3/53,11 f.; V,3/53,38–41); Heimtücke, Brutalität, Menschenverachtung (V,3/52,28–53,6)
	Haudy: vorurteilsvoll, zynisch (I,4/12,25 ff.); heuchlerisch, grausam (II,1/17,20– 18,5; II,2/19,22–20,2; II,2/21,39–22,9); unflätig, grob, gewalttätig (II,2/23,1–9)

Die Aufmerksamkeit der Interpreten für die gesellschaftlichen Implikationen von LENZENS Dramen läuft in der Regel auf die Gretchenfrage hinaus, die insbesondere die Germanistik der 60er- und 70er-Jahre – gewissermaßen in der Nachfolge von BRECHT (vgl. Kap. 1.8) – an LENZ interessiert hat: Erscheinen die SOLDATEN und der HOFMEISTER klassenkämpferisch, verbirgt sich in LENZ ein Sozialrevolutionär?

Die Frage scheint im Hinblick auf die SOLDATEN legitimer als in Bezug auf den HOFMEISTER; sie soll aber mit gleicher Gültigkeit für das Privatlehrerdrama beantwortet werden.

Die von Stolzius ausgestoßene, vielleicht schärfste soziale Anklage im Stück – **und müssen denn die zittern, die Unrecht leiden, und die allein glücklich sein, die Unrecht tun!** (IV,11; 51,12 ff.) – wirkt in der Tat aufrührerisch, schreit nach einer Veränderung der Verhältnisse. Die Gegenwehr des Stolzius besteht jedoch in keiner irgendwie politisch gearteten Aktion, sondern allein in privater Rache (immerhin – gegenüber der ausschließlichen Selbstzerstörung des Bürgers in Lessings EMILIA GALOTTI in einer Wendung gegen den adligen Aggressor). Indem Stolzius sich selbst mit entleibt, zeigt er, dass er sein persönliches Racheziel erfüllt hat und nicht an weitergehende soziale Umstülpungen denkt. Seine Tat ist der Eifersuchtsmord des sozial Unterlegenen, nicht der Tyrannenmord als politisches Fanal wie etwa in Schillers WILHELM TELL.

Der Bürger Wesener hingegen beschwört in seiner tiefsten Leidsituation die höhere Macht und ist weit entfernt davon, sich kraft seines oder seiner Klasse Selbstbewusstsein politisch zu empören: **Mein Handel hat auch nun schon zwei Jahr' gelegen – wer weiß, was Desportes mit ihr tut, was er mit uns allen tut – denn bei ihm ist sie doch gewiß. Man muß Gott vertrauen –** (V,1; 51 u.). Was Wesener hier bekundet, sind die Derivate einer christlichen Demut und kein sozialer Kampfesmut.

Die klarsichtigste politische Analyse der Problemlage leistet in den SOLDATEN nicht ein Vertreter des Bürgertums, sondern des Adels (wie im HOFMEISTER in der Gestalt des Geheimrats von Berg auch): die Gräfin La Roche. Sie sieht Maries Unglück darin begründet, dass diese in ihrer Eitelkeit die Standesunterschiede und sozialen Zwänge einer Militärkarriere unterschätzt habe (vgl. die ausführliche Darstellung der gräflichen Meinungen in Kap. 2.3, S. 93 f.). Es ist in den Augen der Gräfin zwar **kein Laster**, dessen sich Marie schuldig macht, aber sehr wohl ein **Fehler** der unzulänglichen Welterkenntnis (III,10; 40 u.): dass sie vermeinte, die festgegründeten Granitpfeiler der Ständeordnung der Gesellschaft mit ihrem attraktiven Charme beiseite schieben zu können. Der konservativen Überzeugung der Gräfin zufolge beruht der Versuch einer heiratenden Grenzüberschreitung der Stände auf einer kardinalen Fehleinschätzung der Realität; an der gesellschaftlichen (gottgewollten?) Ordnung sei nur bei Strafe des eigenen Untergangs zu rütteln.

Es besteht kein Zweifel, dass der Autor selbst durch dieses weibliche Sprachrohr spricht. Zwar fällt ein gewisses Zwielicht auf die Gräfin, indem sie durch ihre menschliche Intervention auch ihren Sohn aus der kompromittierenden Beziehung zu Marie lösen will und weil sie Marie später aufgrund eines falschen Verdachtes wieder verstößt, doch stellt allein die namentliche Nennung der zeitgenössischen Schriftstellerin SOPHIE LA ROCHE (1731–1807), mit der LENZ einen innigen Briefwechsel führte, eine Reverenz vor der mütterlichen Brieffreundin und damit eine Beglaubigung ihrer stückinternen Gedanken dar.[92] Ihren humanen und aufgeklärten Geist darf sie im Stück ja auch gleich anfänglich gegenüber ihrem Sohn dokumentieren, der sich grob und herablassend gegen die Bedienten äußert und von seiner Mutter deswegen zurechtgewiesen wird (vgl. III,8; 37 f.). Und es scheint, als sei der gesamte Verlauf der Dramenhandlung ja geradezu als Illustrierung und Bestätigung der gräflichen Diagnose entworfen, an den Ernst der Gunstbezeigungen eines Adelsoffiziers zu glauben, hieße, an eine Umkehr der Welt zu glauben.

Die letzten Zweifel daran, dass LENZ über **den Unterscheid [...], der unter den verschiedenen Ständen herrscht** (III,10; 40 u.), ebenso denkt wie Gräfin La Roche, räumt ein Blick auf seine anderen Werke und Äußerungen aus, vor allem auf die Erzählung DER LANDPREDIGER (vgl. die Auszüge in Mat. 9). Die Standesunterschiede stehen augenscheinlich für ihn nicht grundsätzlich zur Debatte, sondern nur der erträgliche und förderliche Umgang der Stände miteinander: Er plädiert dafür, sowohl den hohlen Adelsdünkel als auch Neid und Missgunst des Bürgers zugunsten eines beidseitig respektvollen Umgangs zu überwinden und den Adel mit dem edlen Bürger in einer aufgeklärten Geistesegalität zu vereinigen. Die Figur des Landpredigers verkörpert für ihn die alternative Möglichkeit für das Bürgertum, statt sich vom Adel unterdrücken zu lassen, diesen durch ein gelehrtes, gemeinnütziges und tadelloses Verhalten zu beschämen und gewissermaßen in den Schatten zu stellen. Der Bürger wird zum Vorbild für den Aristokraten: Auch diesen mit der Klassengesellschaft aussöhnenden Gedanken flicht die Gräfin (in der frauenspezifischen Variante) in das SOLDATEN-Drama ein:

> Armes Kind! wie glücklich hätten Sie einen rechtschaffenen Bürger machen können, wenn Sie diese fürtreffliche Gesichtszüge, dieses einnehmende bezaubernde Wesen, mit einem demütigen menschenfreundlichen Geist beseelt hätten, wie wären Sie von allen Ihresgleichen angebetet, von allen Vornehmen nachgeahmt und bewundert worden. (III,10; 41 M.)

LENZ hat also die Humanisierung einer den Adel privilegierenden Gesellschaft durch die Anerkennung eines persönlichen und geistigen Adels und durch die Behebung einzelner Defekte (wie etwa den der Privaterziehung oder der Ehelosigkeit von Offizieren) im Auge, nicht aber den Umsturz dieser noch unvollkommenen Gesellschaft. Dabei reißen den Autor einzelne Reformideen, wie in diesem Drama das Institut für Staatskonkubinen, dazu hin, trotz allen realistischen Scharfblicks für die egoistische, materialistische und animalische Struktur des Menschen von idealistischen Gesellschaftszuständen zu schwärmen. Kein Gedanke daran, dass die durch eine erotisch befriedigte Soldateska dann hergestellte innere Sicherheit noch durch etwa notwendige Klassenkämpfe erneut erschüttert werden müsste:

> Die Beschützer des Staates würden sodann auch sein Glück sein, die äußere Sicherheit desselben, nicht die innere aufheben, und in der bisher durch uns zerrütteten Gesellschaft Fried' und Wohlfahrt aller und Freude sich untereinander küssen. (Ende V,5; 57 o.)

Die vom Stück gutgeheißenen Reaktionen auf die Problemlage der Bürgerfamilie sind daher die philanthropische Hilfe der Gräfin (vgl. III,10; 42 M.) und des Obristen sowie dessen Reformvorschlag der **Pflanzschule von Soldatenweibern** (vgl. V,5; 56 f.). Die Möglichkeit, das gesellschaftliche Gefüge grundsätzlich anzutasten, wird jedoch nur mit der erschrockenen Geste des Ungeheuerlichen erwähnt: **Das heißt, Sie wollten die Welt umkehren** (III,10; 42 o.).

Im Resultat erweist sich somit Lenzens Sittengemälde, das sowohl die **inhumane Kastenmoral adliger Offiziere** als auch die **bürgerliche Eitelkeit in gleicher Weise bloßstellt**[93], als sozial sensibel und sozialkritisch, doch nicht als sozialrevolutionär. Es ruft nach Reformen, hat jedoch von der Revolution noch nichts gehört. Die Umkehr der gesellschaftlichen Welt erscheint als Sakrileg und schlichtweg undenkbar. Lenz greift den isolierten Missstand der soldatischen Ehelosigkeit an, er meint nicht den Miss-Stand der Aristokratie selbst. Nur auf dieser Grundlage kann er als Sprachrohr seiner eigenen Empfindungen und Ideen zwei Vertreter des Adels – und nicht etwa des Bürgertums – erwählen: die Gräfin de la Roche und den Grafen von Spannheim (im HOFMEISTER ist es der Geheimrat von Berg). Licht und Schatten fallen auf beide dargestellten Stände; das Bürgertum wird nicht idealisiert, der Adel nicht schlechthin dämonisiert. Nur so weit geht die spöttische (Pirzel) oder polemische (Desportes, Haudy, Rammler) Überzeichnung der Figuren, dass sie den sozialen Gefahrenherd ganz deutlich werden lässt: **O Soldatenstand, furchtbare Ehlosigkeit, was für Karikaturen** – und Schurken – **machst du aus den Menschen!** (III,4; 33 M.)

3 Gemeinsame Gesichtspunkte

3.1 Sprache und Stil

3.1.1 *Allgemeine Stilmerkmale des Sturm und Drang in Lenzens Dramen*

LENZ war nicht nur Sozial-, sondern auch Sprachreformer. Damit steht er im Zusammenhang mit gewichtigen Vorläufern und Parteigängern wie den schweizerischen Sprachphilosophen Bodmer und Breitiger sowie mit Klopstock, Möser, Hamann und Herder, die zur Begründung einer regelsprengenden Geniesprache beitragen.

Im zweisprachigen und zu Frankreich gehörenden Straßburg wird im November 1775 auf LENZENS Bestreben hin die dortige ›Société de philosophie et de belles lettres‹ in eine ›Deutsche Gesellschaft‹ umgebildet. Ziel ist es, **zur Verbesserung der hiesigen deutschen Mundart sowohl als zur möglichsten Bereicherung unsers in Schriften gebräuchlichen Hochdeutsch**[94] beizutragen. LENZ ging es sowohl um eine Rekreation der einerseits französisch gezierten, andererseits aufklärerisch trockenen Büchersprache als auch um das politische Einigungsmittel einer allgemeinen deutschen Hoch- oder Schriftsprache.[95]

Das wesentliche Rekreationsmittel für eine kraftlose Bildungs- und auch Dichtungssprache liegt für ihn darin, dem Volk aufs Maul zu schauen:

> Wenn wir in die Häuser unserer sogenannten gemeinen Leute gingen, auf ihr Interesse, ihre Leidenschaften Acht gäben, und da lernten, wie sich die Natur bei gewissen erheischenden Anlässen ausdrückt, die weder in der Grammatik noch im Wörterbuch stehen: wie unendlich könnten wir unsere gebildete Sprache bereichern, unsere gesellschaftlichen Vergnügen vervielfältigen! Ich setze voraus, daß dies mit Geschmack, mit Gefühl des Anständigen, des jedem Verhältnisse Angemessenen geschähe […].

Den **geringen Ständen** seien die Gefühle und Ausdrücke der Natur abzuschauen und in einer veredelten Form **in unsere verdorbenen und ausgeschliffenen Gesellschaften** zu übertragen. Damit zusammenhängend sieht LENZ eine zweite wichtige Rekreationsquelle (in seinem Sprachgebrauch: **Fundgrube**) für die überfremdete und gekünstelte Sprache im Dialekt **mit all seinen Provinzialwörtern und oft hier allein noch erhaltenen uralten Wortfügungen und Redegebräuchen.**[96]

In diesen Bestrebungen weiß er sich eins mit dem geistesverwandten Freund Herder, der für den Erhalt der nationalen Spracheigentümlichkeiten und einen leidenschaftsmalenden, durch Umstellungen, Sprünge, Brüche und Verkürzungen aufgelockerten Satzbau eintritt.[97] Den Einfluss von

Grammatikern und Philosophen auf die Dichtungssprache hält Herder für fatal – **für das poetische Genie ist diese Sprache der Vernunft ein Fluch**[98] –, und auch Lenz tritt für eine Sprache der Natur, des Gefühls und der Leidenschaft ein: **Alle rauhe Sprachen sind reicher als die gebildeten, weil sie mehr aus dem Herzen als aus dem Verstand kommen.**[99]

Aus solchen Überzeugungen erwächst die kraftgenialische Diktion des Sturm und Drang, die deutlich vom Sprachstil der Aufklärung absticht, wie ihn etwa Gellert, Wieland und Lessing vorprägen. An die Stelle sorgfältig durchgebildeter Satzperioden, kultivierter Sprachraffinesse oder eleganter Rhetorik treten Versuche eines neuen Affektrealismus und einer vitalen Anschauungsdirektheit (wenn man so will: eines bewussten Barbarismus und Primitivismus). Seine Vorbilder sucht dieser Stil bei Shakespeare, Klopstock oder Rousseau sowie in der Volks- und Umgangssprache (im Sinne der nicht-literarischen, gesprochenen Sprache).

Bevor die stilistische Eigenart der jeweiligen Dramenfiguren in Lenzens Stücken untersucht wird, sollen die allgemeinen Merkmale des Sprachstils der Geniezeit vorangestellt und anhand weniger Hinweise auf das Vorkommen bei Lenz illustriert werden (H für *HOFMEISTER*; S für *SOLDATEN*):

Allgemeine Stilmerkmale des Sturm und Drang in Lenzens Dramen

Wendung vom Verstand zum Gefühl; von Grammatik, Logik, Periodenfügung zur unregelmäßigen Sprache des Affekts und der Leidenschaft	
Zertrümmerung und Abgerissenheit der Sätze; brüchige und ungewöhnlich gefügte, verkürzte, abgebrochene, verstummende Sätze als Ausdruck übermächtiger Gefühle (Anakoluth, Inversion, Ellipse, Aposiopese)	Meine Frau macht mir bittre Tage genug: sie will alleweil herrschen und weil sie mehr List und Verstand hat, als ich. (H 13 o.) – Deine Dochter – Der Hofmeister – Lauf! (H 44 M.)
Vielzahl affektbetonter Mittel wie Ausruf (Exclamatio) und rhetorische Frage (Interrogatio)	Die feinen Sitten hol' der Teufel! (H 23 u.) – Was will das Mädchen denn auch mit Ihm Monsieur Jungfernknecht? (H 48 o.)
Widerspiegelung des Gefühlscharakters in der Interpunktion durch auffällig viele Gedankenstriche, Ausrufungszeichen und Fragezeichen	Würdest du – O ich weiß nicht, was ich rede – Würdest du wohl – Ich Elender! (H 86 u.)
Gefühlsverstärkungen durch übersteigernde Adjektive oder Verben	Er soll rasend werden (H 44 M.) – ich kann drauf fluchen, dass ich das Mädchen nicht angerührt habe (H 65 o.)

Wendung von der ›toten‹ Büchersprache zur lebendigen, gesprochenen Sprache	
Verkürzungen und Zusammenziehungen am Wortbestand wie der Wegfall des unbetonten *e* (Elisionen) oder die Unterdrückung des Personalpronomens beim Verb	da red't' er uns an (S 14 u.) – Sklav ist er (H 20 u.) – Willstu's Maul halten? (S 9 o.) – Bist ein Philosoph? (H 94 M.)
Wegfall des Artikels	daß ich dich […] in Sack stecke (S 23 o.) – wirft sich in Teich (H 62 M.)
Ausfall des Suffix *ge* in Partizipien	dabei sind sie zu hohem Alter kommen (H 74 u.) – ich bin aus Halle fortgangen (H 78 M.)
ungelenke Ausdrucksweisen durch Konjugationen mit *tun* und *haben*	drum sag' ich immer, wenn doch der Herr von Berg zu uns einlogieren täte (H 29 M.)
Gebrauch un- bzw. fehlflektierter Adjektive	ein Buch weiß Papier (S 7 o.) – ein gut fidel Weib (H 29 M.)
umgangssprachliche Füllwörter wie *alleweil, allesfort, allwege* usw. und floskelhafte Einschiebesätze	sie will alleweil herrschen (H 13 o.) – einen geistlichen Herrn hätt' ich allewege gern (H 86 u.) – Sie will allesfort klüger sein, als der Papa (S 5 u.) – Ei was denn! (H 89 u.)
Interjektionen der Freude oder lautmalende Affektwörter	Heidideldum (H 81 u.) – kusch ist sie wie die Wand (H 29 u.) – nicht so puff paff, wie die Soldaten (H 86 u.)
Flüche, Schimpfwörter und Kraftausdrücke (Vulgarismen, Grobianismus)	Sackerment und all das Wetter! (H 63 o.) – Potz Mordio! (H 28 M.) – gassenläuferischer Taugenichts (H 11 M.) – der Hundsfutt (H 79 o.)
umgangssprachliche Ausdrücke	ein ganz artiges Männichen (H 5 u.) – Schnuppen (H 26 M.) – es ist eben ausgetrummelt worden (H 31 u.) – Jungfer Hamster bekam einen Schubb (H 33 o.)
Anschauungsstärke durch Alltagsredewendungen, volkstümliche Bildlichkeit (Redensarten, Sprichwörter, Volkslieder) und Bibelanspielungen	Ein Mädele jung ein Würfel ist,/Wohl auf den Tisch gelegen (S 26 u.) – Er wird es doch nicht machen wie Lots Weib und sich wieder nach Sodom umsehen, nachdem Er einmal das friedfertige stille Zoar erreicht hat? (H 74 M.)
lebendige Natürlichkeit durch mundartliches, berufs- oder gruppenspezifisches Reden	dass du mir keinen Rock auf Pump machen willst (Studentensprache; H 31 o.) – Gute Nacht, Pappuschka (Livländisch; S 17 o.) – Gad, was ein gewaltiger Camplat ist das unter meinem

Wendung von der ›toten‹ Büchersprache zur lebendigen, gesprochenen Sprache	
	eignen Hause (Jiddisch; S 27 o.) – **Solang ich meine Schildwachen bezahle, kann mir niemand was anhaben** (Soldatensprache; S 34 u.)
kerniges Sprechen durch weiter gepflegte historische Ausdrücke (Archaismen) oder markige stehende Wendungen und (oben erwähnte) Derbheiten und Kraftausdrücke	**Mag's!** er ist ein Pedant (H 5 o.) – **Toback** (H 53 M.) – so **dreust du scheinst** (H 65 o.) – **Wer weiß, was noch einmal geschicht!** (H 90 o.)

3.1.2 Personalstile im »Hofmeister«

LENZENS eigentliches stilistisches Talent ist die sprachliche Mimikry; er haucht seinen Figuren durch eine je charakteristische Sprache pulsierendes Leben ein. Deshalb hat es – zumindest in den Dramen – wenig Sinn, von *Lenzens* Sprachstil zu sprechen; vielmehr sind die nach Ständen und Individualitäten abgestuften personalen Sprachstile innerhalb seiner Dramen zu untersuchen.[100]

Geheimrat von Berg verfügt über ein weit gespanntes Sprachrepertoire, das seinen Bildungsstand und seine aufklärerische Denkungsweise, aber auch seine unverblümte Direktheit und seine Vaterstrenge zum Ausdruck bringt.

Geheimrat von Berg:	Bildung	
gewählte Fremdwörter	**das leibhafte Kontrefei** (6 M.) – **galonierter Müßiggänger** (7) – **Sekunda** (17 o.)	
kultivierter Umgangston	**Ich habe Sie nicht beleidigen wollen, und wenn's wider meinen Willen geschehen ist, so bitt' ich Sie tausendmal um Verzeihung** (22 u.)	
ausgedehnter Satzbau	vgl. etwa die Perioden 23 M. oder 24 M.	
	Sprachgestus der Aufklärung	
Schlüsselvokabeln der Aufklärung (Vernunft, Tor, Glückseligkeit, allgemeines Bestes, schändlich, unmündig usw.)	**Pfui, ich glaub' einen vernünftigern Sohn zu haben** (16 M.) – **er ist ein Tor, und hat alle sein Missvergnügen sich selber zu danken** (19 o.)	
sentenzenhafte oder pädagogisch fragende Belehrungen	**unsere Kinder sollen und müssen das nicht werden, was wir waren: die Zeiten ändern sich, Sitten, Umstände, alles** (6 M.)	

Volkstümliche Drastik	
bildliche Wendungen und derbe Kraft-ausdrücke	Du siehst immer nur der graden Linie nach, die deine Frau dir mit Kreide über den Schnabel zieht (6 u.) – Punsch trinken, wenn er p-ss-n möchte (20 o.)

Der Bruder des Geheimrats, Major von Berg, verkörpert eine andere Ab-schattierung der Adelssprache; in ihm steckt eher der Landjunker als der städtische Aufklärer. In ihm verbindet sich eine grobe Soldatensprache mit anrührenden Tönen der Vaterliebe; er offenbart ein ungezügeltes, aber auch schwermütiges und menschenfreundliches Temperament.

Major von Berg:	Halbgebildete und cholerische Züge
falsche Deklinationen (während er vom Sohn das eifrige Lateinstudium fordert)	Wie steht's, kann er seinen Cornelio (10 u.)
unzählige Flüche	Potz hundert (6 M.) – zum Plunder (10 u.) – Tausend Sackerment (10 u.) – zerschlag' mich der Donner! (37 u.) – Hol' mich der Kuckuck (57 o.) – ja hol' mich der Teufel (57 o.) – Sackerment und all das Wetter! (63 o.)
aggressive Redewendungen, die vom Schlagen, Peitschen, Zerbrechen u. Ä. handeln	und wenn die Canaille nicht behalten will, Herr Läuffer, so schlagen Sie ihm das Buch an den Kopf, dass er's Aufste-hen vergisst (10 M.) – Du sollst mir an-ders werden, oder ich will dich peit-schen, dass dir die Eingeweide krachen sollen (10 M.)
affektbedingte, holperige Sprache, keine besonnene Übersicht über den Satzbau: Satzbrüche (Anakoluthe), Satzabbrüche (Aposiopesen), man-gelnde Kohärenz beieinander stehender Sätze (Textkonfusion)	Merk' Er sich das – und wer meiner Tochter zu nahe kommt oder ihr worin zu Leid lebt – die erste beste Kugel durch den Kopf (13 u.)
schwärmerisch-schwermütige Züge	
scheinbar paradoxe Vereinigung von Kose- und Schimpfworten, in der die cholerische wie die zärtliche Seite der Persönlichkeit zum Ausdruck kommen	O du mein einzig teurester Schatz! Dass ich dich wieder in meinen Armen tragen kann, gottlose Kanaille! (64 o.).
zärtliche Titulierungen	Mein allerliebstes Großsöhnchen! meine allerliebste närrische Puppe (93 M.) – mein lieber Sohn; (96 o.)

schwärmerisch-schwermütige Züge	
ruhiger und gesitteter Tonfall (am Ende)	Kommen Sie, Herr Pätus. Sie haben mir das Leben wiedergegeben. Das war der einzige Wurm, der mir noch dran nagte. Ich muss Sie meinem Bruder präsentieren, und Ihre alte blinde Großmutter will ich in Gold einfassen lassen. (92 f.)

In der Ehefrau des Landjunkers, der prätentiösen Majorin von Berg, und ihrem affektierten Hausfreund Graf Wermuth begegnen andere Facetten aristokratischen Redens; sie sind Vertreter einer **degenerierten, nur noch den Oberflächenschein der Vornehmheit wahrenden Adelsgesellschaft.**[101]

Majorin von Berg:	Jargon französisierender Vornehmheit
französisches Parlieren	**Vous parlez françois, sans doute?** (8 M.)
Unzahl französischer Vokabeln	**ein Kompliment aus der Menuet, einen Pas, einer unsrer Assembleen** (8 o.), **enrhumiert** (8 M.), **ein Piquet** (36 o.)
blasierte Arroganz	
Schlagworte der Etikette	**Geschmack, ob ein Mensch sich zu führen wisse** (7 M.) – **noch der galanteste Mensch auf der ganzen Akademie** (9 u.)
aristokratisches Herrschaftsgebaren: Wechsel des höflichen ›Sie‹ in ein herrisches ›Er‹	**Merk' Er sich, mein Freund! dass Domestiken in Gesellschaften von Standespersonen nicht mitreden. Geh' Er auf Sein Zimmer** (9 o.).
Graf Wermuth:	gezierter, hohler Gesellschaftston
neben den frankophilen Wendungen künstlicher Enthusiasmus in barocker Rhetorik (Hyperbel, Neologismus, Parallelismus)	**Er tanzt – on ne peut par mieux.** […] **dieser hat eine Leichtigkeit in seinen Füßen, so etwas Freies, Göttlichnachlässiges in seiner Stellung, in seinen Armen, in seinen Wendungen – –** (9 o.).
Renomeegehabe und Prahllügen (wie auch Majorin Ausgaben für den Hofmeister übertreibt, vgl. 9 u.)	über seine Tanzlehrerausgaben (vgl. 10 o.) oder seinen Auster- und Champagnerkonsum (vgl. 35 u.)

Betrachtet man die Sprache Läuffers, so fällt zunächst auf, dass er im Stück nicht viel zu sagen hat – insbesondere, wenn man bedenkt, dass er dessen Titelgestalt ist. Allein sein geringes Sprechvolumen bezeichnet bereits seine inferiore gesellschaftliche Stellung und seine unterwürfige Persönlichkeit.

Einzig in seinem Eingangsmonolog meldet er sich umfänglicher zu Wort, auch dies korrespondierend mit seinem hier noch verspürbaren Anflug von Selbstbewusstsein. Im Übrigen aber spielen sich die anderen vor ihm auf, herrschen ihn an oder ergehen sich in ihren selbstvergessenen Monologen (Gustchen); Läuffer aber schluckt diese Reden ein und verschafft sich selbst kaum einmal Gehör. Stilistisch gewinnt Läuffer deshalb kein eigenes Profil; zuvörderst ist er darauf bedacht, sich seinem Gegenüber anzugleichen.

Neben seiner zurückhaltend-anschmiegsamen und anpassungsbereiten Grundhaltung sind vor allem Ausruf und Gestammel für Läuffers Sprechweise charakteristisch: An diesen Indizien lässt sich ablesen, wie sehr der Hofmeister durch seine Affekte hin- und hergeschüttelt, getrieben und durcheinander gebracht wird.

Läuffer:	(nicht nur) stilistische Anpassung an das Gegenüber
Zurückspiegelung des affektierten Stils der Majorin durch übertriebene Gefühls-Schaustellungen und höflich-schmeichelnde Vergleiche	Euer Gnaden setzen mich außer mich: wo wär' ein Virtuos auf der Welt, der auf seinem Instrument Euer Gnaden Stimme zu erreichen hoffen dürfte. […] O… o… verzeihen Sie dem Entzücken, dem Enthusiasmus, der mich hinreißt. (Küsst ihr die Hand.) (8 M.)
Zurückspiegelung des frankophilen Stils	Avez-Vous déjà fait Votre tour de France?, fragt die Majorin, und Läuffer stammelt: Non Madame … Oui Madame (8 M.)
Zurückspiegelung eines philosophisch-theologischen Sprachgebrauchs gegenüber Wenzeslaus (gelehrte Eingangsfloskeln, Gebrauch des Konjunktivs)	Der Gedanke gefiel mir vorzüglich, dass zwischen unserer Seele und ihrer Wiedergeburt und zwischen dem Flachs- und Hanfbau eine große Ähnlichkeit herrsche […] (und in diesem Ton weiter: 83 o.)
Rolle als Befehlsempfänger und erduldender Zuhörer	
antwortende oder allenfalls stichwortgebende Kurzsätze	Und was für Lohn haben Sie dafür? (52 u.) – Ich bin satt überhörig (53 o.)
Überwältigung durch Gefühle und Skrupel	
Ausrufe und Gestammel	Grausame! (26 o.) – Würdest du – O ich weiß nicht, was ich rede – Würdest du wohl – Ich Elender! (86 u.) – Ach! – Seht diese Wangen, ihr Engel! (85 u.)
Verwirrung	Bleibt – Ich weiß nicht, ob ich recht getan – Ich habe mich kastriert … (73 u.)

Der kauzige Schulmeister Wenzeslaus ist die sprachbunteste Figur des Dramas. Wenn er sich auch viel auf seine Askese zugute hält, so ist er doch im Reden ausschweifend. Da Wenzeslaus solch ein Redner vor dem Herrn und zudem ein Fanatiker des Rechthabens ist, sind ihm seine Berufe des Schulmeisters und Laienpredigers auf den Mund zugeschnitten. In seinen Tonfall mischt sich der Ausdruck von Bildungsgelehrsamkeit und Bibelbeschlagenheit, aber auch von kauziger Pedanterie und volkstümlicher Drastik, und in ihm erklingen alle Register einer emotionalisierenden Rhetorik von der wahrheitsbeanspruchenden Sentenz und einer pathetischen Metaphorik über die einschüchternde rhetorische Frage bis hin zur beschwörenden oder beschimpfenden Ausrufsgeste. Alles in allem ist Wenzeslaus eine sehr eigentümliche und sowohl moralisch als auch sprachlich schillernde Gestalt, die dem Drama Juckepunkt und Reiz verleiht.

Wenzeslaus:	Redelust und Schein-Dialogizität
ausschweifender Redefluss (umfangreichstes Redequantum im Stück); Innehaltungsformeln als Indiz	Wo waren wir? (46 o.) – Ja wo war ich? (74 u.) – Wovon redt' ich doch? (84 M.)
meckerndes Lachen im redenden Selbstgenuss	hehehe (46 o., 52 o., 61 o.)
fortlaufende direkte Anrede und Titulierung (übrigens als Spiegelbild der jeweiligen Einstellung zum Angesprochenen)	Herr Kollega (74 M.) – mein Freund (83 o.) – falscher Prophet (87 M.) – Verführer (87 M.) – Ihr Bösewicht (88 M.)
Drakonischer Erziehungsimpetus	
unmittelbare Belehrungen und unumwundene Befehlssätze (offene Standpauken)	wissen Sie auch, Herr Mandel, dass ein Glas Wasser der Gesundheit ebenso schädlich auf eine heftige Gemütsbewegung als auf eine heftige Leibesbewegen; aber freilich, was fragt ihr jungen Herren Hofmeister nach der Gesundheit (46 u.)
rhetorische Fragen, die mahnen, beschämen und einschüchtern (subtilere Lenkungsrede)	Habt Ihr denn noch nicht einmal so viel gelernt, großer Mensch, dass Ihr für Euren eignen Körper Sorge tragen könnt (54 o.) – Er wird eine so edle Tat doch nicht mit törichter Reue verdunkeln und mit sündlichen Tränen besudeln? (74 o.) – Ist das kein Verbrechen? Was nennt Ihr jungen Herrn heutzutage Verbrechen? (88 o.).

Ausrufe (Exclamatio), die den Angesprochenen bestürzen, verwirren, bedrängen, beleidigen (Gipfel der emotionalen Steuerungsdramaturgie)	falscher Prophet! Reißender Wolf in Schafskleidern! (87 M.).
Gelehrsamkeit	
lateinische Zitate (und griechische: 54 u., 82 u.)	in fine videbitur cuius toni (61 o.) – Etiam oscula, non solum virginitatem, etiam oscula (88 M.) – siehe auch 46 M., 61 o., 75 o., 83 u., 87 o., 88 o., 89 M.
Bibelfestigkeit	
biblische und kirchengeschichtliche Anspielungen	zweiter Origenes! Lass dich umarmen, teures, auserwähltes Rüstzeug! (73 u.; vgl. Matth. 19,12 zur Verschneidung und Apg. 9,15 zum Ausdruck des Rüstzeugs) – Er wird es doch nicht machen wie Lots Weib und sich wieder nach Sodom umsehen, nachdem Er einmal das friedfertige stille Zoar erreicht hat? (74 M. – vgl. 1. Mose 19,24 ff.) So kriecht denn zusammen; meinetwegen; weil doch Heiraten besser ist als Brunst leiden (89 u.; vgl. 1. Kor. 7,9) – siehe auch unzählige andere Beispiele 54 M., 59 M., 60 u., 74 u., 84 M., 85 M., 87 M., 88 M., 89 M.
Volkstümliche Drastik	
lutherischer Tonfall (altertümliche Ausdrücke, wuchtige Metaphorik und zum antirebellischer Zorn)	Reutet mir den Aberglauben aus; ja wahrhaftig der rechte Glaub wird mit draufgehn, und ein nacktes Feld dableiben. […] Nehmt dem Pöbel seinen Aberglauben, er wird freigeistern, wie ihr und Euch vor den Kopf schlagen. Nehmt dem Bauer seinen Teufel, und er wird ein Teufel gegen seine Herrschaft werden […]. (84 o.)
kauziger Mutterwitz	Das wird einen schönen Schulmeister abgeben, will's Gott, wenn ihm aufs Alter die Worte ungeboren zum Munde herausfallen und er zwischen Nase und Oberlippen da was herausschnarcht, das kein Hund oder Hahn versteht. (54 u.)

Der stilistische Reichtum des *HOFMEISTER*-Dramas wird im Übrigen durch die volkstümlich-derbe Redeweise der Wirtin Blitzer und die Sprache der Studenten abgerundet. Neben den eigentümlich studentensprachlichen Ausdrücken – wie etwa gut **besponnen sein** (27,17), **zu Gevattern** stehen (28,4), **auf Pump** (31,2 f.), **Teekessel** (64,26), schwänzen (73,2) oder kalmäusern (81,23) – strotzt dieser Gruppenjargon vor Flüchen und Verbalaggressionen (**potz Mordio!**, 28,14; **dem schlüg ich das Leder voll**, 30,18) und offenbart die Sprachlust am obszönen und fäkalischen Tabubruch (kein Wunder, dass Götzens legendäre Spezialempfehlung gleich zweimal im Drama vorkommt, vgl. 79,5 und 81,26). In der aufbrausenden akademischen Jugend findet die Ausdrucksweise des Sturm und Drang, wenn man sie denn als Pathos oder Marotte des Kraftgenialischen pauschalisiert, ihren eigentlichen Nährboden.

3.1.3 Personalstile in den »Soldaten«

Im *SOLDATEN*-Drama treffen die bürgerliche und die Welt der adligen Offiziere aufeinander. Wiederum ist die individuelle Stilfärbung, die Lenz in lebendiger Wandlungsvielfalt vorführt, zugleich Anzeichen der sozialen Position oder Prätention wie auch Abdruck des persönlichen Charakters.

Die Bürgerwelt wird zunächst vom Galanteriewarenhändler Wesener und seiner Familie repräsentiert. Der wohlgeborenen und -betuchten Kundschaft weiß sich Geschäftsmann Wesener durch einen ergebenen Schmeichelton anzudienen, der allerdings seine Grenzen findet, wenn die Kernstücke der bürgerlichen Identität berührt werden: die Virginität der Tochter als höchstes Gut (Heiratskapital) und die kommerzielle Potenz in Form des geschäftlichen Rufes. Dann fällt die förmlich-gefällige Maske, und eine klare Entschiedenheit gegen den poussierenden Baron oder eine fluchende Direktheit gegen die umhertratschende Jungfer Zipfersaat treten zutage. In seiner familiären Sphäre erweist sich Wesener als zwar aufbrausender, aber auch gefühlvoller und anteilnehmender Vater.

Wesener:	höflicher Komplimentierstil
Formeln der Ergebenheit und Dienstbeflissenheit	**Ei, sieh doch! gehorsamer Diener, Herr Baron, wie kommt's denn, daß wir wieder einmal die Ehre haben** (I,3; 7 u.)
französische Versatzstücke (als soziale Mimikry an den aristokratischen Kundenkreis)	**ennuyiert** (I,3; 8 o.) – **Tant pis!** (I,3; 9 o.) – **pardonnieren** (I,3; 9 o.) – **Präsente** (I,3; 10 o.)
Weglassung des Personalpronomens und damit einhergehender, geschraubt klingender Infinitiv (als gehoben und militärisch bzw. geschäftlich-ungeschwätzig wirkende Ausdrucksweise)	**werden verzeihen** (I,3; 8 o.) – **wie es befehlen** (I,3; 9 u.)

Bestimmtheit bürgerlicher Selbstbehauptung	
knappe verneinende Bestimmtheit, sobald ein Kernstück der bürgerlichen Identität berührt wird: der moralische Ruf der Tochter	Nein – Nein, durchaus nicht, Herr Baron! Nehmen Sie mir's nicht ungnädig, davon kein Wort mehr. (I,3; 8 u.) – Kurz und gut, ich erlaube es nicht, Herr Baron. (I,3; 9 o.)
impulsive und gefühlsbetonte Sprechweisen	
Schimpfen und Fluchen	Was tausend Hagelwetter – Potz Mord noch einmal (I,6; 15 u.)
dialektale Einsprengsel und affektische Interjektionen	nit; wips (Ende I,3; 10 u.)
volkstümlich-kräftige Bilder seiner beleidigten Enttäuschung	Einer ist so gut wie der andere, lehr du mich die jungen Milizen nit kennen. Da laufen sie in alle Aubergen und Kaffeehäuser, und erzählen sich, und eh' man sich's versieht, wips ist ein armes Mädel in der Leute Mäuler (Ende I,3; 10 u.)
neckende und herzende Kosenamen (Affenliebe zur Tochter Marie)	dummes Keuchel (I,3; 10 M.) – närrisches Kind (I,6; 16 u.) – Meerkatze (I,6; 17 o.)
Mitleidsäußerungen auch mit anderen leidenden Kreaturen	Mich deucht, sie seufzte so tief. Das Herz wird mir so schwer (V,4; 55 o.)
spracherstickte, aber in der zärtlich-wütenden Geste sich aussprechende Verzeihung über alle Verfehlungen hinweg	*Beide wälzen sich halbtot auf der Erde.* (V,4; 55 u.)

Marie ist ihrem **Pappuschka** (I,6; 17 o.) ebenso zärtlich verfallen wie dieser ihr, und sie macht sich auch dessen stilistische Maximen zu eigen (etwa die Tilgung der persönlichen Fürwörter): **letzthin sagte der Papa auch, es wäre nicht höflich, wenn man immer wir schriebe, und ich und so dergleichen** (I,1; 5 u.). Der Umgang mit einem aristokratischen Verehrer, den man vielleicht zu einem Heiratsversprechen verleiten kann, ist recht eigentlich nach ihrem Geschmack, und im Rückenwind von Desportes' galanten Einflüsterungen beginnt sie umgehend, sich als vornehme Dame aufzuführen. Aber im Grunde (und das ist LENZENS komische Taktik) erweist sich Maries sprachlicher Höhergriff schon von den ersten Worten an als Wunschgehabe. Sprachliche Schnitzer wie das abrupte Umschlagen verschiedener Stilebenen spiegeln Maries Widerspruch zwischen bürgerlicher Wirklichkeit und adliger Sehnsucht. Sie findet keinen einheitlichen Stil, weil sie keine seelisch-soziale Einheit findet. Indem Marie **sich in Sprachschichten verstiegen hat, die ihr eigentlich nicht zukommen**, gibt sie gerade darin ihre naive Großmannssucht zu erkennen[102] Marie möchte über ihren Stand hinauskommen und stürzt dabei unter ihren Stand herab: O das quält – nun ein Bettelmensch – (V,2; 52 o.).

Marie:	gekünstelte Noblesse
gestelzte Sprechweise durch Weglassen der Personalpronomen, altertümliche Anredeformen (Ihro, Dero) und elegant klingende französische Vokabeln	Wir wissen nicht, womit die Gütigkeit nur verdient haben, womit uns überschüttet, wünschte nur imstand zu sein […] Ihro alle die Politessen und Höflichkeit wiederzuerstatten. Weil aber es noch nicht in unsern Kräften steht, als bitten um fernere Continuation (I,1; 5 M.)
Vornehmtun durch französisierende Höflichkeitsformeln	Ich bin keine Connoisseuse von den Sachen […] Sie sehen uns hier noch ganz in Rumor; meine Mutter wird gleich fertig sein (III,6; 36 o.)
rechtschreibliche und grammatikalische Fehler sowie dialektale Einschläge erweisen sprachlichen Höhergriff als Wunschgehabe, offenbaren den Widerspruch zwischen noblem Anspruch und orthografischer Wirklichkeit	*Madame* schreibt sie schön falsch als *Matamme*: wie schreibt man Madam, M a ma, t a m m tamm, m e me (I,1; 5 o.) – falsche Konjugation: auf der Wagschaale legen (III,3; 31 u.)
kokette Politesse	
O-Ausrufe, die ein beschämtes Geschmeicheltsein suggerieren, und kokette Selbsterniedrigungen, die weitere Komplimente anreizen sollen	O nichts, nichts, gnädiger Herr – O verzeihen Sie mir, ich schreibe gar nicht schön – O Herr Baron, hören Sie auf, ich weiß doch, daß das alles nur Komplimenten sein (I,3; 7 o.)
Faszination durch galante Redeweisen bis in die mutwillige Karikatur hinein (halbbewusst bringt Marie mit dieser Parodie aristokratischen Buhlverhaltens dessen spielerisch-unernsten Charakter selbst zum Ausdruck)	Jungfer Zipfersaat, hier hab ich die Ehre, dir einen Baron zu präsentieren, der sterblich verliebt in dich ist. Hier, Herr Baron, ist die Jungfer, von der wir so viel gesprochen haben, und in die Sie sich neulich in der Komödie so sterblich verschameriert haben. […] Jetzt können Sie Ihre Liebesdeklaration machen. (II,3; 26 o.)
Herausfallen aus der aristokratischen Traumrolle	als Baronin in spe sich zierend und herablassend gegen die profane Jungfer Zipfersaat: *mit nachlässigem Ton:* Guten Morgen, Jungfer Zipfersaat. Warum hat Sie sich nicht gesetzt? (III,3; 29 u.); schlagartig ernüchtert, als diese ihr das Eskapieren des adligen Courmachers klar macht: Was red'st du da? (III,3; 30 o.)

Die bürgerliche Welt wird im Drama außer von den Weseners auch von *Stolzius und seiner Mutter* repräsentiert. Im Privatleben scheint Stolzius noch unter der mütterlichen Fuchtel zu stehen, denn diese drangsaliert ihn zumeist mit Imperativen und schimpfenden Vorwürfen: **Willst du denn nicht schlafen gehen, du gottloser Mensch! […] Was grämst du dich, was wimmerst du um eine solche – Soldatenhure. […] Solch ein Luder – gleich zu Bett mir dir, ich befehl es dir** (Anfang III,2; 28 M.). Gegen die ihn foppenden Offiziere weiß sich Stolzius – wie sein Name bereits signalisiert – jedoch artig zu betragen und würdig zu behaupten. Durch sein persönliches Liebesschicksal bringt er einen weiteren Sprechton in das Drama, sozusagen den alttestamentarischen Tonfall des Auge um Auge, Zahn um Zahn.[103]

Stolzius:	gepflegter Sprachstil
höfliche Reserviertheit, aber auch mit der nötigen Bestimmtheit	Meine Herren, Sie werden mir vergeben, dass ich so dreist bin, auf Ihr Kaffeehaus zu kommen, es ist auf Befehl des Herrn Major geschehen (II,2; 20 u.) – Meine Herren, ich habe die Ehre mich Ihnen zu empfehlen (II,2; 22 u.)
beharrlicher Ton der Vergeltung (Rächerpathos)	
wiederholende oder chiastische Formeln, in denen die eigentlich unbändige Wut noch ihre rhetorische Bändigung und zugleich Verstärkung erfährt	O du sollst mir's bezahlen, du sollst mir's bezahlen. *(Kalt.)* Ein Tag ist wie der andere, was nicht heut kommt, kommt morgen, und was langsam kommt, kommt gut (III,2; 29 o.)
Anklage an die Weltordnung (Pathos, syntaktischer Parallelismus, Interrogatio)	Und müssen denn die zittern, die Unrecht leiden, und die allein fröhlich sein, sie Unrecht tun! (IV,11; 51 M.)
vollzogene Selbstjustiz, die sprachlich zu emotionalisierenden Mitteln der Antonomasie, der Interrogatio und der Exclamatio greift (und überdies wieder mit einer konstruktiven Formung, dem Chiasmus, anhebt). Archaisches Gesetz von Vergehen und Vergeltung durch den sprachlich zurückgreifenden Archaismus (**du bist gerochen**) noch hervorgekehrt.	Desportes. Ich bin vergiftet. Stolzius. Ja, Verräter, das bist du – und ich bin Stolzius, dessen Braut du zur Hure machtest. […] Wenn Ihr nicht leben könnt, ohne Frauenzimmer unglücklich zu machen, warum wendet Ihr Euch an die, die Euch nicht widerstehen können, die Euch aufs erste Wort glauben. – Du bist gerochen, meine Marie! (Ende V,3; 54 M.)

In der Sprechsphäre des militärischen Adels vermengen sich Komponenten einer rauen Kastensprache mit aristokratischem Modefranzösisch und Einschlägen des zeitgenössischen philosophischen Duktus.

Der Militärjargon der Offiziere kennt kunstvolle Abstufungen. Sie reichen von der hyperbolischen Roheit eines Haudy oder Rammler bis zu Desportes' schmieriger Komplimentiersprache, aber auch bis zu den vergleichsweise gemäßigten Tönen Marys, während der versponnene Philosoph Pirzel seine Denkkapriolen im parodierten Ton metaphysischer Spekulation schlägt. Dazu kommt der besonnene, zuletzt unversehens in utopisches Pathos führende Sprachgestus des Obristen Graf von Spannheim, aber auch der kernige Predigerton, den Eisenhardt bei seinen Diskussionen mit den Offizieren aufklingen läßt.[104]

Sind die Offiziere unter sich, so pflegen sie – wie die Studenten im HOF-MEISTER – einen grobianischen Jargon, der viele Eigentümlichkeiten der drastisch-vitalen Geniesprache aufweist. Bemerkenswerterweise jedoch sind es keine zur Identifikation einladenden Originalgenies, sondern eher fragwürdige Originale, denen LENZ seine literaturgeschichtliche Wahlsprache in den Mund legt (was einmal mehr seinen frühen Abstand von der illusionären Genieallüre beweist). In seinen amourösen Feldzügen befleißigt sich Desportes eines galanten Schmeicheltons, lässt seine Sprachmaske aber später fallen, als er seine **göttliche Mademoiselle** als **schön Sauleder** und **Knochen** tituliert und seinem Jäger zur gefälligen Notzucht hinwirft. Der sprachlich bewanderte und in aufgeklärten Überzeugungen wie im gesunden Menschenverstand verwurzelte Feldprediger Eisenhardt vertritt neben dem Grafen Spannheim im Stück den respektablen Teil des Offizierskorps, während im Hauptmann und selbsternannten Feldphilosophen Pirzel die aufgeklärte Argumentationsweise Purzelbäume schlägt.

Offiziere	
grobianischer Gruppenjargon und adlige Kinderstube (Haudy, Rammler usw.)	
gewalttätiges Wortgerassel	ich werde dir das Genick umdrehen (II,2; 23 o.) – Und ich brech dir Arm und Bein entzwei, und werf sie zum Fenster hinaus (II,2; 23 o.)
weniger aggressive, doch auch dynamisch-drastische Wendungen des Berstens und Zerspringens	Ich dachte, ich sollte aufbersten für Lachen (II,2; 23 f.) – Ist das aber nicht zum Zerspringen mit dem Original? (IV,9; 49 u.)
schimpfende, fluchende und verwünschende Ausbrüche	der verfluchte Schwarzrock (I,4; 14 o.) – wenn einer von euch sich darein mengt, so ist alles verschissen (II,2; 19 u.) – Mit euch verfluchten Arschgesichtern (II,2; 23 o.)

modefranzösischer Einschlag wie zuweilen sogar Relikte einer lateinisch-gelehrten Ausbildung	Semester, Prison (I,3; 7 u.) – die erste Piece (I,3; 9 M.) – [die] honetten Mädchen, Honettehommes (I,4; 13 M.) – avertieren (II,2; 24 o.)
Charmeurstil und zynische Rohheit (Desportes)	
routinierte Komplimente (Hyperbel)	meine göttliche Mademoiselle (I,3; 7 o.) – Ich schwöre Ihnen, daß ich noch in meinem Leben nichts Vollkommeners gesehen habe, als Sie sind (I,3; 7 M.)
grobe Niedertracht (Verunglimpfungen, Beschimpfungen)	Hure von Anfang an, schön Sauleder, Knochen (V,3; 52 M., 53 o., 53 u.)
aufgeklärtes Reden und rhetorische Eloquenz (Feldprediger Eisenhardt)	
höchste Sprachkultur, wohlgeformteste Sätze im Drama (ausgezeichnet durch souveräne rhetorische Kunstfertigkeit: scheinbare Eingeständnisse gehen in subtilen Angriff über; Hörer wird durch artifizielles Jonglieren mit konjunktivischen Aussagemodi verwirrt und an die Wand gespielt) sowie aufklärerischer Impetus (Zentralkategorien **Vorurteil**, **Laster**, **Nutzen**; pädagogischer Einsatz der rhetorischen Frage)	Wenn ich mit Vorurteilen für mein Amt eingenommen wäre, Herr Major, so würde ich böse werden. So aber wollen wir alles das beiseite setzen, weil ich weder Sie noch viele von den Herren für fähig halte, den eigentlichen Nutzen unsers Amts in Ihrem ganzen Leben beurteilen zu können, und wollen nur bei der Komödie bleiben, und den erstaunenden Nutzen betrachten, den sie für die Herren vom Corps haben soll. Ich bitte Sie, beantworten Sie mir eine einzige Frage, was lernen die Herren dort? (I,4; 12 o.)
Karikatur der philosophischen Denk- und Redeweise (Pirzel)	
pedantischer Philosophenjargon – desavouiert durch die enervierten und foppenden Zwischenrufe der Offiziere; Steckenbleiben und Verheddern im selbst geschaffenen Gedankenlabyrinth	Es ist ein vollkommenstes Wesen. Dieses vollkommenste Wesen kann ich entweder beleidigen, oder nicht beleidigen. […] Kann ich es beleidigen […], so würde es aufhören, das Vollkommenste zu sein. […] Kann ich es nicht beleidigen – (II,2; 18 u.)
karikierendes Verfahren der charakteristischen und entwicklungslosen Formel, auf die eine Person gewissermaßen fixiert wird	das macht, weil die Leute nicht denken (II,2; 19 M., vgl. auch II,2; 18 M., III,4; 33 u.)

Eine besondere stilistische (und weltanschauliche) Klangfarbe bringt die Gräfin La Roche ins Drama: die gefühlsbetonte Kultur des anteilnehmenden Zuhörens, den Gestus des Mitleidens und Weinens über das Unglück in der Welt.

Regieanweisungen, die auf zärtliche und inbrünstige Gesten verweisen; Vokabular, das auf die Höhen und Tiefen der Gefühlsskala abzielt(ich liebe Sie, ich wollte mein Blut hergeben, will sterben ...); grammatische Steigerungsformen für die Intensität der Gefühle (beste Freundin, aufrichtigster Anteil, bestes Kind, heißester Dank, bestes liebenswürdiges Geschöpf...).	Sehen Sie mich als Ihre beste Freundin an, *(sie küssend)* [...] Ich liebe Sie, mein Engel! (III,10; 40 M.) – Armes betrogenes durch die Eitelkeit gemißhandeltes Kind! *(Drückt sie an ihre Brust.)* Ich wollte mein Blut hergeben, daß das nicht geschehen wäre. (III,10; 41 u.) – ich will sterben, wenn ich dich nicht herausziehe. (III,10; 42 M.)

Insgesamt weisen beide Dramen einen faszinierenden Reichtum von Sprachvarietäten und Stilfärbungen auf, der zunächst als Prägung durch Stand und Beruf, sodann als Abdruck der Persönlichkeit in ihrem Charakter und ihren Ambitionen und schließlich als Anzeichen der jeweiligen Situation und des hervorbrechenden Affekts gedeutet werden kann. In LENZENS Dramen sind historische Welt, soziales Leben und eigentümliche Existenz seiner Zeitgenossen zu nuancenreichen Sprachfacetten geronnen. Diese Fülle von Sprachtönen ist nicht Produkt eines ästhetischen Stilisierungswillens, sondern im Wesentlichen eines Abhorchens natürlicher Sprache. LENZ verkörpert in der Literaturgeschichte **einen staunenswerten Fortschritt in der sprachlichen Annäherung an die soziale Wirklichkeit der Zeit.**[105]

3.1.4 ›Scheckern‹ und ›Krächzen‹: Sprachpantomimische Kompositionsweise

Der Mensch, sofern er nicht im Sinne einer rationalistischen Aufklärung auf sein helles Bewusstsein und seine entwickelte Sprache verflacht wird, offenbart in seinem Sprechen und während seines Sprechens mehr über sein tiefreichendes und wirrfühlendes Seelenleben als der Wortlaut wiederzugeben scheint. LENZ greift mit der wesentlich von ihm entwickelten Form des *sozialpsychologischen* offenen Dramas nach dieser gewissermaßen körperlichen Totalität menschlicher Bedeutungshaftigkeit, indem er die neben- und nicht-sprachlichen Aussageweisen wie Tonfall, Blickkontakt, Mimik, Gestik, Körperausdruck usw. in seinen dramatischen Stil aufnimmt. Damit ist er, linguistisch ausgedrückt, ein Pionier der parasprachlichen und nonverbalen Kommunikation auf dem Theater.

Höllerer versucht diese Bestrebungen mit den Begriffen der **Sprachpantomime,** der **mimischen Sprache** oder der **gestischen Sprachbewegung** zu fassen.[106] In ihnen drückt sich ein lebendiger und vielschichtiger Kommunikationsrealismus aus, der von hölzernen Deklamationen oder Manifestationen ebenso weggeführt wie von pathetisch-tönernen Sprachfüßen und **aus der Unfruchtbarkeit des Abschilderns, des Darlegens, des Programms** und des Pamphlets befreit.[107] Dies gilt um so mehr, wenn man die im vorigen Kapitel erläuterte Indizhaftigkeit des Sprachstils und seiner verräterischen Wandlungen hinzunimmt.

Im Folgenden soll dem Assoziationsreichtum einiger dieser sprachpantomimisch und atmosphärisch dichten Szenen nachgespürt werden. Es sind dramatische Augenblicke von seelischer Vielsagenheit oder ahnungsvoller Hintergründigkeit, vielschichtig und suggestiv, oftmals von symbolischem oder vorausdeutendem Charakter. Lenz steigert darin die Nuancierungsfähigkeit körpergebundener Sprache und schafft mit diesen Kristallisationen aus Sprache, Geste, Raum und Zeit frühe Kleinode einer lebensatmenden dramatischen Komposition.

Gestisches Sprechen im »Hofmeister«

Szene I,3 (Läuffers Einstellungsgespräch, 7 ff.)

Stichworte zum Dramentext	Bedeutungsgehalt
in sehr demütiger Stellung	Läuffers Anpassungsbereitschaft, Unterwürfigkeit
dem Haus keine Schande machen; weiß, dass Sie Geschmack haben	Herrschaftsgebaren der Majorin mit Peitsche und Zuckerbrot
funfzehn Tanzmeister gehabt	übertriebene Anbiederung
furchtsames und buschscheues Vortanzen	Worte Lügen gestraft, Unsicherheit kommt zutage
Euer Gnaden setzen mich außer mich, wo wär' ein Virtuos auf der Welt, der auf seinem Instrument Euer Gnaden Stimme zu erreichen hoffen dürfte	übertriebenes und lächerliches Kompliment, Selbstkarikatur der Adelsnacheiferung
O verzeihen Sie dem Entzücken; küsst die Hand	gespielte Hingebung, übertriebenes Hofieren
Tour de France? – Non Madame … Oui Madame	Läuffer verheddert sich in seinem hündischen Bestreben zu gefallen
beim Eintritt des Grafen Wermuth verlegen stehend	Durchscheinen der Unsicherheit
Pintinello auf dem Theater ausgepfiffen	für einen verhängnisvollen Moment vergisst Läuffer seine Devotionalstrategie
Domestiken reden nicht mit, geh er	prompte scharfe Zurechtweisung; schonungsloses Beharren auf den Standesvorrechten
tritt einige Schritte zurück, dann mit steifen Komplimenten ab	muss das Scheitern seiner Einschmeichelung und seine Degradierung demütig hinnehmen

Die Szene zeigt Läuffers vergebliche Strategie, durch Nachäffen und Ein-
kratzen beim Adel sein berufliches Glück zu machen. Eine Selbstvergessen-
heit wirft ihn auf den Boden der zementierten Ständegesellschaft; mit stillen Gesten der Geschlagenheit muss Läuffer das Terrain einer erträumten
Reüssierung verlassen.

Szene II,5 (Gustchen und Läuffer, 33 f.)

Stichworte zum Dramentext	Bedeutungsgehalt
Gustchen auf, Läuffer am Bett	ungezwungene, intime Vertrautheit
Grausamer; schwach, krank, barbari- sche Mutter	Gustchen in der koketten Pose der Ver- nachlässigten
Mit dem verfluchten Adelsstolz!	unzensiertes Gefühl
Herrmannchen; nimmt Läuffers Hand, küsst sie; **o Tod, warum erbarmst du dich nicht**	behandelt Läuffer zunächst tröstend- herablassend, fällt dann pathetisch in die tragische Pose
Läuffer nachsinnend, Gustchen fort- während seine Hand küssend	Auseinandertreiben der Gefühlswelten; Läuffer in beruflichen Sorgen, Gust- chen in phantasierten Liebesromanen
O unmenschlicher Romeo, deine Julie stirbt für dich, nimmt Läuffers Hand vor Augen – dieser sieht auf: **Was schwärmst du wieder?**	Völliges Aneinander-Vorbeifühlen: Gustchen benutzt Läuffer als Projek- tionsfläche und Ersatzmann; Läuffer ist über ihr weltfernes Gefühlsschwelgen befremdet
Nachsinnen und Handküssen wieder- holt sich	keine Verständigung, kein klärendes Näherkommen
Läuffer küsst Hand lange wieder, sieht sie stumm an: **könnte mir gehen wie Abälard**	ernste Beziehungssorgen; Vorausdeu- tung des kommenden Schicksals
Gustchen richtet sich auf; **Niemand wird dich mutmaßen;** fällt wieder hin	Moment ernsthafter Verständigung, Zurückfallen in ihre eigene schwärme- risch-larmoyante Welt
Viertelstunde zu lang – Läuffer läuft fort	Realität der Heimlichkeits- und Angst- situation; Läuffers Schwächeposition

Die Signale des Körpers wie des Körperabstandes sowie der emotionale
Tonfall des Gesagten offenbaren hier, dass zwischen Lehrer und Schülerin
bereits eine nicht mehr verfängliche Bettnähe herrscht, dass aber dieses ›Lie-
bes‹paar in einer zutiefst entfremdeten Beziehung lebt. Der Lehrer ist von
Berufssorgen gedrückt und hat vielleicht diese Beziehung nur als Ventil seines Devotionaldruckes benutzt, während Gustchen in pathetische Dramen-

posen verliebt ist und ihr vor den Seelenaugen ihr Cousin, ihr Hofmeister und Shakespeares Romeo zu *einer* eingebildeten Liebe verschwimmen.

Szene III,2 (Läuffer flüchtet zu Wenzeslaus, 45–48)

Stichworte zum Dramentext	Bedeutungsgehalt
Wenzeslaus mit Brill' auf der Nase und linierend	Klischee des pedantischen Schulmeisters
Schutz! Schutz! – Erzähl er mir, derweil ich diese Vorschrift hier schreibe	Läuffer in Todesangst, doch Wenzeslaus lässt sich nicht aus seinem Arbeitstakt bringen
legt Brille ab und Lineal weg, beschaut Läuffer: nun ja, Hofmeister, sieht **so rot und weiß drein** – Brille wieder auf: Gradschreiben das Wichtigste	Schulmeister lässt sich kaum aus der Ruhe bringen, bespöttelt den flüchtenden Hofmeister, verfällt in seine geliebten Standpauken
was hat ein Hofmeister zu tun, man isst, man trinkt, man schläft – legt Brille ab, steht auf: Glas Wasser auf hitzige Gemütsbewegung höchst schädlich	statt Einfühlung und Beruhigung weiteres Dozieren und weitere Abkanzelungen, d. h. Bespöttelungen und mahnende Ratschläge
Adlige dringen ein, Läuffer springt in Kammer, Wenzeslaus beharrt auf dem begrüßenden Hutziehen, stellt sich vor die Fluchtkammer	Läuffer wieder in Angst und Schrecken und in der Schwächeposition des Flüchtenden; Dorflehrer trotzt mit kauziger Courage dem Überfall der Standespersonen
Straßenräuber! führt Adlige an der Hand vor die Tür	Gipfel des selbstbewussten Zivilmutes
Läuffer springt hervor: **Beneidenswerter Mann!**	erkennt das Gegenbild seiner eigenen Unterwürfigkeit
Wenzeslaus in obiger Attitüde seine Gesundheitstiraden fortsetzend	schaudervolle Unbeirrtheit des Wenzeslaus: lässt auch auf völlig fehlendes Einfühlungsvermögen durchblicken
was soll das Mädchen mit dem haus- und herdlosen Monsieur Jungfernknecht?	weiteres Traktieren mit Vorwürfen

Wenzeslaus wird gleich anfangs in seiner schwer zu beurteilenden Widersprüchlichkeit von gefasster und beherzter Zivilcourage und einer pedantischen Eigenbrötelei und besserwisserischen Unempfindlichkeit gegen andere vorgeführt. Läuffer erkennt instinktiv das Gegenbild zu seiner sich anpassenden und verbiegenden Natur, müsste allerdings auch bereits eine ungute Ahnung von den drakonischen Lenkungsmaßnahmen bekommen, die seiner nun im Hause des Dorfschullehrers warten.

Ende der Szene I,6 (Marie allein am nächtlichen Fenster, 17 o.)

Stichworte zum Dramentext	Bedeutungsgehalt
tiefer Seufzer	gemischte Gefühle: freudige Erwartung (der anhebenden Beziehung) und schwermütige Anwandlung (ungewisser Ausgang)
schnürt sich auf, schlägt Hände auf die offene Brust	Mischung Unschuld – Erotik: naiv liebende ›Natur‹ gelöst aus dem Korsett der Konventionen (der vorherbestimmten Verbindung zu Stolzius) – natürliche Bereitschaft, ihren Körper zu verschenken.
Schwüle eines kommenden Gewitters	über der Situation schwebendes Unheil
tritt ans Fenster; (später:) zieht die Gardine vor	öffnet ihr Herz; nach der Öffnung das Zurücktreten in die dunkle, unergründliche Seele
trifft mich's, so trifft mich's, ich sterb nicht anders als gerne	ahnt instinktiv das Unheil, reagiert aber schicksalsergeben und leichtsinnig, wie von einem rätselhaften Selbstzerstörungstrieb beseelt
löscht Licht aus	Vorausdeutung: löscht mit der getroffenen Entscheidung gegen Stolzius und für Desportes ihre geordnete Existenz aus

Maries Schicksal auf schmalem Grat: Glückserwartung und Unheilsahnung, naive Sorglosigkeit und fatalistische Opferbereitschaft sind ineinander verschränkt. Maries gesamte Existenz erscheint hier sinnbildhaft verdichtet und vorausdeutend verkündet.

Ende der Szene II,3 (Marie und Desportes, 25 f.)

Stichworte zum Dramentext	Bedeutungsgehalt
Schäkern, Kitzeln, Herumtollen	Sich-Einlassen auf scheinbar unverfängliche körperliche Berührung: Signale des Einverständnisses und der Vertrautheit; Unbeschwertheit und Ausgelassenheit; Kindlichkeit und Koketterie
Verspottung der angeblichen Verliebtheit Desportes' in Jungfer Zipfersaat	komödiantischer Übermut; Identifikation mit der Rolle einer adligen Hofdame; halbbewusstes Wissen um die Masken- und Klischeehaftigkeit von Desportes' Liebeswerben

Stichworte zum Dramentext	Bedeutungsgehalt
Geschrei und Gejauchze – alte kriechende, krächzende Großmutter	unheilvolle Doppelbödigkeit: Heiterkeit – Düsternis; Leichtfertigkeit – Schwerfälligkeit; Jugend – Alter; Liebe – Tod
Lied der Großmutter	vermittelter, gebrochener Kommentar zu Maries Schicksal
Ein Mädele jung ein Würfel ist	Marie als Spielball eines blinden Fatums
Abzählen der Maschen	Mechanik des Schicksals: die Tage werden gezählt … (vgl. die den Lebensfaden zuteilenden mythologischen Moiren)
Mann genommen, Äuglein lachen – Kreuz wird kommen, tausend Tränelein	Vorausdeutung: Liebesglück wird in Leid und Sorge umschlagen

Der Ausklang der Szene setzt eine unheilvolle, todnahe Situation in Gestik und Sprache um. Der Anhauch von Giftigem und Tödlichem schlägt aus der widersprüchlichen Komposition des Gelächters der Verliebten mit dem Gekrächz der alten, durchs Zimmer kriechenden Frau und dem Volkslied entgegen, so, als berührten sich der Anfang und das Ende des menschlichen Daseins in ihrer Zufälligkeit und Unerbittlichkeit.[108]

Szene V,4 (Wiederbegegnung Marie – Vater Wesener, 54 f.)

Stichworte zum Dramentext	Bedeutungsgehalt
Marie verhüllt, zupft, halb unvernehmliche Stimme	Scham, Zaghaftigkeit, halb ausgelöschte Existenz
lüderliche Seele	Beschimpfung, Verstoßung; Abreagieren aller verdrängten Gefühle (Vorwürfe) auch der Tochter gegenüber
Marie geht fort, ohne zu antworten	Enttäuschung, Akzeptieren des Vorwurfs, Schuldeinsicht
Wesener läuft nach, reicht zitternd Geld	Reue, Mitleid; Übertragen der Tochterliebe in allgemeine Menschenliebe; starke innerliche Bewegtheit
Marie weint, halbe Ohnmacht	Verzweiflung, Reumut, Scham, Rührung
Wesener wischt Augen, außer sich, fragt nach Maries Vater	mitgerissen von Leid, Anteilnahme, Erinnerung
schweigt still	Betroffenheit, Schutz des Vaters
hilft auf	innigere Zuwendung

Stichworte zum Dramentext	Bedeutungsgehalt
Marie fällt ihm um den Hals	Wiedererkennen, Überwältigung, besinnungsloses Glück
Wesener schreit laut	Wiedererkennen, Überwältigung
Beide wälzen sich halbtot auf der Erde, werden fortgetragen	kreatürliche Liebe ohne Besinnung, Rücksicht, Vorwurf

Eine Szene, die nahe geht. Ein rhythmischer Wechsel von Annäherung und Abweisung; eine Eskalation der hochgespannten, reumütigen und verzweifelten Gefühle, die sich auflöst in einer kreatürlichen Versöhnungs- und Vereinigungsszene. Kindesliebe und erotische Liebe, Glück und Tod sind zur Untrennbarkeit zusammengeschmolzen.

Maries Schicksal bleibt zwar in der Schwebe (ihre bürgerliche Ehre ist unwiederbringlich verloren); mehr aber als in LENZENS Reformprogramm ist hier die menschliche Utopie greifbar: im fast übermenschlichen Verzeihen des durch seine Tochter ruinierten Weseners, im **uneingeschränkten Sich-Akzeptieren nach dem vollkommenen Scheitern, in der tiefsten existentiellen Not und Verzweiflung.**[109]

3.2 ›Die so erschröckliche jämmerlichberühmte Bulle von den drei Einheiten‹: Offene Dramenform

Das erträumte Genie, das alle Sperrmarken umstößt, alle Übereinkünfte zerreißt und der Welt ein jäh Neues vor die Füße wirft: LENZ hat es in seinen Dramen nicht verkörpert – wohl aber *durch* seine Dramen. Denn GOETHE und LENZ zerreißen **die so erschröckliche jämmerlichberühmte Bulle von den drei Einheiten**[110] und begründen mit dem *GÖTZ VON BERLICHINGEN* (1773) sowie dem *HOFMEISTER* (1774) und den *SOLDATEN* (1776) die Sprach- und Formrevolution des Sturm und Drang auf dem Gebiete des Dramas. Der Genius Shakespeares wird gegen den regelkonformen Geist des klassizistischen französischen Theaters und seiner gottschedischen Nacheiferer in Deutschland ins Feld geführt; die neuen Stücke zeigen rasch wechselnde Szenen und Orte, eine vitale Lebensfülle und eine markigvolkstümliche Sprache. Gegenüber GOETHES zeitentrücktem Ritterdrama zeichnen sich LENZENS Stücke durch einen unmittelbaren Gegenwartsbezug, durch ein vielschichtig aufgezeichnetes Sozialgefüge und eine auf Stand und Charakter abgestimmte Sprache aus.

Seine Stücke bezeichnen also eine bedeutsame literaturgeschichtliche Umbruchstelle, die der Autor selbst in seinen *ANMERKUNGEN ÜBERS THEATER* theoretisch rechtfertigt und die Klotz mit seiner Unterscheidung von geschlossener und offener Dramenform typologisch verallgemeinert hat.

Geschlossene und offene Dramenform (nach Klotz)[111]

Geschlossene Form des Dramas	Offene Form des Dramas
1. Allgemeine Stilzüge Ausschnitt als Ganzes; Geschlossenheit, Begrenztheit, innere Verweisung. Vorrang der Idee vor dem Stoff, geistige Totalität. Geschlossenes Weltbild der Hierarchie, Ordnung, Gesetzlichkeit.	1. Allgemeine Stilzüge Das Ganze in Ausschnitten; Offenheit, Unbegrenztheit, Verweisung über sich hinaus. Vorrang des Stoffes vor der Idee; empirische Totalität. Offenes, disparates, brüchiges Weltbild.
2. Aufbau Geschlossene, straffe, eng verkettete, geordnete Komposition. Aufbau von oben nach unten: Akt wichtiger als Szene. Fünf Akte, symmetrisch gefügt, der dritte Akt als Mittelachse.	2. Aufbau Offene, lockere Komposition; reigen-, stationen-, mosaik- oder kaleidoskopartiger Charakter. Aufbau von unten nach oben: Szene als dramatische Urzelle. Zusammenhalt durch zentrales Ich, metaphorische Verklammerung, komplementäre Stränge (Einzelner – Kollektiv) oder Integrationspunkt (Schlüsselpassage).
3. Handlung Einheit der Handlung: Einsträngigkeit; Seitenstränge dienen der Haupthandlung. Geschlossenheit der Handlung: in sich abgeschlossen und vollständig; keine wesentlichen Sprünge und Lücken.	3. Handlung Vielfalt der Handlung: Mehrsträngigkeit; relativ autonome Nebenhandlungen. Offenheit der Handlung: schlaglichtartig, bruchstückhaft und fortsetzbar; sprunghaft, mit vielen Aussparungen.
4. Raum Einheit des Ortes: kein dramatisch wirksamer Ortswechsel. Raum typisiert; nur Rahmen, kein Handlungsfaktor.	4. Raum Vielfalt des Ortes: Fülle verschiedenartiger, eigentümlicher Lebens- und Handlungsräume. Raum charakteristisch, Mitspieler; bezeichnet Menschentyp, Stand, Milieu, Atmosphäre, Sprache.
5. Zeit Einheit der Zeit: geringe Zeiterstreckung. Zeitverlauf wichtiger als Zeiteindruck: szenische Gegenwart überlagert von Vorwärts- und Rückwärtsbezügen.	5. Zeit Vielfalt der Zeit: weite, z. T. unbestimmte Zeiterstreckung. Intensiv erlebter dramatischer Augenblick wichtiger als Sukzession: sprachlich, gestisch, akustisch und optisch dichte Situationen.
6. Personen Einheit des Standes: Personal sozial einheitlich, mit gemeinsamem geistigen Bezugssystem.	6. Personen Vielfalt des Standes: Aufeinandertreffen verschiedener sozialer Schichten und Weltbilder.

Geschlossene Form des Dramas	Offene Form des Dramas
Ständeklausel: Tragödie höfische, Komödie bürgerliche Sphäre.	Keine Standesvorbehalte: jeder Stand tragikwürdig und komikanfällig.
Klare personelle Gegnerschaften.	Person im Kampf mit allgemeinen Welt-, Klassen-, Milieuverhältnissen.
Mündige, verantwortliche, reflektiert handelnde Persönlichkeiten.	Auch unreife, unfreie, unfertige, dumpf getriebene Menschen.
Antriebsmomente im Wesentlichen das Geistige und das geläuterte Seelische.	Ebenbürtige Antriebsmomente: das Kreatürliche, Körperliche, Triebhafte, das Unbewusste und das Soziale.
7. Sprache	7. Sprache
Einheit der Sprache: Vers, Dichtungssprache, hoher Stil.	Vielfalt der Sprache: Sprechweisen verschieden nach Stand, Charakter, Situation; Prosa, auch Alltagssprache, Stilmischung.
Sprache fast ausschließliches Ausdrucksmedium.	Neben der manchmal versagenden oder aussetzenden Sprache: Mimik, Gestik, Gebärde – der Körper spricht mit (Zunahme der Regieanweisungen).
Satzbau unterordnend; Satzfolge beständig, schlüssig, grammatisch stimmig; Sprache kunstvoll, zielgerichtet, logisch folgernd, dialogisch.	Satzbau nebenordnend; Satzfolge auch sprunghaft, stockend, brüchig, kreisend; Sprache auch unbeholfen, zerfahren, assoziativ, monologisch.

Im Folgenden sollen einige Hinweise die Merkmale der offenen – und die Relikte einer geschlossenen – Dramenform an beiden Stücken aufzeigen (Ziffern verweisen auf die Abschnitte der Tabelle).

Dramenform des »Hofmeister«
Zu 1, 2, 3: Stilzüge, Aufbau, Handlung (vgl. hierzu auch die rechte Spalte der Szenenübersicht in Kap. 1.2 sowie das Tafelbild in Stunde 15):
LENZ bekümmert sich wenig um eine Einheit der Handlung, d.h. um die klare Konturierung einer tragenden Haupthandlung, der gegenüber andere Handlungsmomente nur zutragende Funktion haben.
Offenkundig konkurrieren zwei Handlungen unentschieden um den Vorrang: die Läufferhandlung mit ihrer Lehrer- und Sexualitätsthematik und die Fritzhandlung mit ihren Themen des verstoßenden Vaters, der unverbrüchlichen Freundschaft und der ungetreuen Jugendliebe. Als Verknüpfung der beiden konkurrierenden Haupthandlungen dient die Gustchenhandlung, der allerdings die Vaterhandlung, also die Majorshandlung, sehr bald den Rang abläuft. Die Fritzhandlung verästelt sich wiederum in verhältnismäßig selbständige Momente einer Pätus- und einer Jungfer-Rehaar-Handlung (hier insbesondere: II,4; IV,6; V,4; V,5; V,7) sowie einer Vater-Pätus-Handlung (V,12), während die Läufferhandlung teilweise durch die erdrückende Präsenz des Wenzeslaus in den Hintergrund geschoben wird (allerdings verkörpert der

Schulmeister weniger einen aktionalen als einen reflektierenden Motivstrang im Drama).

Die eigentlichen Handlungsstränge werden begleitet und beleuchtet von den Erörterungssträngen in Form der Erziehungs- und Sexualitätsdebatte. Auch solche Züge unterbrechen die straffe Handlungskomposition eines geschlossenen Dramas, weil sie den Handlungsfluss aussetzen und, mehr noch, weil sie als Selbstreflexionen des Dramas gleichsam gänzlich aus dem Drama heraus in eine theoretische Metaebene eintreten. Moderne Phänomene eines epischen Theaters oder einer Durchdringung von Wissenschaft und Literatur kündigen sich an.

Die gezeigten Handlungsmomente werden zumeist nicht abgerundet und in kettenhafter Verknüpfung dargeboten, sondern als szenische Bruchstücke, die das Leserbewusstsein als Mosaiksteinchen auflesen und selbst vervollständigen muss. Diese Szenen haben manchmal scharfe Bruchkanten: Sie stürzen urplötzlich in die Handlung (I,4; I,6; II,1; IV,3, IV,5; V,8) und verlassen sie ebenso unvermittelt, mitunter mitten im Satz (I,3; I,5; V,6). Das Handlungsganze wird nicht ausgeführt, es wird nur durch Schlaglichter beleuchtet, aber durch diese Ausschnitte als Ganzheit imaginierbar. Zum Beispiel genügen ein Schlaglicht auf den Adelshaushalt und die einstellende Arbeitgeberin (I,3), ein erhellender Blick auf die Unterrichtssituation und die adlige Familienstruktur (I,4) sowie zwei kurze Einblicke in die durch Langeweile und Leidensdruck beförderte libidinöse Beziehung von Gustchen und Läuffer (II,2 und II,5), um die gesamte Hofmeisterproblematik zu umreißen. Wichtige Handlungsmomente wie die geschlechtliche Begegnung Läuffers und Gustchens, die Flucht der beiden aus dem Adelshause oder Läuffers Selbstkastration und auf der anderen Seite Fritz' Einweisung oder Flucht aus dem Gefängnis bleiben bei dieser Pars-pro-toto-Technik ganz ausgespart. Die Handlungskontinuität wird auch dadurch aufgebrochen, dass der Stückverlauf zwischen den einzelnen Handlungssträngen hin- und herspringt.

Allerdings macht das Stück durchaus Konzessionen an die Tradition des geschlossenen Dramas, denn die entscheidenden Handlungskomplexe sind durchaus – vor allem durch die komödienhaften Happy-End-Abschlüsse – in sich gerundet: Die Läufferhandlung hebt mit der Problematik der Arbeitslosigkeit an und schließt mit der Heirat Lises; die Fritz-Gustchen-Handlung beginnt mit ihrem jugendlichen Liebesbekenntnis und findet mit der verzeihenden Heirat ein sehr bestimmtes, kein offenes Ende.

Zu 4: Raum (vgl. hierzu die linke Spalte der Szenenübersicht in Kap. 1.2)

Der Wechsel der Handlungsstränge wird auch an den szenischen Ortswechseln ablesbar: Diese bewegen sich zwischen Insterburg, Heidelbrunn, Halle, Dorf bei Heidelbrunn, Leipzig und Königsberg, wobei die sozialen Sphären der adligen Stadtwohnung, des adligen Landgutes, der Bürgerwohnung (II,4), des Studentenzimmers, des Gefängnisses (II,7), der Dorfschule und der Bettlerhütte sowie die offenen Bereiche der Straße und verschiedener Waldgegenden berührt werden. Dabei macht Lenz sehr wohl deutlich, dass im Adelshause anders als auf der Studentenbude geredet wird (vgl. Kap. 3.1.2).

Zu 5: Zeit

Die Zeit erstreckt sich zunächst – bis zu Gustchens Rückkehr in die Familie – über etwa eineinhalb Jahre, denn im Drama wird erwähnt, dass sowohl Fritz ein Jahr in Halle studiert habe als auch Gustchen bei Marthe und Läuffer bei Wenzeslaus ein Jahr Unterschlupf gefunden haben. Allerdings kehrt Fritz offenbar erst nach drei Jahren zurück ins Vaterhaus, wodurch zwischen den Szenen V,5 und V,6 noch einmal ein Zeitsprung von zwei Jahren liegen müsste (sofern man nicht an eine Unachtsamkeit LENZENS glaubt). Diese weite und unbestimmte Zeiterstreckung verliert ihr Gewicht gegenüber der szenischen Präsenz turbulenter oder vielschichtiger Augenblicke, wie etwa der Momente einer rau-herzlichen Kabbelei zwischen Fritz und seiner Zimmerwirtin (II,3) oder einer stellvertretenden Liebe zwischen Läuffer und Gustchen (II,5; Analyse solcher dramatisch dichten Szenen in Kap. 3.1.4).

Zu 6: Personal

Die Dramatis personae stammen aus dem Adelsstand (Majorsfamilie, Familie des Geheimrats, von Seiffenblase) wie aus dem Bürgertum (Familie Läuffer, Wenzeslaus, Familie Pätus, Familie Rehaar, verschiedene Studenten und Jungfern) oder dem Bauernstand (Lise). Komische wie tragische Streiflichter gehen durch alle Stände. Es gibt keinen Kampf von Personen um bewusste Interessen; vielmehr unterliegen die Figuren gesellschaftlichen Sogkräften, die ihr Einzelbewusstsein übersteigen: Die Konflikte ergeben sich aus sozialen Verhältnissen (bedrückende Lage eines Hauslehrers) und daraus hervorgehenden Ersatzhandlungen (Liaison Läuffer-Gustchen) bzw. aus sozial-anthropologischen Wiederholungsvorgängen (Generationenkonflikt, Vaterzwist) oder aus religiöser Ideologie, die zur innerseelischen Gewalt ausartet (Selbstentmannung). Nicht nur das Bewusstsein, sondern auch das verdrängte Gefühls- und Triebleben regiert die Figuren und stiftet Unheil, ganz gleich, ob man ihm nachgibt oder es zu einschneidend bekämpft (Gustchens Untreue, Läuffers Verletzung der Schülerimmunität, Pätus' Entehrung der Jungfer Rehaar, Läuffers Selbstkastration).

Zu 7: Sprache

Zur Vielschichtigkeit der Sprache und der Bedeutsamkeit neben- oder außersprachlicher Momente siehe Kap. 3.1.2 und 3.1.4.

Dramenform der »Soldaten«

Zu 1, 2, 3: Stilzüge, Aufbau, Handlung (vgl. hierzu die rechte Spalte der Szenenübersicht in Kap. 2.2 sowie das Tafelbild in Stunde 9):

Die Handlungsfügung ist strenger als im Hauslehrer-Stück, denn die Mariehandlung hebt sich als eindeutige Haupthandlung hervor, zu der die Stolzius-, große Teile der Offiziershandlung und die geringfügige Gräfinhandlung ein korrespondierendes Verhältnis haben. Allerdings stechen die Rammler-Szenen (III,1/IV,2/IV,9) als relativ selbständige Nebenepisoden hervor, obgleich sie gewiss in einer grotesken Verzerrung nur illustrieren, was Desportes mit seiner maskenhaften Courtoisie auf eine andere Art praktiziert. Wie im HOFMEISTER, ja noch auffälliger, wird auch in diesem Stück die aktionale Fabelknüpfung begleitet von diskussionsbetonten Szenen, und zwar durch die Komödien-, Standes- und Sexualitätsdebatte (I,4, III,4; III,10; IV,9; V,5). Das Prinzip der über sich hinausweisenden szenischen Bruchstücke wird bis hin zu kleinsten Szenen weitergetrieben: Der kürzeste Auftritt umfasst gerade einmal sechs gesprochene Worte (VI,5) und steht im Zusammenhang mit vier weiteren kurzen Szenen (IV,4 bis IV,8), in denen die tumultuarische Hektik und Dramatik von Maries Flucht gleichsam im Stakkato der szenischen Dynamik spürbar wird (durch die inbegriffenen Ortswechsel in einer Weise, wie es ein filmischer Schnittwechsel, aber schwerlich ein Bühnenaufbau verwirklichen kann). Auch im SOLDATEN-Drama gibt es Szenenanfänge in medias res (das ganze Drama beginnt sozusagen mitten in einem Briefsatz) und schroffe szenische Abbrüche (mitten im Satz: II,2; II,4), und auch hier sind wichtige Handlungsmomente ausgespart (Komödienbesuch, nähere Beziehung Desportes-Marie, Anbahnungen Marie-Mary und Marie-junger Graf, Vergewaltigungsversuch des Jägers, Bankrott Weseners, Maries Abgleiten in die Gosse). Mit der Wiederbegegnungsszene zwischen Vater und Tochter (V,4) findet das Stück – ähnlich wie im HOFMEISTER – einen harmonisierenden Abschluss, der nicht eigentlich als offenes Ende angesehen werden kann: Zwar ist Maries öffentlich-soziale Stellung ruiniert, doch scheint ihr die emotionale Umhegung innerhalb der Familie damit gewiss.

Zu 4: Raum (vgl. hierzu die linke Spalte der Szenenübersicht in Kap. 2.2)

Das Drama weist Ortssprünge zwischen Lille, Armentieres und Philippeville auf und wechselt die Sphären zwischen den Bürgerhäusern Wesener und Stolzius, den Offiziersquartieren, dem Kaffeehaus, der Gräfin und der Madame Bischof Haus, dem Judenhaus und einigen offenen Schauplätzen (am Stadtgraben, Landstraße u. Ä.). Das jeweils andere Milieu äußert sich in anderen Verhaltens- und Sprechweisen (Näheres dazu in Kap. 3.1.3).

Zu 5: Zeit

Das Geschehen erstreckt sich über einen Zeitraum von etwa zweieinhalb Jahren (vgl. 51,26); zur Kunst der atmosphärisch dichten Dramenaugenblicke siehe Kap. 3.1.4.

Zu 6: Personen

Der **Unterschied** der Stände (40 u.) ist, deutlicher noch als im HOFMEISTER, fatale Grundlage der sich entwickelnden Dramenhandlung; wiederum aber sind Kritik und Komik wie auch Tragik (sofern man den Schurkentod des Desportes dazu rechnen möchte) über alle Stände verteilt. Durch den Erörterungsstrang hat LENZ aber deutlich ausgesprochen, dass er im personellen Widerspiel keinen Agon verantwortlicher Individuen, sondern nur ein personifiziertes Kräftespiel sozialer Verhältnisse sieht: Die Figuren sind nur Exempel einer allgemeinen Misere; dafür spricht auch die Beobachtung McInnes': **Und in der Tat befinden sich die drei Hauptpersonen – Marie, Stolzius und Desportes – im Verlauf des Stückes nie alle auf einmal in einer Szene auf der Bühne […]. Ja, es kommen selbst zwei der Hauptakteure nur recht selten innerhalb offener Szene miteinander in Berührung.**[112] Wie auch im HOFMEISTER handeln die Dramatis personae weniger in der Helle ihres Bewusstseins, sondern eher aus psychischen oder verdeckt liegenden sozialen Zwängen und Ambitionen heraus. Romantische Liebes- und Bedeutungssehnsüchte sowie soziale Aufstiegshoffnungen auf der einen, erotische Jagdlust und soziale Abgrenzungsinstinkte auf der anderen Seite – halb oder gar nicht begriffene Triebfedern also – setzen das tragikomische Geschehen in Bewegung.

Zu 7: Sprache
Zur Vielschichtigkeit der Sprache und der Bedeutsamkeit neben- oder außersprachlicher Momente siehe Kap. 3.1.3 und 3.1.4.

In seiner Apologie der Genieästhetik, den ANMERKUNGEN ÜBERS THEATER (1772–74), fordert LENZ: **fort mit dem Schulmeister, der mit seinem Stäbchen einem Gott auf die Finger schlägt.**[113] Wenn der irdische Dichtergott allergisch auf alle Schulmeisterei reagiert, so muss er vor allem die Arrestfessel zerreißen, die jeden Dramatiker auf dem Flecke bannt, in den Kreis eines Sonnenumlaufes zwängt und sein Weltpanorama auf eine magere Handlungsspur verkürzt: das Dogma von den drei Einheiten des Dramas. Dabei ist Goethe ihm in der Abstrafung der dramatischen Trinitätslehre vorausgegangen; in seiner Rede ZUM SHAKESPEARES-TAG (1771) heißt es:

> Ich zweifelte keinen Augenblick, dem regelmäßigen Theater zu entsagen. Es schien mir die Einheit des Orts so kerkermäßig ängstlich, die Einheiten der Handlung und der Zeit lästige Fesseln unsrer Einbildungskraft. Ich sprang in die freie Luft und fühlte erst, daß ich Hände und Füße hatte.[114]

LENZ räumt im Dramenessay mit dieser willkürlich und lächerlich wirkenden Verfügung ein für allemal auf und begründet damit theoretisch das Drama der offenen Form. **Hundert Einheiten** könnte er aufzählen – **Einheit der Nation, Einheit der Sprache, Einheit der Religion, Einheit der Sitten** usw. – entscheidend sei jedoch nur die *eine* Einheit, die aus der Einheit der Dichterseele entspringt und die künstlerische Einheit seines Werkes verbürgt: **Der Dichter und das Publikum müssen die Einheit fühlen aber nicht klassifizieren. Gott ist nur Eins in allen seinen Werken, und der Dichter muß es auch sein, wie groß oder klein sein Wirkungskreis auch immer sein mag.**[115]

3.3 Die Auflösung des bürgerlichen Trauerspiels in die tragikomische und groteske Gesellschaftskomödie: Zur Gattungsfrage

3.3.1 *Komische, tragische, tragikomische und groteske Züge*

LENZ spürte, dass der *HOFMEISTER* nicht in die Gattungsschubladen seiner Zeit passte. In einem Brief vom 28. Juni 1772 schreibt er an J. D. Salzmann: **Mein Trauerspiel (ich muß den gebräuchlichen Namen nennen) nähert sich mit jedem Tage der Zeitigung.**[116] Sein gattungsbegriffliches Unbehagen äußert sich aber in der ersten, handschriftlichen Fassung des Stücks, in der er seine zunächst vorgenommene – und durchaus sehr zutreffend erscheinende – Einordnung als **Lust- und Trauerspiel** wieder durchgestrichen hat, während – von fremder Hand! – dann hinzugesetzt wurde: **ein Lustspiel**.[117] Im Erstdruck 1774 erscheint das Stück mit der Gattungsbezeichnung **Komödie**, wobei allerdings nicht nachweisbar ist, ob LENZ selbst diese Kategorisierung veranlasst hat (die oben erwähnte Abschrift ging über Salzmann an GOETHE, der den Leipziger Verleger vermittelte – demnach wäre eigentlich eher LENZENS briefliche Bezeichnung als Trauerspiel im Druck zu erwarten gewesen). Auf der anderen Seite hat LENZ jedoch sein ähnlich gattungsambivalentes Drama DIE SOLDATEN ebenfalls als Komödie herausgegeben. Bezeichnenderweise war aber auch das nicht sein letztes Wort zu diesem Stück; vielmehr verstärkte sich seine Unzufriedenheit im Nachhinein, sodass er das in die Welt geschickte Gattungsetikett am liebsten zurückgerufen und durch die neutrale Bezeichnung **Schauspiel** ersetzt hätte.[118]

Aus all diesen Gründen sollten die Gattungsbezeichnungen der Druckfassungen beider Stücke nicht auf die poetologische Goldwaage gelegt, sondern zunächst als Verlegenheitsentscheidung angesehen werden. Wenn es auch treffendere Bezeichnungen für diese Stücke gibt (s. u.), hat die Richtungsentscheidung für die Komödie allerdings durchaus ihre geistesgeschichtliche Berechtigung. Denn durch die Gattungsbezeichnung sprechen sich Weltanschauung und Menschenbild aus: Es ist ein anderes, ob das Weltgetriebe und die Menschenprobleme komödiantisch ausgleichbar oder als tragisch unüberwindbar erscheinen.

Die Wesensbestimmung von Komödie und Tragödie kann an dieser Stelle nicht hergeleitet, sondern nur in komprimierter Form verfügbar gemacht werden.

Wesensbestimmung von Komödie und Tragödie

Komödie	Tragödie
›Lachen‹: Freude, Ausgelassenheit, Übermut, Glück	›Weinen‹: Leid, Trauer, Schauder, Unglück
satirische oder heiter-spielerische Komik	heroische oder existentielle Tragik
Happyend: lösbare Konflikte	Katastrophe: unlösbare Konflikte
der zeitgenössische, alltägliche, durchschnittliche (›gemeine‹) Mensch (nach der Ständeklausel der bäuerliche oder bürgerliche Stand)	der außerordentliche, unbedingte, heroische (›edle‹) Mensch (nach der Ständeklausel der adlige Stand)

Komödie	Tragödie
Dimension des Irdischen, Gesellschaftlichen, Zeitgenössischen: Charaktertorheiten, Gesellschaftsschwächen, Situationsverkennungen, zwischenmenschliche Verwicklungen	Dimension des Metaphysischen, der Transzendenz: Gott, Schicksal, verhängnisvolle Daseinsparadoxien
von Menschen geschaffene und verwirrte Zustände; von Menschen veränderbare und entwirrbare Zustände	von Übergewalten oder leidbringenden Antinomien des Daseins bestimmte Verhältnisse; vom Menschen nicht aufhebbare und ausgleichbare Verhältnisse
zeitweiliges oder scheinhaftes Leid: Versöhnung, Rettung	echtes Leid: Untergang, Vernichtung, Scheitern
Intrige, Inszenierung, Zufall	Zwangsläufigkeit, Ausweglosigkeit, Notwendigkeit
Strukturmomente: komische Diskrepanz (zwischen Anspruch und Wirklichkeit, Meinung und Situation o. Ä.), Spiel mit dem Fiktionscharakter, heitere Distanz des Zuschauers	Strukturmomente: tragische Antinomien (zwischen Determination und Freiheit, Unzurechenbarkeit und Schuld o. Ä.), geschlossener Fiktionscharakter, identifikatorische Nähe des Zuschauers
komische Katharsis: Entlastung vom Unbehagen an der Kultur, von der zivilisatorischen Disziplinierung (Vernunft, Moral, Verhaltensnormen)	tragische Katharsis: seelische Auseinandersetzung mit Leid, Wappnung des Gemüts, Erziehung zu Würde und Fassung

LENZENS ursprünglichen Impulsen gemäß, seinen *HOFMEISTER* ein **Lust- und Trauerspiel** zu nennen und die Gattungsbezeichnung Komödie bei den *SOLDATEN* zu tilgen, sind in den Dramen komische und tragische Momente zu erwarten. Diese sind – mit Hinweis auf bereits begegnende tragikomische und groteske Züge – im Folgenden zusammengefasst.

Komik und Tragik im »Hofmeister«

Komische Züge
sprechende Namen: Läuffer (Bote, Flüchtender), Graf Wermuth (Alkoholfreund), Herr von Seiffenblase (Schaumschläger), Herr Rehaar (angstscheu), Wenzeslaus (lausbübisch, pfiffig) usw.
Läuffer präsentiert sich als weltläufiger und souveräner junger Mann, katzbuckelt aber beim Erscheinen von Standespersonen
Major möchte seinen Sohn in allen Artigkeiten und Weltmanieren unterrichten lassen, führt diese aber in seinem poltrig-klobigen Wesen und seinen grammatischen Lateinfehlern ad absurdum

Komische Züge
Läuffers täppisch-linkische Bemühungen im Komplimentieren, Tanzen usw. und der hohle Standesdünkel von Majorin und Graf Wermuth
kokettes Kabbeln und melodramatische Schwüre von Gustchen und Fritz
göttlicher Ruf von Läuffers Vater ins Pastorenamt bestand in der Heirat einer Pfarrerswitwe
schnippisch-launenhafter Umgang Gustchens mit ihrem pathetisch leidenden Hofmeister
rau-herzliche Kabbelei des Pätus mit der Wirtin Frau Blitzer; Großtun des Studenten, der von dem ihm vorgesetzten minderwertigen Kaffee gar nichts merkt
Pätus im Hochsommer mit Wolfspelz, von Hunden gejagt
Gustchen schwärmt von ihrem Romeo, wärmt sich aber an Läuffer – bereits tragikomisch bzw. grotesk
panikgetriebener Läuffer und der seelenruhig weiter linierende und daherdozierende Wenzeslaus – bereits grotesk
Kreuzzug gegen die bösen Begierden und Tabakwahn des Wenzeslaus – bereits grotesk
Zahnstochern sei Selbstmord, doch Selbstkastration sehr zu empfehlen – bereits grotesk
Arztsatire – bei langsamer Heilung auch langsame Bezahlung
maßlose Wiedersehensfreude und **gottlose Kanaille** – bereits tragikomisch
Rehaars Allianz von ständigen Diminutiven (**Konzertchen** usw.) und dem Lobpreis der Feigheit – bereits tragikomisch
grenzenloser Jubel des Wenzeslaus über die Selbstentmannung im Kontrast zu Läuffers blutiger Verzweiflung – bereits grotesk
Läuffers verwirrtes Hin und Her zwischen sinnlicher Anbetung der Lise und dem frommen Selbstverbieten
Lises entwaffnende Naiviät (geistliche Herrn in bunten Röcken, lieber Enten als Kinder füttern); das fanatische Wettern des Wenzeslaus und Lises unbekümmertes Ausheben und Unterlaufen (wenn nicht schlafen, so wachen bei mir)
ironische Anspielung: Gustchens Kind nie durch Hofmeister erziehen lassen
Zufall des Lottogewinns als Komödienelement
das Happyend für Fritz, Pätus, Läuffer (hier nur halb) und ihre Frauen als Komödienelement
Tragische Züge
Bannzirkel der Domestikenrolle für den bürgerlichen Intellektuellen

Tragische Züge
Läuffer wird nur als Stellvertreter und Lückenbüßer geliebt (und liebt selbst wahrscheinlich nur, um Ausgleich oder Satisfaktion für die soziale Erniedrigung zu erlangen)
Askese, Selbstbescheidung und rauchende Ersatzbefriedigung des Wenzeslaus Läuffers Selbstkastration

Komische und tragikomische Züge in den »Soldaten«

sprechende Namen: Stolzius (Stolzer), Eisenhardt (Prinzipienfester), Pirzel (Kleiner, Gedankenpurzelbäume Schlagender), Rammler (Erotomane)
Marie spielt Granddame und schreibt dabei fehlerstrotzend
Desportes' bodenlose Einschmeicheleien, Maries kokettes Hervorkitzeln
berauschtes und treuherziges Geständnis des Komödienbesuches
fadenscheiniges Kitschgedicht als **Promesse de Mariage** aufgefasst
treuherziges **Ich lieb dich ja noch – aber wenn ich mein Glück besser machen kann …** – bereits tragikomisch
Pirzels Litanei von den nicht-denkenden Menschen
Verulkung der Jungfer Zipfersaat und des Desportes in der Manier adliger Komplimentiersprache
Rammlers erotischer Heißhunger auf einen alten Juden gelenkt – bereits tragikomisch
Zusammenstürzen des aristokratischen Traums und der adligen Allüren bei Marie – bereits tragikomisch
Maries Wiederholungszwang: Jetzt Mary, dem nächsten Courmacher, erlegen – bereits tragikomisch
Rammler versehentlich im Bett der alten Witwe, Aufstacheln der Witwe durch die Kameraden, grobianische Auseinandersetzung
das halbe Happyend für Marie und Wesener – bereits tragikomisch

LENZENS Dramen zeigen also in der Tat sowohl komische als auch tragische Züge, doch ist ihre Eigenart treffender mit den Kategorien des Tragikomischen und Grotesken zu beschreiben. In ambitionierter Weise verficht etwa Guthke die These, LENZ habe einen **neuen Formtypus in der Geschichte des deutschen Dramas** (so sein Aufsatztitel von 1959) herausgebildet, und zwar die wirkliche, **synthetische Tragikomödie**. Auf der anderen Seite hat Huyssen in einer anregenden Darstellung den Hofmeister als eine **groteske Komödie** bezeichnet.[119] Früher schon hat Wolfgang Kayser in seinem Buch über das Groteske darauf hingewiesen, dass **das Drama des Sturm und Drang, und insbesondere das dramatischen Werk Lenzens […] in einem bisher vielleicht nicht zureichend erkannten Maße voll des Grotesken stecke.**[120]

Unter einer **Tragikomödie im synthetischen Sinne** versteht Guthke ein **Spiel, das man mit einem lachenden und einem weinenden Auge sieht, in dem das eine nur die Kehrseite des anderen ist und beide sich gegenseitig verstärken.**[121] Es handelt sich also um ein Zugleich und kein Nacheinander komischer und tragischer Elemente, und um eine unauflösliche Verschmelzung und wechselseitige Steigerung dieser gegensätzlichen Elemente, nicht um ein Nebeneinanderbestehen. Komik und Tragik sind integriert, nicht bloß addiert. Außerdem muss diese tragikomische Integration stücktragend sein, kein punktuelles Einsprengsel.

Diese synthetische Tragikomödie, die im deutschen Drama weder im Mittelalter und Barock auftritt noch mit der rührenden Komödie der Empfindsamkeit gleichgesetzt werden darf, entwickelt ihre verschiedenen Bauformen erst mit LESSING (*MINNA VON BARNHELM*) und dem Sturm und Drang.[122] LENZ kommt hierbei das historische Verdienst zu, eine tragikomische Bauform exponiert zu haben, die als **Inkongruenz von Charakter und Situation** bezeichnet werden kann, und zwar im *HOFMEISTER* und in den *SOLDATEN* als Inkongruenz von komischem Charakter und tragischer Situation (auch das Umgekehrte ist möglich, etwa in MOLIÈRES *MISANTHROP* oder in Lenzens Dramolett *TANTALUS*).[123] Neben dieser tragikomischen Bauform der Inkongruenz von Charakter und Situation gibt es noch andere – etwa die zweier gleichgewichtiger Parallelstränge komischen und tragischen Charakters, die einer tragikomischen Selbsttäuschung der Hauptfigur über seine ihn umgebende Welt und die eines hypertrophen, aber nicht laster-, sondern tugendhaften Charakterzuges.[124]

Die Struktur dieser – auf der Inkongruenz von Charakter und Situation beruhenden – Tragikomödie besteht darin, **daß die tragischen Opfer dieser Situation selbst komische Figuren sind, ja Karikaturen.**[125] Allerdings führt die komische Charakterschwäche die hier gemeinten Figuren (Läuffer, Gustchen und Major wie Marie, Vater Wesener und Stolzius) im Unterschied zur traditionellen Verlachkomödie nicht eigentlich in die tragische Lage hinein – vielmehr sind sie unabhängig davon in dieser Lage befangen –, aber die Charakterschwäche macht die Figuren durchaus besonders anfällig und widerstandsunfähig gegen diese tragische Situation.

LENZENS eigenwillige Dramenform rührt darüber hinaus vom weltanschaulichen Gehalt des Tragikomischen her. Anders als der Tragiker, der einen metaphysischen Sinn des Leids unterstellt, ist der Tragikomiker vom Gefühl der Fragwürdigkeit der Welt ergriffen; die letzten Gewissheiten sind ihm entglitten, die Fundamente der menschlichen Existenz erscheinen ihm als nur zeitweilige und ständig bedrohte Sicherheiten. Mit seiner Auffassung und Darstellung der Wirklichkeit setzt er den Leser **einer beunruhigenden Desorientierung über die menschliche Situation** aus.[126] Eben dies geschieht in noch weiter gehendem Maße durch die Darstellungsweise des Grotesken: [...] *das Groteske ist die entfremdete Welt.* [...] **Dazu gehört, daß, was uns vertraut und heimisch war, sich plötzlich als fremd und unheimlich enthüllt.**[127] Dabei setzt die Groteske mit ihren gespenstischen und verzerrenden Geschehnissen die herkömmliche Wirklichkeitsanschauung außer Kraft, während der Tragikomiker sich **eher als konventioneller** ›Realist‹ erweist; er weigert sich, **auf die Logik und den vertrauten Anblick der Wirklichkeit zu verzichten.**[128] Wenn sich nun in LENZENS Stücken die Enthusiasmen der scheinbaren Geliebten auf einmal als Liebesschwärmereien für einen anderen erweisen oder wenn das mutwillige Schäkern eines Liebespaares vom Unheil singenden Gekrächz einer Großmutter grundiert wird, beginnt die vertraut scheinende Welt sich zu verfremden. Wenn ein scheinbar vernünftiger Schulmeister angesichts der bluttriefenden Selbstbestrafung seines Kollaborators in grenzenlose Verzückung verfällt, taucht diese Welt bereits in das Licht des Gespenstischen und Bedrohlichen. Und sollte THOMAS MANNS Anmerkung denn zutreffen, das Tragikomische und das Groteske seien die eigentlichen Kunstleistungen der Moderne[129], so erweist sich LENZ als einer der Vorbereiter dieser Moderne.

3.3.2 Historische Gattungsumbrüche und Lenzens Umwälzung des bürgerlichen Trauerspiels

Die Eigentümlichkeit von LENZENS Dramen zeigt sich nicht allein hinsichtlich der ›überhistorischen‹ Kategorien des Komischen, Tragischen, Tragikomischen und Grotesken, sondern auch im Hinblick auf das konkrete Gattungsgefüge seiner Zeit. Denn um die Mitte des 18. Jahrhunderts wandeln sich die aus der Antike tradierten Gattungsbestimmungen (die sich zuletzt in den von GOTTSCHED propagierten klassizistischen Formen der *Verlachkomödie* und der *höfisch-heroischen Tragödie* niederschlagen), wobei LENZ diese Verwerfungen noch durch seine Sonderformen beschleunigt.

Klassizistische Gattungen

Verlachkomödie	Höfisch-heroische Tragödie
lehrhafte Typenkomödie (der Hypochonder, der geschäftige Müßiggänger usw.)	moralische Potentatentragödie
bürgerliches Milieu	hohes höfisches oder mythisches Milieu

Verlachkomödie	Höfisch-heroische Tragödie
Auslachen von ›Torheiten‹ und ›Lastern‹ = sozialschädliche Persönlichkeitsfehler und unvernünftige Abweichungen von der bürgerlichen Norm (keine Kardinalverbrechen wie Mord, Schändung usw.)	heftige Gemütsbewegungen wie Traurigkeit, Schrecken, Mitleiden und Bewunderung angesichts gravierender Laster und Katastrophen
Ziel: Belustigung und Erbauung (= Belehrung, moralischer Nutzen)	Verkörperung eines moralischen Lehrsatzes
Mittel bürgerlicher Selbstkorrektur	Fürstenschule; moralischer Appell an die ›Großen und Gewaltigen dieser Erden‹

Die Veränderung der klassizistischen Gattungen läuft auf eine ›Erhöhung‹ der satirischen Komödie – und zwar zum rührenden Lustspiel – und eine ›Herabsetzung‹ der heroischen Tragödie – und zwar zum bürgerlichen Trauerspiel hinaus.[130]

Die veränderten klassizistischen Gattungen

Rührendes Lustspiel (auch: rührende/empfindsame Komödie)	Bürgerliches Trauerspiel
bürgerliches Milieu, doch nicht als Tummelplatz des Lächerlichen und Verächtlichen, sondern als Paradeplatz der ›Zierden des Privatlebens‹	bürgerliches Milieu, allerdings genau definiert als ein ›gewisser Mittelstand zwischen dem Pöbel und den Großen‹, der den Kaufmann, den Gelehrten und den niederen Adel umfasst, aber den Handwerker (und natürlich den Tagelöhner) ausschließt
in erster Linie nicht Überführung einer Torheit, sondern Bewährung einer Tugend; im Mittelpunkt steht statt der auslachenswürdigen Figur der bewunderungswürdige Mensch	der tugendhafte, vom Unglück erfasste Bürger
über das Verspotten und Verlachen hinaus auch ernsthafte Gemütsrührung	über Schrecken und Mitleiden hinaus auch empfindsame Gemütsrührung
aufklärerische Wirkungsästhetik verlagert sich vom Appell an die Vernunft auf die Rührung des Herzens	aufklärerische Wirkungsästhetik verlagert sich immer mehr von der erschütternden Katharsis auf die Kultivierung von Mitleidsfähigkeit und Herzensbesserung
statt des überlegen-distanzierten Betrachters der mitempfindende und sich identifizierende Zuschauer	statt des höfischen oder fernstehenden Betrachters der gleichstehende, sich identifizierende bürgerliche Zuschauer

Die Wandlung des heroischen Trauerspiels zum bürgerlichen verändert die Kategorie des Tragischen, die nicht mehr vorrangig das Verhältnis des Menschen zum Metaphysischen umfasst, sondern den innerweltlichen Konfliktfall behandelt. Ebenso wie die Komödie auf ihrem Weg zum empfindsamen Lustspiel an eigentlicher komischer Qualität verliert, verliert auch die Tragödie auf dem Weg zum bürgerlichen Trauerspiel ihre eigentlich tragische Qualität; sie wird säkularisiert.[131] An die Stelle des Metaphysischen tritt das Soziale und das Ständische. Soziale Zugkräfte werden zur neu erkannten Triebkraft des Tragischen, die soziale Seinslage wird zur modernen Form des vorbestimmenden Orakels, zum modernen tragischen Schicksalsmoment. Nicht zuletzt LENZ trägt dazu bei, die göttliche durch die gesellschaftliche Determination zu verdrängen.

Wenn man die Konstruktion der bedeutenden bürgerlichen Trauerspiele betrachtet, kann man sich allerdings mit Giese durchaus darüber wundern,

> mit welcher Hartnäckigkeit das bürgerliche Trauerspiel die Kollision der Klassen als eine zwischen tugendhafter Unschuld des Bürgermädchens und patriarchalischer Sittenstrenge des Bürgervaters auf der einen Seite und amoralischem Verführertum sowie zynischer Gewissenlosigkeit auf der anderen zeigt, so als gäbe es keine anderen, wesentlicheren Konfliktmöglichkeiten.[132]

Geradezu ein stereotypes Grundmuster des bürgerlichen Trauerspiels lässt sich aus dieser Konstellation konstruieren, dem so gut wie alle prominenten Dramen der Gattung entsprechen: Lessings *EMILIA GALOTTI*, Wagners *KINDERMÖRDERIN*, Lenzens *SOLDATEN*, Schillers *KABALE UND LIEBE* (mit Einschränkungen) und selbst Hebbels später Nachzügler *MARIA MAGDALENA* (mit einem innerbürgerlichen Verführer). Das überlegene bürgerliche Ethos, die bürgerliche Moral erweist sich im Kern als Sexualmoral. Die Machtverfügung des Adels über das Bürgertum erscheint in der Form gewissenloser Verfügung über das weibliche Sexualobjekt, und die Hartnäckigkeit dieses Motivs macht es unter der Hand zum Symbol aristokratischer Machtzynik. Vor diesem Hintergrund stechen die eigentümlichen Umkrempelungen hervor, die LENZ vor allem mit seinem *HOFMEISTER* am Modell der Gattung vornimmt (vgl. hierzu auch das Tafelbild zur 12. Stunde). Bei ihm wird der **typische Standeskonflikt nicht nur umgedreht, sondern ihm darüber hinaus das Attribut des Tragischen entschieden verweigert.**[133]

Nicht die bürgerliche Familie und der adlige Eindringling, sondern die adlige Familie von Berg und der bürgerliche Störenfried Läuffer beherrschen die Szene. Davon abgesehen sind die sexualmoralischen Gedankengänge des Dramas nicht auf den Punkt der weiblichen Unschuld fixiert, sondern weiten sich aus zur Frage religiös fundierter bzw. fanatisch verzerrter Triebbekämpfung überhaupt. Und nicht zuletzt relativieren sich die amourösen und erotischen Beziehungen und Machtbeziehungen, indem ganz andere Themen – die von Arbeitssuche, beruflichen Bedingungen und Entlohnungen sowie von geldlicher und seelischer Vaterabhängigkeit – gleichgewichtig danebentreten.

Als weitere Umstülpung überführt LENZ die Probleme des bürgerlichen Trauerspiels in die Gattung der Komödie, womit er ihnen das Diktum des Unabänderlichen nimmt und sie prinzipiell in den Bereich des menschlich Steuerbaren hinüberträgt. Als Repräsentanz dieser Machbarkeit muss ihm vorderhand der ökonomisch segensreiche dramatische Zufall dienen, der noch recht gewaltsam ein Happyend herbeizieht, das als Symbol solcher Machbarkeitshoffnung – denn ›Utopie‹ wäre ein zu großes Wort – aufgefasst werden kann. Im Bereich des persönlich-privaten Handelns immerhin sind in Major und Fritz Modelle einer jetzt und hier praktizierbaren und Unglück abwendenden Menschlichkeit verkörpert.

Die zukunftweisenden Anstöße des *HOFMEISTER* liegen ohnehin weniger in reformatorischen Rezepten als in der Diagnose des Gesellschaftskörpers. Dessen Gebrechlichkeiten spürt LENZ nicht in einer, sondern in allen sozialen Schichten auf, und er konstatiert weder hier noch da tragische Unabwendbarkeit, sondern nur komische Schwäche. Insofern kann der *HOFMEISTER* mit Huyssen in der Tat als **gattungstypologischer Höhepunkt und Abschluß** angesehen werden, in dem das bürgerliche Trauerspiel in die **groteske Komödie** umschlägt:

> Man kann hier von einer bewußt grotesken Umkehrung der historischen Entwicklung von aristokratischer Tragödie zu bürgerlichem Trauerspiel in eine Entwicklung von bürgerlicher Komödie zu einem lächerlichen Trauerspiel sprechen, dessen Komödiencharakter sich aus dem Konflikt zweier durch und durch untragischer Gesellschaftsschichten ergibt.[134]

Der von LENZ gezeichneten Gesellschaft kommt kein tragisches Würdezeichen mehr zu, und damit desavouiert der Autor die Gattung des bürgerlichen Trauerspiels, indem er selbst noch deren neues, bürgerliches Ethos als ein falsches Pathos erscheinen lässt.

Mit anderen Akzenten und dem Begriff der **ernsten Komödie** hat auch Arntzen die historische Leistung Lenzens konstatiert, der eine Komödie nicht des lasterhaften Einzelnen, sondern des schadhaften Ganzen geschaffen habe:

> Die ernste Komödie ist die Folge einer als Ganzes ernsthaft, nämlich offenkundig problematisch werdenden Gesellschaft. Aber das Ernste ist weit davon entfernt, das Tragische zu sein. Es ist im Gegenteil die Auswirkung der Totalität von Narrheit und Lächerlichkeit, also gerade dessen, was die Komik in der Komödie ermöglichte.[135]

Im Grunde hat bereits HEBBEL in seinem *SENDSCHREIBEN ZU ›EIN TRAUERSPIEL IN SIZILIEN‹* (1847), ohne sich explizit auf den Autor zu beziehen, den auf LENZ zutreffenden Prozess der lächerlichen Aushöhlung des Tragischen beschrieben. Die Tragikomödie ergebe sich überall,

> [...] wo ein tragisches Geschick in untragischer Form auftritt, wo auf der einen Seite wohl der kämpfende und untergehende Mensch, auf der anderen jedoch nicht die berechtigte sittliche Macht, sondern ein Sumpf von faulen Verhältnissen vorhanden ist, der Tausende von Opfern hinunterwürgt, ohne ein einziges zu verdienen.[136]

HEBBELS Äußerungen wiederum schreibt ein moderner Gestalter des Tragikomischen und Grotesken in seinen legendär gewordenen dramentheoretischen Sottisen fort: DÜRRENMATT geht davon aus, dass wir in der heutigen Welt **keine tragischen Helden, sondern nur Tragödien vorfinden, die von Weltmetzgern inszeniert und von Hackmaschinen ausgeführt werden.** Aus HEBBELS **Sumpf fauler Verhältnisse** wird bei DÜRRENMATT die groteske **Wurstelei unseres Jahrhunderts:**

> Die Tragödie setzt Schuld, Not, Maß, Übersicht, Verantwortung voraus. In der Wurstelei unseres Jahrhunderts, in diesem Kehraus der weißen Rasse, gibt es keine Schuldigen und auch keine Verantwortlichen mehr. Alle können nichts dafür und haben es nicht gewollt. [...] Uns kommt nur noch die Komödie bei. Unsere Welt hat ebenso zur Groteske geführt wie zur Atombombe [...].[137]

Uns kommt nur noch die Komödie bei – und zwar die tragikomische und groteske: LENZ ist einer der ersten, wenn nicht der erste, dem diese dunkle Ahnung auf das Gattungsgewissen schlägt.

3.3.3 *»Anmerkungen übers Theater« und»Menoza«-Rezension:*
Lenzens Selbstverkennung

In seinen dramentheoretischen Äußerungen hat LENZ die gattungsmäßige Eigentümlichkeit und das Zukunftsweisende seiner beiden wesentlichen Dramen nicht wirklich erkannt. Er nimmt den Begriff des bürgerlichen Trauerspiels nicht in den Mund und ahnt nicht die literaturgeschichtliche Bedeutung seiner tragikomischen und tragigrotesken Neuformen.

LENZENS *ANMERKUNGEN ÜBERS THEATER* (1772–74) sind eine Apologie der Genieästhetik, deshalb interessiert ihn nicht das Wesen des Tragischen und Komischen, sondern zum einen die Freiheit des dichterischen Genies und zum anderen die Rechtfertigung einer Kunst der lebendigen Zurückspiegelung von Wirklichkeit. Dass er sich dabei in die Gattungsdefinitionen von Tragödie und Komödie versteigt, führt nur zu Scheingefechten. Denn wie äußerlich erscheint die viel zitierte LENZ'SCHE Bestimmung, die weder vom befreienden Lachen und von der versöhnlichen Bewältigung des Irdisch-Unzulänglichen (Komödie) noch vom Schauder angesichts einer würdevoll ausgestandenen Unerbittlichkeit oder Existenznotwendigkeit des Leids spricht (Tragödie):

> Die Hauptempfindung in der Komödie ist immer die Begebenheit, die Hauptempfindung der Tragödie ist die Person, die Schöpfer ihrer Begebenheiten. [...]
> Meiner Meinung nach wäre immer der Hauptgedanke einer Komödie *eine Sache*, einer Tragödie *eine Person*. [...]
> Die Personen sind für die Handlungen da – für die artigen Erfolge, Wirkungen, Gegenwirkungen, einen Kreis herumgezogen, der sich um eine Hauptidee dreht – und es ist eine Komödie. [...] Im Trauerspiele aber sind die Handlungen um der Person willen da – sie stehen also nicht in meiner Gewalt, [...] sondern sie stehen bei der Person, die ich darstelle. In der Komödie aber gehe ich von den Handlungen aus, und lasse Personen Teil dran nehmen welche ich will. Eine Komödie ohne Personen interessiert nicht, eine Tragödie ohne Personen ist ein Widerspruch.[138]

Es geht LENZ in diesem Kontext darum, nicht wie Aristoteles den tragischen Mythos – die irreversible tragische Handlung – als das Primat der Tragödie hinzustellen, sondern als tragischen Helden das Genie zu etablieren.

Die sittlich-religiöse Weltsicht der Antike gebot die Ehrfurcht vor dem gottgeprägten Schicksal – **es war Gottesdienst, die furchtbare Gewalt des Schicksals anzuerkennen, vor seinem blinden Despotismus hinzuzittern** –, während nicht ein solcher gläubig sich beugender, sondern ein mit Gottespotenz begabter, sein freies Haupt erhebender Mensch das Gebot der geniezeitlichen Tragödie sein muss: **das ist ein Kerl! das sind Kerls!**

Hierbei hat LENZ die historischen Tragödien Shakespeares vor Augen, die er am liebsten als *Charakter*stücke bezeichnen wollte[139], und gewiss auch GOETHES *GÖTZ VON BERLICHINGEN*, dem er in einer zeitgleich entworfenen eigenen Schrift huldigt. Diese Tragödie des schöpferischen, kraftmächtigen Genies hat aber LENZ selbst nie geschrieben, konnte er (zum Glück) nie schreiben, denn dazu hätte es idealistischer Blindheit gegenüber den Zeit- und Gesellschaftsbedingungen bedurft. Er schätzt aber letztlich **den charakteristischen, selbst den Karikaturmaler zehnmal höher als den idealischen**[140]; seine Kunst ist eine der Weltbeobachtung und Menschenkenntnis und keine der heroischen Konstrukte. Mit diesem Bekenntnis zur zwar karikaturistisch betonenden, aber nicht idealistisch verfälschenden Menschendarstellung kommt er seiner eigenen dichterischen Wesensart nahe, während das lärmende Pathos der weltschaffenden Kerls nur das eigentlich Eigene übertönt. LENZENS Träume vom dramatisch wiederzubelebenden Prometheus sind eine Lizenz an seinen jugendlichen, sehr schnell zerstäubenden Gruppenidealismus.

Nur aus systematischem Oppositionszwang muss LENZ nun dieser erträumten Charaktertragödie des Genies – die also in der *Person* gegründet ist – die Komödie als eine Gattung gegenüberstellen, die in der *Handlung* gegründet ist (wie gesagt, stellt er die Frage nach dem Wesen von Komik und Tragik erst gar nicht).

Die Komödie hat etwa mit **der geringfügigsten drollichten, possierlichen unerwarteten Begebenheit im gemeinen Leben** zu tun; wozu zum Beispiel **eine Mißheurat, ein Findling, irgend eine Grille eines seltsamen Kopfes** zu rechnen wären.[141] Kuriose Verwicklungen und Konstellationen, seltsame Charakterzüge und witzige Intrigen scheinen Lenz vorzuschweben. Aber letztlich sagt ihm sein besseres poetisches Gewissen, dass auch die Komödie ohne Charaktere nicht auskommt: **Eine Komödie ohne Personen interessiert nicht**, muss er, die Bestimmungsgrenzen wieder verwischend, der Richtigkeit halber anfügen (siehe oben).

Die ANMERKUNGEN ÜBERS THEATER sind also durchaus keine instruktiven Aufklärungen über seine Theaterstücke – jedenfalls im Hinblick auf deren Gattungsbesonderheit. Dies zeigt sich nicht zuletzt bereits darin, dass von der Mischung oder Integration der beiden Grundgattungen erst gar nicht die Rede ist. Durchaus besser ist es um seine REZENSION DES NEUEN MENOZA, VON DEM VERFASSER SELBST AUFGESETZT (1775) bestellt; denn diese prägt immerhin das Schlagwort vom **Gemälde der menschlichen Gesellschaft**, das sich zur Beschreibung von seinen Stücken sehr wohl verwenden lässt. Die klassische Zitatstelle lautet:

> Ich nenne durchaus Komödie nicht eine Vorstellung die bloß Lachen erregt, sondern eine Vorstellung die für jedermann ist. Tragödie ist nur für den ernsthaftern Teil des Publikums, der Helden der Vorzeit in ihrem Licht anzusehn und ihren Wert auszumessen im Stande ist. […] Komödie ist Gemälde der menschlichen Gesellschaft, und wenn die ernsthaft wird, kann das Gemälde nicht lachend werden. […] Daher müssen unsere deutschen Komödienschreiber komisch und tragisch zugleich schreiben, weil das Volk, für das sie schreiben, oder doch wenigstens schreiben sollten, ein solcher Mischmasch von Kultur und Rohigkeit, Sittigkeit und Wildheit ist. So erschafft der komische Dichter dem Tragischen sein Publikum.[142]

Die Tragödie kann sich LENZ hier expressis verbis nur als historische Tragödie vorstellen (**Helden der Vorzeit**), wenn er nicht gar von einer vorstellbaren zeitgenössischen Tragödienproduktion ganz absieht und nur an bereits vorliegende heroische Tragödien denkt. Ihr Adressat kann nur ein exklusiver Publikumskreis sein. In Bezug auf die Komödie erörtert er wiederum nicht das Wesen des Komischen – immerhin setzt er es als selbstverständlich voraus und missachtet es damit nicht gänzlich wie in den ANMERKUNGEN (**nicht eine Vorstellung die *bloß* Lachen erregt**; Hervorhebung, R.S.). Als wesentliche Gattungsbestimmungen erscheinen jedoch nunmehr nicht mehr die **Begebenheit** oder die **Sache**, sondern die Ausrichtung auf das allgemeine Volkspublikum und die Darstellung zeitgenössischer Gesellschaft. *Beide* Gattungsbedingungen führen zur komisch-tragischen Gleichzeitigkeit dieser zeitgenössischen Komödien: Die Gesellschaft nimmt ernsthafte – man darf vielleicht pointieren: bedrohliche – Züge an, und das Volk als solches erwartet vom Theater einen *Mischmasch* von derben Späßen und Tragik.

Mit diesen Gedanken bringt Lenz also immerhin zum Ausdruck, dass er das Charakteristikum seiner eigentümlichen Dramen erspürt, Gemälde der menschlichen Gesellschaft zu sein, und dass er um deren Mischung von Komik und Tragik weiß. Doch werden diese Eigenarten nicht offensiv als Qualitäten propagiert, sondern eher defensiv als zwangsläufige und vorübergehend erforderliche Notwendigkeiten. Denn er verbindet mit dem aktuellen Erfordernis tragikomischer Gegenwartsstücke eine Art literarischer Volkserziehungshoffnung: Diese rezeptionsleichteren Zwitterwerke bilden unter der komischen Hand die Empfänglichkeit für das kultiviert Tragische aus und schaffen damit die Voraussetzung für eine spätere reine, von Menschengröße geprägte Tragödie. Mit dieser Bildungsidee erweist Lenz allerdings der Würdigung seiner zukunftsweisenden tragikomischen Dramen einen Bärendienst: Er degradiert sie gewissermaßen zu notgedrungenen Vorstufen einer (wieder) kommenden, würdigeren Dramenform. Nicht deren revolutionären Potenz sieht er, sondern deren restaurativen Gehalt. Der Dramatiker kann seinen literarischen Selbstwert nicht erkennen; er verherrlicht andere Große und verkleinert intuitiv sich selbst. Erst Büchner wird an seiner Größe weiterwachsen. Er richtet mit dem *Woyzeck* die neue Gattung des sozialen Dramas auf und schreibt der Literaturgeschichte eine unübersehbare Personenchiffre existentieller Gehetztheit und Ratlosigkeit ein. In beiderlei Hinsicht ist Büchner dem Autor der *Soldaten* und des *Hofmeisters* verpflichtet.

3.4 Zwischen Aufklärung, Sturm und Drang und Empfindsamkeit: Lenzens Stellung in der Literaturgeschichte

Als Lenz den *Hofmeister* und die *Soldaten* schreibt, überschneiden sich die Epochen der Aufklärung (1720–1785), der Empfindsamkeit (1740–1780) sowie des Sturm und Drang (1767–1785) und hinterlassen Spuren in diesen Werken (synoptische Epochenübersicht in Mat. 7).

Epochenmerkmale im »Hofmeister« und in den »Soldaten«

»Der Hofmeister«	»Die Soldaten«
Anteile der Aufklärung: – Aufklärung über kontraproduktive Wirkungen der Hauserziehung auf den Anbefohlenen und über	Anteile der Aufklärung: – Aufklärung über einen gesellschaftlichen Missstand und dessen Folgen: Ehelosigkeit adliger Offiziere und

»Der Hofmeister«	»Die Soldaten«
die bedrückenden und entehrenden Auswirkungen auf den Hauslehrer. – Aufklärung über das Zusammenwirken von Charakter, Umständen und Zufall bei einem sexuellen ›Fehltritt‹ und Appell für Verzeihung – Kampf gegen das Vorurteil, durch vorehelichen Geschlechtsverkehr habe eine Frau sich grundsätzlich entwürdigt und sei damit prinzipiell heiratsunwert. – Aufklärung über Verkennungsmomente im Verhältnis von Vätern und Söhnen und Appell für eine grundsätzlich verzeihende und beistehende Vaterliebe. – Fritzens Appell für das Steuerruder der Vernunft, seine Überwindung des sexuellen Vorurteils. – Anteile der aufklärerischen Typenkomödie (z. T. Major, Majorin, Graf Wermuth, Frau Blitzer usw.).	damit Gefährdung bürgerlicher Familien. – Aufklärung über die Funktion und Wirkungsweise eines Vorurteils: **eine Hure wird immer eine Hure**, soziale Ächtung der Betroffenen, bequeme Gewissensbeschwichtigung der Verantwortlichen. – Aufklärung über die soziale Gebundenheit des Fühlens, Denkens und Handelns: Aufstiegswünsche des Bürgertums, Abgrenzungsinstinkte des Adels, Kastengeist der Offiziere. – Aufklärung als Desillusionierung: Lieswerben in Grausamkeit umschlagend, Trieb verbrämt als Liebe, Egoismus gekleidet in Galanterie. – Aufklärung als Besserungswille und -zuversicht: Reformvorschlag der erotischen Staatsdienerinnen. – Anteile der aufklärerischen Typenkomödie (Pirzel, Rammler usw.)
Anteile des Sturm und Drang – Plädoyer für die Freiheit des Individuums (Geheimrat). – Anerkennung des Trieblebens als daseinsmitbestimmende Macht, z. B. als Ventil in Frustrationssituationen (gedemütigter Läuffer, unausgefülltes Gustchen). – Tragikomische Gattungsmischform. – Sprengung der Theaterregeln: offene Form des Dramas. – ›Naturwahrheit‹ der Sprache: Umgangssprache, charakteristische Sprache, Standessprache usw. – Eigenwert des Charakteristischen von Milieu und Persönlichkeit. – Sozialreformatorisches Anliegen.	Anteile des Sturm und Drang: – Sozialkritische Perspektive. – Impuls des Tyrannenmordes (Stolzius).
Anteile der Empfindsamkeit – Anteile der rührenden Komödie im Happyend: Familienversöhnungen	Anteile der Empfindsamkeit: – Altruismus und Philanthropie der Gräfin LaRoche (aber: Eigeninteresse

»Der Hofmeister«	»Die Soldaten«
unter dem Vorzeichen von Großmut und allseitiger Verzeihung	zur Bewahrung ihres Sohnes). – Empfindsame Anteilnahme des Obristen (am Ende). – Anteile der rührenden Komödie: Aussöhnung von Vater und Tochter.

Sonstige Aspekte für beide Dramen

Abstriche an den Epochenanteilen:
– Abstriche Aufklärung: Keine Apologie der Vernunft, keine Glorifizierung des Verstandes, keine klare, übersichtliche, regelkonforme Bauform.
– Abstriche Sturm und Drang: Keine verherrlichte Subjektivität und Selbstbestimmung, keine Titanen- oder Prometheus-Gestalten (Genies).

Vorläuferfunktion für den Naturalismus:
– Menschen und Zustände wichtiger als Handlung.
– Parteinahme für gesellschaftliche Opfer, Leidende, Geschundene.
– Darstellung des Tabuisierten (Sexualität).
– Exakte Milieuschilderung und Sprachwiedergabe.

Bei LENZ zeigt sich, dass der Sturm und Drang nicht nur einen Widerspruch zur Aufklärung darstellt, sondern auch deren radikalere Fortführung. Die Geniebewegung ist nicht nur Gegensatz, sondern auch Teilbewegung des aufklärenden Zeitalters. Beschäftigt sich nämlich die Aufklärung in Wahrheit nur mit einer gefilterten – edlen, anständigen – Natur, die letztlich als ein Abbild ontologischer Güte, als Selbstaffirmation Gottes erscheint, so fasst Lenz die Menschennatur vorbehaltloser ins Auge und klärt über deren kreatürliche, triebhafte und sozialgeprägte Antriebsmomente auf. Dem verehrten Dichtergenie SHAKESPEARE folgend, verpflichtet er sich, **die Natur mutterfadennackt auszuziehen und dem keusch- und züchtigen Publikum darzustellen wie sie Gott erschaffen hat** und **Wohlstand, Geschmack und Moralität, den drei Grazien des gesellschaftlichen Lebens, den Krieg anzukündigen.**[143] Damit wird LENZ zum Stammvater einer psychologisch sensiblen und sozial empfindlichen Dramatik, zum Ahnherrn von Büchner, Grabbe, Hebbel, Wedekind, Hauptmann u. a.

Um seine inhaltlich erweiterten Aufklärungsabsichten dramatisch verwirklichen zu können, sprengt er das aufklärerische Regeltheater – selbst wiederum Ausdruck einer überschaubaren, geordneten, wohl eingerichteten Welt. Im Drama der offenen Form kann das Brüchige und Bruchstückhafte der menschlichen Existenz, können die nicht-sprachlichen, sich gestisch, mimisch oder im Stammeln und Verstummen äußernden Triebkräfte erst eigentlich zur Darstellung kommen. Zudem löst der Dramatiker die zentrale dramatische Gattung der Aufklärung, das bürgerliche Trauerspiel, in die tragikomische und tragigroteske Gesellschaftskomödie auf. Er misstraut dem überlegenen bürgerlichen Ethos, selbst wenn es sich im leidenden Untergang nur bekundet; er sieht Karikaturen nicht nur im maroden Adel, sondern auch im servilen Bürgertum. Was an seiner Tragikomödie Trauerspiel bleibt, ist Trauerspiel der Gesamtgesellschaft, was daran Komödie ist, ist Komödie eines lächerlichen Gesellschaftszustandes.

Das realistische Naturell Lenzens – **den Gegenstand zurückzuspiegeln, das ist der Knoten, die nota diacritica [das Unterscheidungsmerkmal] des *poetischen* Genies**[144] – macht ihn also einerseits zum Parteigänger der Aufklärung, andererseits zu deren Abtrünnigen – wie es ihn gleichzeitig teilweise zum Protagonisten und teilweise zum Renegaten des Sturm und Drang macht. Wo die Aufklärung die Wirklichkeit stilisiert, revolutioniert er ihr Weltbild und ihre formalen Mittel; wo der Sturm und Drang die Bedeutung des freien und selbständigen Individuums idealisiert, kann Lenz nicht folgen: Zu sehr ist ihm aus eigener Lebenserfahrung die Unfreiheit und das Ausgeliefertsein der Kreatur bewusst. Insbesondere in der Eingangsszene seines Stückes *Die Kleinen* hat er einen deutlichen Abgesang an den Idealismus des Sturm und Drang angestimmt: **Lebt wohl große Männer, Genies, Ideale, euren hohen Flug mach ich nicht mehr mit, man versengt sich Schwingen und Einbildungskraft, man glaubt sich einen Gott und ist ein Tor.**[145] Niemals hat Lenz die in den *Anmerkungen* so euphorisch beschworenen prometheischen Geniegestalten entworfen, sieht man vom Literaturhelden Goethe in der Farce *Pandämonium Germanicum* oder von der grotesken Verzerrung eines Genies im halsstarrig liebeswahnsinnigen Robert Hot im Drama *Der Engländer* ab. Allenfalls hat Lenz in der Erzählung *Der Landpfarrer* ein Genie der praktischen Wirkungskraft entworfen: Doch wie durch und durch aufklärerisch brav und lehrhaft-bieder ist dieses ›Genie‹, das über die aufbrausenden Köpfe des Sturm und Drang nur sein vernunftökonomisches Haupt schütteln würde.

Weltferne und göttergleiche Genies konnte Lenz in der Realität nicht entdecken und somit auch nicht zurückspiegeln. Die angeschlagene Psyche erlaubte es ihm nach seinen beiden Bravourstücken aber auch nicht mehr, die Literatur der Kleinen, Getretenen und Geringgeachteten zu entwerfen.

Sein literaturgeschichtliches Fortwirken entfaltet sich über den realistischen Impuls hinaus noch in zwei andere wichtige Richtungen. Durch die in seinen Dramen mitgegebene Selbst-Kommentierung (Reflexionen des Geheimrats von Berg oder des Obristen von Spannheim und der Gräfin La Roche) und die bis zu den praktischen Reformvorschlägen reichende gesellschaftliche Wirkungsabsicht erscheint Lenz als Vorläufer von Brechts epischem Theater – und Brecht hat dem dichterischen Urahn durch die *Hofmeister*-Bearbeitung seine Reverenz deutlich genug erwiesen. Durch seine tragikomische Stilmischung und seinen Vorschein einer brüchigen, chaotischen und grotesken Welt gibt Lenz weiterhin auch Anstöße, die im absurden Theater oder den grotesken Parabeln von Frisch und Dürrenmatt widerhallen.

Der rätselhafte Umstand, warum Lenz nicht die Stilform seiner – aus heutiger Sicht – entscheidenden Dramen HOFMEISTER und SOLDATEN weiterführt, erklärt sich sicherlich auch aus der mangelnden öffentlichen Resonanz, wie sie sich in den ausbleibenden zeitgenössischen Theateraufführungen dokumentiert (Einzelheiten hierzu in Kap. 3.5). Seine literarische Größe ist in einer jähen, ausgereiften und kurzen Schaffensphase zum Durchbruch gelangt: etwa in den Jahren 1772–1775. In diesem Zeitraum entstanden die gültigen und maßgeblichen Werke DER HOFMEISTER, DIE SOLDATEN, MEIN TAGEBUCH und ZERBIN sowie das von einer für Lenz nie gekannten und nie wiederkehrenden Souveränität, ja Selbstherrlichkeit geprägte Manifest der ANMERKUNGEN ÜBERS THEATER (allerdings auch die weniger überzeugenden Werke MENOZA und MORALISCHE BEKEHRUNG EINES POETEN). Was er nach dieser eruptiven Schaffensphase schreibt, ist, von einzelnen konzeptionellen Anlagen oder reizvollen Einzelpartien abgesehen, vor allem als rückwirkende Beleuchtung der anderen Werke und vom autobiografischen Substrat her interessant – insbesondere im Hinblick auf die leitmotivisch (oder zwanghaft) wiederkehrende Kollision von Vater und Sohn. Nach seinem sich abzeichnenden sozialen Stranden scheint er sich auch in ein literarisches Hin- und Herspringen und haltloses Ausprobieren zu verlieren. Er konnte dem originären Gepräge seines Werkes, das von seiner Mitwelt weitgehend verkannt und erst von der Nachwelt in seinem zukunftsweisenden Charakter erkannt wurde, nicht treu bleiben. Dieses Gepräge glänzt während seiner produktiven und imposanten Straßburger Zeit auf; danach ist er nicht mehr *der* Lenz, dessen literarische Würde mit der Wertungsbeschränkung auf sein schmales Kernwerk bewahrt werden sollte.[146]

3.5 Meteorit oder Fixstern am Dichterhimmel? – Zur Wirkungsgeschichte eines inkommensurablen Autors

In der Straßburger Zeit wurde Lenz sehr wohl **als junges aufkeimendes Genie aus Kurland**[147] geachtet und von Gleichgesinnten des Sturm und Drang gefeiert. Der anonym erschienene, von GOETHE zum Druck beförderte HOFMEISTER wurde vielfach für dessen Werk und gleichsam den Nachfolger seines spektakulären GÖTZ-Dramas gehalten, aber auch nach Klärung der Verfasserschaft erkannte man die dichterische Bruderschaft beider Shakespeare-orientierten Autoren und Werke an (J. H. Voss, Herder, Claudius, Schubart, *Frankfurter gelehrte Anzeigen*).[148] Diese Einschätzung der Goethenähe war für LENZ geschichtlich von zwiespältigem Wert: Sie enthielt Ehrung, trug aber bei zum früh geäußerten (BÜRGER) und in der Literaturgeschichte lange tradierten Bild eines zweitrangigen Nachahmers des unbestrittenen Dichterheroen. Davon unabhängig erregten der unbekümmerte Umgang mit Kunstregeln und Sexualität kritische Bedenken im Umfeld der Aufklärung (WIELAND, NICOLAI). Zum *HOFMEISTER* erschienen jedenfalls über fünfzehn Rezensionen, er wurde unautorisiert nachgedruckt sowie zu LENZENS Lebzeiten ins Dänische übersetzt und 1778 in einer allerdings vollkommen entstellenden Bearbeitung aufgeführt (F. L. Schröder). Zu den *SOLDATEN* – deren Erscheinen LENZ selbst halb verhindern wollte und die dadurch mitbedingt kaum noch beachtet wurden – ist nur noch eine Rezension bekannt. Weder dieses noch seine anderen Werke kamen vor seinem Tode auf die Theaterbühne.

Mit der Ausweisung aus Weimar und GOETHES Distanz verändert sich LENZENS Stellung im literarischen Feld, zumal Gesinnung und Zusammenhalt der Geniekreise sich ohnehin auflösen. Begünstigt durch die Nachrichten von seiner Seelenkrankheit distanziert sich sein Umfeld von ihm, ja er wird sogar zur gemiedenen Unperson, von deren Ableben die ›Allgemeine deutsche Bibliothek‹ in einem bezeichnenden Schicksalssarkasmus bereits 1780 berichtet und dem Dichter einen Nachruf zu Lebzeiten widmet. Auch der wirkliche Nachruf eines russischen Pastors stellt 1792 fest, LENZ sei **von wenigen betrauert und von keinem vermißt**.[149]

Die erwähnte fatale Richtung der Lenzbeurteilung als Goetheepigone wurde durch dessen letztlich ehrabschneidendes Lenzbild im 11. und 14. Buch von *DICHTUNG UND WAHRHEIT* (1814) von anderen Gesichtspunkten her folgeträchtig verstärkt.

GOETHE schreibt ohnehin aus der eigenen biografischen Distanz zum Sturm und Drang und natürlich vor dem Hintergrund seines unnachgiebigen Bruches mit LENZ nach dessen kardinalem Weimarer Regelbruch. Als **so talentvollen als seltsamen Menschen** und **allerliebstes Köpfchen** beschreibt ihn der Klassiker im 11. Buch noch moderat, wenn auch mit süffisanter Herablassung, für dessen Sinnesart er nur das englische Wort **whimsical** wüsste (wunderlich, launenhaft, sonderbar). Was GOETHE selbst einmal betrieben hat, erscheint nunmehr im eher abschätzigen Blick: **Lenz beträgt sich mehr bilderstürmerisch gegen die Herkömmlichkeit des Theaters**, und **niemand war [...] fähiger als er, die Ausschweifungen und Auswüchse des Shakespeareschen Genies zu empfinden und nachzubilden**.[150] Im 14. Buch dann untergräbt GOETHE LENZENS Persönlichkeit und das daraus sich erhebende Werk: **Lenz übertraf alle übrigen Un- oder Halbbeschäftigten, welche ihr Inneres untergruben**, heißt es da etwa, **seine Tage waren aus lauter Nichts zusammengesetzt**; sein Talent gehe zwar **aus wahrhafter Tiefe, aus unerschöpflicher Produktivität** hervor, **das** aber, bei aller seiner Schönheit, durchaus kränkelte und zwar große Züge, doch auch eine liebliche Zärtlichkeit und die albernsten und barockesten Fratzen hervorgebracht habe.

GOETHES Fazit: Lenz […], als ein vorübergehendes Meteor, zog nur augenblicklich über den Horizont der deutschen Literatur hin und verschwand plötzlich, ohne im Leben eine Spur zu hinterlassen.[151]
Ein anderer zeitweiliger Gefährte GOETHES, nun aber zu klassischen Zeiten, hat jedoch durchaus Interesse an LENZ bekundet: Kein anderer als SCHILLER entlockt GOETHE einige Lenzmanuskripte und veröffentlicht 1778 den (eigentlich Goethe-kritischen!) Briefroman DER WALDBRUDER sowie das Dramolett TANTALUS und das Gedicht DIE LIEBE AUF DEM LANDE. Den wichtigsten Beitrag zum geistigen Weiterleben des fast vergessenen Dichters leistet im Jahr 1828 aus dem romantischen Umfeld LUDWIG TIECK mit der Herausgabe einer ersten dreibändigen Werkausgabe (1848 schreibt TIECK, er habe nie begriffen, warum Lenz, nach einer kurzen Periode von Glorie, unbeachtet bleiben und vergessen werden sollte[152]). Von ähnlicher oder sogar weiter reichender Bedeutung für die Lenzrezeption war im Folgenden die Entdeckung LENZENS durch seinen literarischen Wahlverwandten und Nachfolger BÜCHNER, der Motive und Formzüge aus den SOLDATEN in den WOYZECK überträgt und durch seine eindrucksvolle Erzählung LENZ (1835) gewissermaßen ein unübersehbares Denkmal für den Autor innerhalb der Literaturgeschichte errichtet. Sowohl in BÜCHNER als auch LENZ erkennen dann um die Jahrhundertwende die Naturalisten ihre Ahnherren: Der Dramatiker Max Halbe schreibt zum 100. Todestag von LENZ eine ausführliche Würdigung; 1909 erscheinen zwei umfangreiche Sammelausgaben durch Franz Blei und Ernst Lewy und zugleich Romanows für Jahrzehnte maßgebliche Darstellung von Leben und Werk.
Mit einer erfolgreichen Münchener Aufführung der SOLDATEN in der Bearbeitung von Arthur Kutscher beginnt 1911 die eigentliche Bühnengeschichte von LENZ, die auch durch Max Reinhardts Berliner Aufführung von 1916 (und in der Gegenwart durch HEINAR KIPPARDTS Bearbeitung) gefördert wird; das Stück wird auch zweimal als Oper eingerichtet (Manfred Gurlitt 1930, Bernd Alois Zimmermann 1968). Ein berühmter Dramatiker des zwanzigsten Jahrhunderts verhilft LENZ zu seinem entscheidenden Durchbruch und zu seiner danach kaum noch zu ignorierenden Stellung im literarischen Bewusstsein. Mit seiner HOFMEISTER-Bearbeitung von 1950 erklärt BRECHT den Autor zu seinem dichterischen Urahnen, den er freilich recht unbekümmert für seine eigenen politischen Belange einspannt. BRECHTS Bearbeitung wie LENZENS Vorlage werden fortan mehrfach nachgespielt, und auch BRECHTS Beispiel einer literarischen An-

verwandlung setzt sich fort in den Bearbeitungen der SOLDATEN (KIPP-HARDT 1968) und des MENOZA (CHRISTOPH HEIN 1980).

Der Vorarbeit von Literaten und Dramatikern nachstehend, hat auch die Literaturwissenschaft den lange vernachlässigten oder verpönten Dichter LENZ in der Nachkriegszeit rehabilitiert bzw. erst eigentlich in seiner Leistung erkannt. Albrecht Schöne stellt ihn 1958 in den größeren Zusammenhang der literarischen Säkularisation religiöser Inhalte durch literarische Pfarrer und Pfarrersöhne und entwickelt dabei in Bezug auf LENZ seine einflussreiche These vom Modellzwang des Gleichnisses vom verlorenen Sohn. Im gleichen Jahr weist Walter Höllerer auf die zukunftsweisenden Momente einer Mimik, Gestik und Raum einbegreifenden Sprachpantomime und die Büchner-verwandten Stilmerkmale bei LENZ hin. Karl S. Guthke erklärt den Dramatiker 1959 zum eigentlichen Erfinder der deutschen Tragikomödie; während Volker Klotz den Dichter 1960 in seiner einflussreichen Untersuchung über die offene und geschlossene Form des Dramas als Inaugurator und Paradebeispiel für die antiaristotelische Tradition heranzieht. Solange die gängige Literaturbetrachtung jedoch am Diktum der Klassik als eigentlichem Dichtungsgipfel und an Vorstellungen des Kunstwerkes als eines geschlossenen und organischen Ganzen (und zumal an politisch konservativen Positionen) haftete, war der Blick für LENZENS Eigentümlichkeit verstellt. BRECHTS theoretische Einschätzungen der sozialkritischen Züge bei Lenz fanden jedoch zu Zeiten der Studentenunruhen und des ihnen folgenden partiellen Paradigmenwechsels ›Klassikersturz‹ in der Germanistik Widerhall und Fortführung. Als sozialkritisch und politisch erscheinender Autor rückte LENZ neben Brecht, Büchner, Heine u. a. in das Interessezentrum.

Diese ansteigende Aufmerksamkeit schlägt sich auch in einer neuen wissenschaftlichen Werkausgabe durch Britta Titel und Hellmut Haug (1966/67) und der erwähnten SOLDATEN-Bearbeitung durch KIPPHARDT nieder (1968). Die in neuerer Zeit maßgebliche (und auch hier – neben den Reclamheften – zugrunde liegende) Werkausgabe in drei Bänden wurde 1987 von Sigrid Damm herausgegeben. Seit den frühen 90er-Jahren – nicht zuletzt im Zusammenhang mit Lenzens zweihundertstem Todestag 1992 – beginnt eine neue, ideologisch weniger festgelegte, dafür aber historisch, ideengeschichtlich und formanalytisch vielseitige Zuwendung zum sperrigen Autor des 18. Jahrhunderts. Freilich besteht auch hier eine gewisse Gefahr, dass man **der klassischen Rundung, der Harmonie und dem Maß nun eben das Fragmentarische, das Zerrissene und das Maßlos-Inkommensurable** in postmoderner Attitüde verklärend entgegensetzt und LENZ als **unzeitgemäßen Irrläufer der Moderne** idealisiert.[153] Das anhaltende Interesse an LENZ spiegelt sich jedenfalls in einer Fülle editorischer, wissenschaftlicher und literarischer Aktivitäten um Lenz wider: 1991 wurde ein Lenz-Jahrbuch gegründet (sieben Bände bis zum Jahr 2000); sehr dankenswerte Materialsammlungen zum Urteil dreier Jahrhunderte über Lenz (Briefe auch aus seinem Umkreis, Rezensionen, Ausschnitte aus der Sekundärliteratur) und zur Chronik von Lenzens Verrückung legen Peter Müller 1995 und Burghard Dedner u. a. im Jahr 1999 vor. Zum zweihundertsten Todestag fanden drei internationale Tagungen zu Lenz statt (Oklahoma, Birmingham, Hamburg). Seit 1987 liegt auch die z. Zt. maßgebliche dreibändige Werkausgabe von Damm als Taschenbuchedition vor. Im Jahr 2000 erscheint eine überarbeitete und aktualisierte Ausgabe der Sammlung Metzler zu Lenz von Hans-Gerd Winter und ein Lenz gewidmetes Heft der Zeitschrift *Text und Kritik*; ein Jahr später schließt sich Georg-Michael Schulz mit einer großen zusammenhängenden Darstellung bei Reclam an.

Zunehmend seit Mitte der 80er-Jahre werden nur handschriftlich vorhandene oder verloren geglaubte Lenztexte ediert, spektakulär etwa die Publikation des komischen Kleinepos Belinde und der Tod (entstanden 1770, gedruckt 1988) oder die Wiederveröffentlichung der als verschollen geltenden Philosophischen Vorlesungen für empfindsame Seelen (erschienen 1780; Faksimiledruck 1994). Und die Kette der letztlich durch Büchner begründeten literarischen (z. T. auch essayistischen und dokumentarischen) Wiedererinnerungen an Lenz reißt nicht ab, zu erwähnen sind etwa Sigrid Damms fiktionalisierte Biografie Vögel, die verkünden Land (1992), Volker Ebersbach, Fünf Etuden über eine Eseley. Goethe und Lenz (1994), Gert Hofmann, Die Rückkehr des verlorenen J. M. R. Lenz nach Riga (1981; Neuausgabe bei Reclam 1998), Matthias Luserke, Goethe und Lenz, die Geschichte einer Entzweiung (2001) usw.[154]

Blickt man auf sein Leben, so ist es wohl wahr, dass Lenz als **das tragisch scheiternde Genie neben dem großartigen Gelingen Goethes**[155] und als die **jammervollste aller Literaturleichen**[156] erscheint. Doch blickt man auf die vielfältigen Spuren, die er – zumal im 20. Jahrhundert – am Firmament des literarischen Bewusstseins hinterlässt, so hat er die im späteren Ressentiment wurzelnde Vorhersage des **Bruders Goethe** durchkreuzt. Kein Meteorit, ein Fixstern am Dichterhimmel.

Unterrichtshilfen

1 Didaktische Aspekte

Lenz, obgleich ein Autor des 18. Jahrhunderts, ist Schülern aufgrund seines realistischen Naturells zugänglicher als andere – artifizielle und idealistische – Dichter dieser Zeit. Trotz oder gerade deswegen gewinnen die Schüler Einblicke in Lebensverhältnisse und Empfindungsweisen dieser Epoche. Sie können am HOFMEISTER erleben, dass schulisches Lernen nicht die einzige Form von Wissensvermittlung darstellte, und sie werden verleitet, sich in die Abhängigkeiten und Wirkungsbedingungen eines Lehrers, des Privatlehrers, hineinzuversetzen. Durch diesen Umweg einer historischen Problematisierung werden auch Wahrnehmung und Verständnis der heutigen Lehrer-Schüler-Beziehungen geschärft. Darüber hinaus können Schüler in einer alltäglichen Erlebnisperspektive nachvollziehen, wie sich die abstrakt so geläufige Standeshierarchie im konkreten Dasein ausgewirkt hat: sei es in Läuffers Redeverbot in der Adelsgesellschaft oder sei es in der Demütigung des Liebhabers Stolzius, der gegen den Standestrumpf eines Desportes von vornherein auf verlorenem Posten steht. Ob solche Ranggefälle äußerlicher Reputation oder Attraktivität heute aus der Welt geschafft sind, mag bei dieser Gelegenheit unter den Schülern erörtert werden.

Zur Erfahrungswelt der Schüler gehören die Beziehungsgeschichten und Liebesverhältnisse, die in beiden Lenz-Dramen im Vordergrund stehen. In der einen oder anderen Hinsicht fragwürdig sind all diese Verhältnisse; sei es das zwischen Fritz und Gustchen, Gustchen und Läuffer, Läuffer und Lise und Pätus zur Jungfer Rehaar – oder sei es das zwischen Stolzius und Marie, Marie und Desportes und seinen Nachfolgern Mary und Graf La Roche. Wiederum wird vor der historischen Folie die Selbstverständigung über Wünsche, Erwartungen und moralische Regulative befördert.

Ebenso nahe liegen den Schülern die in den Dramen vorgeführten heiklen Eltern-Kind-Verhältnisse (von Lenz fast nur als Vater-Kind-Beziehung gesehen). Väterliche Vorschriften, väterliche Enttäuschung und Unwille, Entfremdungen, Zerwürfnisse, Verzeihungen und Versöhnungen: Vieles, was Lenz schreibt, ist ein Appell an missverstehende und ungehaltene Väter, die eigenen Wege der Kinder zu respektieren, mit Vertrauen zu begleiten und – vor allem – auch im Scheitern mit offenen Armen am Wegesrand zu stehen. Dass Lenz damit einen Archetypus problematischer Jugenderfahrung aufruft, muss hier nicht ausbuchstabiert werden.

In Lenzens Lebensgeschichte – die bei dieser Gelegenheit miteinbezogen werden sollte – spitzt sich diese Problematik zu im beharrlichen Wunsch nach einem freien Schriftstellertum, der unter dem Druck des Argwohns des Vaters, der materiellen Not und belastender zwischenmenschlicher Erfahrungen zu einer bitteren und vom Wahnsinn heimgesuchten Existenzweise führt. Auch für die Schüler gibt es manche Berufszweige – vor allem die künstlerischen und literarischen –, die sie nach wie vor in andere Unsicherheiten entlassen als so mancher gute Ratschlag der Eltern. Lenz ist hier ein Modell des mutigen und riskanten Lebensweges; kein Bilderbuchmodell gewiss, sondern ein zutiefst beunruhigendes.

Nicht nur von den genannten Erfahrungsbereichen her ist Lenz in der Schule bedeutsam. Er ist ein wesentlicher Stammvater der sozial sensiblen Literatur; er bricht eine Lanze für die offene Dramenform; er modernisiert die Gattung des bürgerlichen Trauerspiels und der traditionellen Verlachkomödie in Richtung einer tragikomischen und teilweise grotesken Gesellschaftskomödie. Er changiert zwischen den literaturgeschichtlichen Strömungen von Aufklärung, Empfindsamkeit und Sturm und Drang. Literarische Traditionen und Konventionen, Neuerungen, Glaubenskämpfe, Umbrüche – an Lenz lassen sich die vitalen Turbulenzen im literarischen Feld seiner Zeit aufschlussreich nachvollziehen. Und – kein unwichtiger motivationaler Gesichtspunkt – in Lenzens Dramen begegnet man all dieser didaktisch bedeutsame Lehrstoff in Gestalt realistischer Personen und einer anschaulichen, gewitzten und charaktereigentümlichen Sprache (deren Geheimnis man selbst wiederum stilanalytisch ergründen kann).

Grundsätzlich hat Lenz, das soll am Ende noch gesagt sein, im Lichte moderner Didaktik einen großen Vorteil: Er bildet in all seiner inneren Ambivalenz und literaturgeschichtlichen Umstrittenheit wirklichen Diskussionsstoff. Zu Lenz gibt es viele aufschließende Fragen, aber kaum abschließende Antworten. Sollen Schüler zum eigenständigen Denken und Urteilen, zu begründeter Thesenverfechtung erzogen werden, so wird das schulische Planspiel um so ernsthafter sein, wenn die Antworten nicht auf der Hand liegen.

2   Unterrichtsreihen

1. **Du bist gerochen! Gott kann mich nicht verdammen** (Stolzius) – Der ›moralische Mord‹ in der deutschen Literatur. (Alternativtitel: Rächergestalten in der deutschen Literatur.)
   Lenz: SOLDATEN, Schiller: WILHELM TELL, Kleist: KOHLHAAS, Dürrenmatt: BESUCH DER ALTEN DAME, Böll: DIE VERLORENE EHRE DER KATHARINA BLUM.

2. Lehrer und Schüler in der Literatur.
   Lenz: HOFMEISTER, Wedekind: FRÜHLINGS ERWACHEN, Hesse: UNTERM RAD, F. Torberg: SCHÜLER GERBER, H. Mann: PROFESSOR UNRAT, Horváth: JUGEND OHNE GOTT (vielleicht auch der Film CLUB DER TOTEN DICHTER).

3. Väter, Söhne, Konflikte.
   Lenz: HOFMEISTER, Schiller: KABALE UND LIEBE, Hauptmann: MICHAEL KRAMER, Hasenclever: DER SOHN, Kafka: DAS URTEIL/DIE VERWANDLUNG.

4. Jugend und Frühlingserwachen (Sexualität):
   Lenz: HOFMEISTER, Wedekind: FRÜHLINGS ERWACHEN, Torberg: SCHÜLER GERBER, Musil: TÖRLESS, Fleißer: FEGEFEUER IN INGOLSTADT, Wolfgang Bauer: MAGIC AFTERNOON, Stuckrath-Barre: SOLOALBUM, Alexa Hennig von Lange: RELAX.

5. Verführte Frauen und das Kainsmal der Schwangerschaft.

   Lenz: *Soldaten*, Wager: *Kindermörderin*, Goethe: *Faust I*, Hebbel: *Maria Magdalena*, Hauptmann: *Rose Bernd*, Kroetz: *Stallerhof*.

6. Freiheit und Unterdrückung.

   Goethe: *Götz von Berlichingen*, Lenz: *Hofmeister*, Schiller: *Räuber*, Schiller: *Wilhelm Tell*, H. Mann: *Der Untertan*, Kafka: *Bericht für eine Akademie*.

7. Der unterdrückte Bürger und das sexuelle Gleichnis – im 18. und im 20. Jahrhundert.

   Lenz: *Hofmeister*, Brussig: *Helden wie wir*. Dazu Brechts – zum Zeitpunkt der Proklamation der DDR aufgeführte – *Hofmeister*-Bearbeitung, die das Gleichnis akzentuiert, und Grass' *Die Plebejer proben den Aufstand*, das Brechts zweifelhafte Position zum Aufstand des 17. Juni thematisiert.

8. Das Skandalon in der Literatur.

   Sophokles: *Ödipus*, Lenz: *Hofmeister*, Kleist: *Marquise von O.*, Musil: *Törless*, Brussig: *Helden wie wir*.

9. Selbstzurücknahmen, Selbstzerstörungen.

   Lenz: *Hofmeister*, Kafka: *Hungerkünstler*, Kaschnitz: *Füsse im Feuer*, R. Schneider: *Schlafes Bruder*.

10. Typen der Werkbearbeitung (Novellierung, Ingebrauchnahme, Gegenentwurf, Übertragung, figurenperspektivische Rezeption – vgl. Sudau 1985).

    Lenz/Kipphardt: *Soldaten*, Lenz/Brecht: *Hofmeister*, Schiller/Hildesheimer: *Maria Stuart*, Hebbel/Kroetz: *Maria Magdalena*, Goethe/Plenzdorf: *Werther/Neue Leiden des jungen Werther*.

11. Komödie und Gesellschaft.

    Lenz: *Hofmeister*, Büchner: *Leonce und Lena*, Brecht: *Dreigro-*

Stunden	Thema	Didaktische Aspekte (Inhalte/Ziele)
1. GK	Der historische Berufsstand des Hofmeisters (vgl. Kap. 1.3)	1. Hinführung und Problematisierung

SCHENOPER, Kroetz: *MARIA MAGDALENA*, Botho Strauss: *KALDEWEY, FARCE*.

12. Die Entwicklung des bürgerlichen Trauerspiels.
Lessing: *EMILIA GALOTTI*, Lenz: *SOLDATEN*, Wagner: *KINDERMÖRDERIN*, Schiller: *KABALE UND LIEBE*, Hebbel: *MARIA MAGDALENA*.

13. Die Entwicklung des sozialen Dramas und des kritischen Volksstücks.
Lenz: *HOFMEISTER/SOLDATEN*, Büchner: *WOYZECK*, Hauptmann: *VOR SONNENAUFGANG/DIE WEBER/DER BIBERPELZ* (o.a.), Horváth: *GESCHICHTEN AUS DEM WIENERWALD*, Brecht: *MUTTER COURAGE*, Marieluise Fleißer: *PIONIERE IN INGOLSTADT*, Martin Sperr: *JAGDSZENEN AUS NIEDERBAYERN*, Kroetz: *HEIMARBEIT*.

14. Formtypen des Dramas (antikes, aristotelisches Drama, offene Form bei Lenz und Büchner, Stationendrama, episches Theater, dokumentarisches Theater).
Sophokles: *ÖDIPUS/ANTIGONE*, Lenz: *HOFMEISTER*, Büchner: *WOYZECK*, Georg Kaiser: *VON MORGENS BIS MITTERNACHTS*, Brecht: *SEZUAN*, Kipphardt: *SACHE OPPENHEIMER*.

3 Unterrichtssequenz zu *DER HOFMEISTER*

Verwendete Abkürzungen:

A	= Alternative	PA	= Partnerarbeit
GA	= Gruppenarbeit	PRO	= Produktionsorientierte
GK	= Grundkurs		Aufgabenstellung
HA	= Hausaufgabe	StA	= Stillarbeit
KRef	= Kurzreferat	SV	= Schülervortrag
LK	= Leistungskurs	TA	= Tafelanschrieb
LV	= Lehrervortrag	UG	= Unterrichtsgespräch
Mat.	= Material		

Methodische Realisierung/ Verlauf	Hausaufgabe
1. UG: Das Stück *DER HOFMEISTER* ist 1774 erschienen; was ist eigentlich ein Hofmeister? (Hauslehrer, Privatzieher in adligen und wohlhabenden bürgerlichen Familien; Wortbestandteil ›Hof‹ weist auf aristokratischen Umkreis, auf Herkunft aus der Prinzenerziehung. Schüler vermuten auch Hausmeister auf einem Gut u.Ä.) UG: Warum gab es wohl solche Hofmeister, warum hat man nicht alle Kinder in die Schule geschickt? (Vielleicht nicht genügend oder nicht genügend gute Schulen; Wunsch nach exklusiver Erziehung der Adelskinder, nach Abgrenzung, besonderen Lerninhalten usw.) UG: Welche Nachteile dieser Erziehungsform können Sie sich für die Adelskinder vorstellen? (Abhängigkeit von einer einzigen Lehrperson; kein Ansporn, kein Leistungsvergleich, keine Qualitätskontrolle; kein Kennenlernen anderer Kinder, anderer sozialer	Vorbereitendes Schülerreferat: Lenzens Biografie mit Schwerpunkt der Vaterbeziehung (Zeittafel in diesem Band; Schulz 2001, 11–67; Voit 1998, 562–586; von Hohoff 1977 ist abzuraten). HA: Entweder das satirische Gedicht von Claudius

Stunden	Thema	Didaktische Aspekte (Inhalte/Ziele)
1. GK		
		2. Historische Informationen zum Berufsstand des Hofmeisters und zu den Erziehungszielen des Adels
2. GK	Konfliktherde des Hofmeister- und des heutigen Lehrerstandes (vgl. Kap. 1.3.1)	1.a Textanalyse: »Auf den Tod eines Hofmeisters« – satirisches Gedicht von Matthias Claudius (1774)
		(A) 1.b Textanalyse: Satirischer Brief zur Anforderung eines Hofmeisters von G. W. Rabener (1765)
		2. Problembereiche des historischen Hofmeisterstandes

Schichten; kein Erlernen von Sozialverhalten)
UG: Was hatte ein Hofmeister zu lehren; welche Unterrichtsinhalte waren dem Adelsstand wichtig? (Schüler vermuten: höfische Umgangsformen, Sprachen, Geschichte, Reiten u.Ä.)
2. StA: Lesen von Mat. 1 und Mat. 2.
TA: Hofmeister und Adelserziehung
• Hofmeister ursprünglich Oberhaupt des Hofpersonals, dann Einengung auf Prinzenerziehung, schließlich Privaterzieher
• Städtische Lateinschulen (Bürger): hauptsächlich klassische Sprachen wie Latein und Religion; Ausrichtung auf ein Studium und den Pfarrer- bzw. Beamtenberuf
• Adelserziehung (Hofmeister, Ritterakademien): hauptsächlich höfische Bildung (neue Sprachen wie Französisch, galante Umgangsformen, Tanzen, Fechten, Reiten usw.) und Geschichte, Genealogie, Jurisprudenz; Ausrichtung auf militärischen, diplomatischen oder juristischen Dienst

Hausaufgabe-Spalte: (Mat. 3a) oder (A) den satirischen Brief von Rabener schriftlich bearbeiten (Mat. 3 b). Zugangsfragen siehe 2. Stunde.

1.a UG nach HA (Mat. 3a): Wie wird der Hofmeister dargestellt? (Gefügiges Faktotum mit geringem Salär; für alles andere benutzt, nur nicht im Sinne der eigentlichen Bestimmung: der Wissensvermittlung und Erziehung)
Aus wessen Perspektive und mit welcher Haltung wird gesprochen? (Familie des adligen Brotgebers ist lyrisches Rollen-Wir; Bewertung ironisch: Hofmeister nur gut zur Ausnutzung; Lehrtätigkeit liegt nicht im Bewusstseinshorizont: zeigt beschränkte, ignorante Haltung der Dienstherren.)
Gedichtaussage? (Satire: Aus übergeordneter Autorperspektive werden Einstellungen und Erwartungen des Adels und Botmäßigkeit des Hauslehrers kritisiert.)
(A) 1.b UG nach HA (Mat. 3b): Welche Erwartungen an einen Hofmeister kommen zum Ausdruck? (Soll viele Wissenschaften und praktische Fertigkeiten beherrschen, reinlich und weltkundig sein, auch niedere Hofarbeiten mit ausführen, sich auf lange Zeit verpflichten.)
Was wird ihm vom adligen Dienstherrn dafür versprochen? (Spärlicher Lohn, Wohnen mit den Kindern, Essen mit den Bediensteten.)
Textaussage? (Satirischer Brief: komische Diskrepanz zwischen der Ankündigung, nicht viel zu erwarten, und den übertriebenen Ansprüchen an ein generalistisches Lehrpensum; Zumutungen und Entwürdigungen; unverschämte und herablassende Haltung des Brotgebers gegenüber dem Hauslehrerstand)
2. UG: Welche Problembereiche des historischen Hauslehrerstandes sind zu erkennen? (Diskrepanzen zwischen Selbst- und Fremdverständnis des Hofmeisters: Akademiker, Lehrer – Gesellschafter, Bediensteter; unmittelbare Abhängigkeit vom Dienst-

Hausaufgabe-Spalte: Schriftlich (Stichworte): Pro und Kontra des Hofmeisterstandes – im Stück vorkommende Argumente und relevante Handlungsmomente.

Stunden	Thema	Didaktische Aspekte (Inhalte/Ziele)
2. GK		
		3. Aktualisierung: Problembereiche des heutigen Lehrerstandes – fiktiver Nachruf/fiktiver Anforderungsbrief
3. GK	Erziehungsdebatte: Privaterziehung vs. öffentliches Schulwesen (vgl. Kapitel 1.3)	1. Vor- und Nachteile von Privat- und Schulunterricht. Textanalyse und Erörterung aus historischer und aktueller Sicht
4./5. GK	Vom Adelshaus in die Schulmeisterklause: Facetten von Freiheit, Entwürdigung und Anpassung (vgl. Kap. 1.5)	1. Läuffers ausgespartes Innenleben (fiktives Tagebuch) 2. Läuffers Freiheitsraum im privaten Adels- und im öffentlichen Schulhaus

herrn; überzogene Ansprüche bei durchschnittlichem oder not-
dürftigem Ausbildungsstand.)
3. (PRO) GA: Auf die Versetzung eines Studienrats/Direktoren-
brief an die Bezirksregierung mit Bitte um Zuteilung eines weiteren Studienrats. (In parallelen Gruppen schreiben die Schüler einen satirischen Nachruf auf einen heutigen Lehrer oder einen
satirischen Bittbrief um Neuzuteilung mit einem entsprechenden
Profil der erwünschten Eigenschaften und Fähigkeiten. Es wird
sich humorvolles Verständnis für die Anforderungen des
Berufes – Motivieren, Unterhalten, Lehren, Bewerten, Kontrollie-
ren, Beraten, Fahrten-Betreuen usw. –, aber auch ironische Kritik
an Schwächen, Fehlverhalten oder dem heimlichen Lehrplan von
Lehrerpersönlichkeiten äußern, etwa an Rechthaberei, ungerech-
ter Benotung, mangelnder Vorbereitung usw. Vor der Folie der
aktuellen Lehrer-Schüler-Situation wird der Blick für die historischen Bedingungen der häuslichen Unterrichtung geschärft.)

---

1. UG nach HA: Privaterziehung oder öffentliches Schulwesen:
Pro und Kontra. (Bei den personen- und damit interessegebun-
denen Meinungen muss deren Geltungsanspruch, beim Privatlehrer Läuffer und Schullehrer Wenzeslaus deren Allgemeinheits-
anspruch beurteilt werden. Insgesamt sollten die aus heutiger
Sicht triftigen und für damals fortschrittlichen Gesichtspunkte
von den historisch überholten gesondert werden.)
TA: Vor- und Nachteile der privaten bzw. öffentlichen Unterrichtung: Unterrichtung durch Hofmeister bzw. Unterrichtung durch
Schullehrer. Ergebnisse siehe Übersicht in Kap. 1.3, S. 25 f.

PRO: Schreiben Sie
Läuffers Tagebuch
(Zeitraum Akt I –
Akt III), in dem Sie
Läuffers Innenle-
ben während sei-
nes Daseins im
Adelshaushalt
(und seiner Bezie-
hung zu Gustchen)
sowie im Schul-
haus des Wenzes-
laus formulieren.

---

1. SV nach HA: Versionen von Läuffers erdichtetem Tagebuch
2. Arbeitsteilige GA: Verbessert sich durch die Flucht ins Schul-
haus die Lage Läuffers?

Ergebnisse als TA:

Läuffers Freiheitsraum	
in sozialer Hinsicht	in persönlicher Hinsicht
im Adelshaus abhängige und demütigende Rolle des Be-diensteten und Befehlsemp-fängers	im Adelshaus besondere Belas-tungen durch die Lohnwillkür des Majors und den Standes-dünkel der Majorin; Ventil-funktion, aber auch Verheimli-chungsdruck in der Beziehung zu Gustchen

Untersuchen Sie
das Liebesverhal-
ten und die Ein-
stellung zu Bezie-
hung und
Sexualität bei
Gustchen (13 ff.,
25 f., 33 ff.); Fritz
(13 ff., 27, 64 f.,
68 f., 78, 92–96);
Pätus (64 f., 68,
71 ff., 91); Läuffer
(25 f., 33 ff., 73 ff.,
85–90); Lise
(85–90); Wenzes-
laus (48, 52 f.,

Stunden	Thema	Didaktische Aspekte (Inhalte/Ziele)
4./5. GK		
	Brechts Bearbeitung des *HOF-MEISTER* (Mat. 4; vgl. Kap. 1.8)	3. Vergleichende Textanalyse: Brechts Werkbearbeitung des *HOFMEISTER* als Gleichnis der Anpassung
6./7. GK	Liebe, Trieb und Schwärmerei: Beziehungen und Sexualmoral (vgl. Kap. 1.7)	1.a Einstellungen der Dramenfiguren zur Geschlechterliebe

in sozialer Hinsicht	in persönlicher Hinsicht
im Schulhaus Aussicht auf die relative Freiheit und Selbstbestimmung eines Schulmeisters (zunächst Mithelfer, später vielleicht Nachfolger des Wenzeslaus)	im Schulhaus weiterhin Herabsetzung und Fremdbestimmung durch die dominante und dogmatische Persönlichkeit des Wenzeslaus

73 ff., 82–90).
(A) PRO: Schreiben Sie drei psychologische Gutachten über die Beziehungen Fritz-Gustchen, Gustchen-Läuffer und Läuffer-Lise.

3. Arbeitsgleiche GA (Mat. 4): Wie verhalten sich beide Aussagegehalte zueinander?

TA: Vergleich Original – Bearbeitung

Lenz	Brecht
Kastration vorrangig aus rückwärtsgewandten Motiven: Schuldgefühle gegen Gustchen, Verzweiflung	Kastration vorrangig aus zukunftsgerichteten Motiven: Berufssorgen
Wenzeslaus bejubelt Verschneidung als religiös-asketische Heldentat: Überwindung der Fleischeslust	Wenzeslaus bejubelt Verschneidung als pädagogisch-staatsbürgerliche Heldentat: Überwindung der Aufsässigkeit
Kastration: groteskes Symbol einer entstellten und verwirrten Persönlichkeit	Kastration: karikierendes Gleichnis einer planmäßigen Anpassung und Willfährigkeit

→ Brecht greift Motive von Freiheit und Zivilsklaverei bei Lenz auf, ordnet ihnen aber alle anderen, z. T. abweichenden Themen konsequent unter.
→ Werkbearbeitung als Ingebrauchnahme für eigene politische Intentionen.

1.a UG nach HA.

TA:

Einstellungen zu Lust und Liebe	
Gustchen	schwärmerisch-idealistische Liebe ohne Bestand vor der Realität – projiziert ihre Liebesbedürfnisse auf den Ersatzmann Läuffer
Fritz	idealistische und aufklärerisch-edelmütige Liebe – bleibt Gustchen unverbrüchlich treu, ruft den erotischen Heißsporn Pätus zur gesitteten Form der Fraueneroberung (Ehe) zurück, akzeptiert vorurteilslos das uneheliche Kind
Pätus	draufgängerische, aber auch ernsthafte Liebe – bringt Jungfer Rehaar in Verruf, rehabilitiert sie aber durch Heirat

HA für GK:
Vergleichen Sie die Vater-Kind-Beziehungen im Drama mit der biblischen Parabel vom verlorenen Sohn (Lukas 15,11–32; ggf. kopieren).
(Verschiedene Arbeitsaufgaben, Zitate siehe Übersicht in Kap. 1.6): Fritz-Geheimrat, Pätus-Vater Pätus, Vater Pätus-Großmutter Pätus, Gustchen-

Stunden	Thema	Didaktische Aspekte (Inhalte/Ziele)
6./7. GK		

1.b (A) Nachdenken über die Liebe: drei fragwürdige Beziehungsverhältnisse

2. Problematisierung: soziale, psychologische, ideologische Wirkungsfaktoren

3. Szenische Erarbeitung:
Einfühlung, Nachvollzug, Ausgestaltung (vgl. Kap. 1.7.4)

LK-Additum (1 Stunde)

Stunden	Thema	Didaktische Aspekte (Inhalte/Ziele)
	Lenzens sexualmoralische Vorstellungen	1. Textanalyse: Lenzens philosophische Gedanken zu Sinn, Funktion und Ausübungsrahmen der Geschlechtlichkeit

Methodische Realisierung/ Verlauf		Hausaufgabe
Einstellungen zu Lust und Liebe		Major, Jungfer Rehaar-Rehaar, Läuffer-Pastor Läuffer, Läuffer-Ziehvater Wenzeslaus. HA für LK-Additum: Mat. 5: Fassen Sie Lenzens Einstellungen zur Geschlechterliebe in Kernsätzen zusammen.
Läuffer	kopflose Affekte und Leidenschaften – wegen Abhängigkeiten, inneren Nöten und äußeren Zufällen in einem Hin und Her von gefährlicher Liaison (Gustchen), rabiater Sexualitätsbekämpfung (Kastration) und glücklicher Liebesverbindung (Lise)	
Lise	naiv-herzliche Liebe – unbefangene und unbeirrbare Zuneigung zu Läuffer	
Wenzeslaus	verdrängte und verteufelte Sexualität – meint, er könne kein Weib ernähren und bekämpft die Sinnlichkeit in sich selbst und – als Lobredner religiöser Askese – in anderen	

1.b (A) Erörterung nach HA: Psychologische Gutachten über die Beziehungen Fritz-Gustchen, Gustchen-Läuffer und Läuffer-Lise.
2. UG: Welche Umstände wirken auf die vorgeführten Beziehungen und Einstellungen ein? (Liebe erschwert und gelenkt durch soziale Verhältnisse: Standesschranken, finanzielle Voraussetzungen einer Ehe; Liebe deformiert unter entfremdeten Bedingungen: gegenseitige Ausnutzung, Ersatz- bzw. Ventilfunktion; Liebe behindert und kanalisiert durch Sinnenfeindlichkeit und bürgerliche Rufwahrung – einzig relativ unabhängig von Bedingungsfaktoren und dadurch idealistisch bzw. märchenhaft wirkend: Fritz und Lise.)
3. PRO/Szenische Interpretation: Zwei Phasen der Beziehung Gustchen – Läuffer (II,2 und II,5): Schüler spielen die beiden Beziehungsszenen, in denen sich das beiderseitige Verhältnis verändert und geradezu umkehrt. Erprobung von Sprech- und Körperhaltungen, von Gebärde und Raumstellung, Diskussion von inneren Haltungen, etwa der Stellvertreter-Funktion Läuffers und der Ventilfunktion Gustchens sowie des Aneinander-Vorbeiredens. Bewusstmachung von ausgespartem Innenleben durch Technik des Hilfs-Ichs: Dieses steht hinter der Figur, legt an gewissen Stellen die Hand auf deren Schulter und spricht in Ich-Form aus, was diese fühlt, denkt, bezweckt; die Figur selbst reagiert nicht auf das Hilfs-Ich und agiert nach dessen Redepart weiter.

Methodische Realisierung/ Verlauf	Hausaufgabe
1. UG nach HA. TA: Lenzens Sexualphilosophie • ideale (göttliche) und homogene (sinnliche) Schönheit, • Geschlechtsbegehren ist Gottesgabe,	siehe GK letzte Stunde.

Stunden	Thema	Didaktische Aspekte (Inhalte/Ziele)
	(vgl. Kap. 1.7.1 und Mat. 5)	
		2. Zusammenhang Drama – Moralphilosophie
8./9. GK	Verstoßene Söhne und gefallene Töchter: Vater-Kind-Beziehungen (vgl. Kap. 1.6)	1. Vergleichende Textanalyse: Lenzens Drama und das biblische Gleichnis vom verlorenen Sohn
		2.a Problematisierung: Rebellion der Jüngeren gegen die Väter?
		2.b (A) Interpretierendes Dichten: Rebellionsbrief des Fritz
		2.c (A) Stellungnahmen der Schüler zum Verhalten der Väter
		3. Lenzens Biografie und eigene Vatererfahrung …

• Geschlechtsverlangen ist mit Vernunft zu steuern und als Vergegenwärtigung gött-
lich-höherer Schönheit zu begreifen,
• Geschlechtlichkeit darf nicht nur, sondern soll genossen werden als Motivations-
schub für freihandelnde Aktivität und für das Streben nach göttlicher Schönheit,
• göttliche Verbote und Einschränkungen der Sexualität sind Anstachelungen solchen
Aktivstrebens (alle Aktion ist Reaktion: Nähe zu Goethes Mephistokonzeption),
• andere höhere Absicht der Sexualität: Annäherung der Geschöpfe, die sich sonst
leicht voneinander abtrennen (isolieren) würden,
• Geschlechtsgenuss als Geschenk der wechselseitigen Gehilfschaft von Mann und
Frau, auch generell Entschädigung für die Daseinslast nach der Vertreibung aus dem
Paradies,
• einzig legitimer Ort der Triebbefriedigung ist die Ehe; andere Befriedigungsweisen
machen zügellos, kalt, empfindungsleer, religionsstumpf,
• wem Ehe vorenthalten bleibt, muss seine Sexualität zähmen und diesen Genuss ersetzen durch eine Veredelung (Sublimierung) seiner Antriebe in einer empfindsamen
(zärtlich-platonischen) Liebe.
2. UG: Was bedeuten diese Anschauungen für die Drameninterpretation, speziell die
Deutung Läuffers und des Wenzeslaus? (Läuffers Beziehung zu Gustchen ist illegitime
Form der Sexualität, die zu fataler Haltlosigkeit führt – vgl. Bemerkung 75,15 ff.; Sexualverteufelung und Preisung der Kastration durch Wenzeslaus verkennt göttlich-an-
thropologischen Stellenwert der Sexualität.)

1. UG nach HA.

TA:

Gestörte Vater-Kind-Verhältnisse		
Vaterkonflikt	Grund des Zer-würfnisses	Art der Versöhnung

Ergebnisse siehe Übersicht in Kap. 1.6, S. 54 f.
→ nicht verlorene Kinder, reuige Sünder, sondern verstoßene,
missverstandene, beargwöhnte Kinder: Appellfiguren an den Vaterzorn, an Vertrauen, Langmut, Verzeihung.
2.a UG: Handelt es sich bei diesen gespannten Eltern-Kind-Bezie-
hungen um einen Generationskonflikt? (Es geht nicht um Zeitumbrüche, Wertewandel und Rebellion: Fritz vertritt die gleiche
Vernunft; Pätus die gleiche finanzielle Ratio wie ihre Väter – also
kein Generationenkonflikt, sondern gestörte Vertrauensverhält-
nisse.)
2.b (A) PRO/StA: Ein verstoßener Sohn rebelliert: Schreiben Sie
Fritzens sechsten, jetzt aber nicht mehr untertänigen Brief an den
Vater (nach den fünf vergeblich geschriebenen, vgl. IV,1)
2.c (A) StA: Gute Väter, schlechte Väter – beurteilen Sie die
menschlich-erzieherischen Qualitäten des Geheimrats und des
Majors.
3. KRef: Lenzens Biografie und das Vatertrauma (Literaturhin-

(Verschiedene
Hausaufgaben):
1. Gustchens Er-
klärungsbrief an
Fritz und dessen
Antwortbrief.
2. **Wer 'ne Hur
nimmt wissent-
lich …** Schubart
argumentiert ge-
gen den Versöh-
nungsakt. (Genau-
ere Formulierung
siehe 10. Stunde.)

Stunden	Thema	Didaktische Aspekte (Inhalte/Ziele)
8./9. GK		
		4. ...und deren Niederschlag in den Strukturen des Dramas
10. GK	Fritz von Berg – Vorbote einer neuen Moral oder blauäugiger Tölpel? (vgl. Kap. 1.7.3)	1. Erörterung von Moralvorstellungen anhand von Fritzens Verzeihungsakt ...
		2. ...und anhand eines moralischen Gegeneiferers
11. GK	Happyend und Endaussagen (vgl. Kap. 3.3)	1. Das Happyend: tragfähig oder ›an den Haaren herbeigezogen‹?
		1.a Argumente für und gegen ein Happyend zusammenstellen

weise siehe Vorbemerkung vor 1. Stunde.) Schwerpunkte: Lenz versucht eigenen, vom Vater bekämpften Weg des Schriftstellers zu gehen; nach genialischen Anfängen Schicksalsschläge und finanzielles Elend. Seelischer Druck löst Schübe von Geisteskrankheit und weiterer sozialer Verelendung aus. Unter dem Eindruck des sozialen Strandens Schuldgefühle, Selbstverurteilungen in der Manier des Vaters.

4. UG: Was hat das HOFMEISTER-Drama mit Lenzens Biografie zu tun? (Lässt Jugendliche ebenso unter unberechtigtem Vaterzorn leiden; appelliert mit dem Major – wie mit Vater Wesener in den SOLDATEN – an die bedingungslose, verzeihende Liebe.)

1. UG nach PRO-HA: Auch nach ihrer Schwangerschaft und Heimkehr hat Gustchen ihren Fritz nicht vergessen (vgl. V,7). Schreiben Sie einen fiktiven Brief Gustchens an Fritz und dessen Antwortbrief aus Leipzig. (In den Briefen sollten die Beziehungsgeschichte und ihre Gefährdungen aus Gustchens und Fritzens Sichtweise zum Ausdruck kommen, also Erklärungen, Entschuldigungen; Bitten, Verzeihungen usw.) 2. UG nach HA: **Wer 'ne Hur nimmt wissentlich/Bleibt ein Hundsfut ewiglich** – so kritisiert Schubart 1774 das Verhalten des Fritz (EuD Hof, 100). Schreiben Sie ein Zwiegespräch zwischen Fritz und Schubart, in dem dieser versucht, Fritz das Gustchen auszureden.(Die fiktiven Brief wie das Anfechtungsgespräch geben Anlass, über Beziehungen und Moral innerhalb von Beziehungen zu diskutieren.)	PRO: Was könnte geschehen, wenn Lise nicht aufgetaucht und kein Lottogewinn eingetreten wäre? Schreiben Sie ein anderes Dramenende.

1. UG: Sind im Happyend die sozialen und zwischenmenschlichen Probleme (Domestikenrolle eines Hofmeisters, Standesschranken in Beziehungen, gestörte Vater-Kind-Verhältnisse) befriedet und gelöst? 1.a TA:	Arbeitsteilig: je einen Akt auf komische und tragische Züge hin untersuchen (Stichworte).

Wie tragfähig ist das Happyend?	
wirkliche, glaubhafte Lösungen	keine oder Scheinlösungen
	Weder Läuffer noch ein anderer Hofmeister bessert seine soziale Situation.
Fritz überwindet das sexualmoralische Vorurteil gegen voreheliche Geschlechtsverkehr und uneheliche Kinder.	Die Stände heiraten getrennt; keine Überwindung von Standesschranken.
	Heimkehr von Fritz und Pätus und damit die familiären Versöhnungen die anstehenden Hochzeiten nur durch Zufall (Lottogewinn) ermöglicht.

Stunden	Thema	Didaktische Aspekte (Inhalte/Ziele)
11. GK		
		2. Erörterung der Gesamtaussage
		3. Prospektives Dichten: alternative Dramenschlüsse
12. GK	Komödie, Tragiko- mödie, bürgerli- ches Trauerspiel? (vgl. Kap. 3.3.1, 3.3.2)	1. Problematisierung der Gattung: Komödie, Tragödie oder Tragikomödie?
		2. Lenzens eigentümliche Abweichungen vom Grundmus- ter des bürgerlichen Trauerspiels

wirkliche, glaubhafte Lösungen	keine oder Scheinlösungen
Lise liebt Läuffer (wenn auch animiert vom geistlichen Stand).	Lises Auftreten wirkt abrupt und zufällig.
Major läutert sich vom polternden Junker zum anteilnehmenden Menschenfreund.	Fritz unterwirft sich seinem Vater mit dem Gestus des Schuldigen, obgleich eigentlich dieser Abbitte zu leisten hätte (die nur ganz nebenbei und halbherzig erfolgt).
	Geheimrat ändert sich nicht durch tiefer gehende Selbsteinsicht in seine Hartherzigkeit.

→ die Lösungen wirken herbeigezogen, enthalten aber über das Stück hinauswirkende moralisch-humane Appelle an unbedingte Kindesliebe, verzeihende Haltungen, Überwindung von Vorurteilen

2. UG: Ist das Stück gesellschaftskritisch? Welchen Aussagegehalt (welche Botschaft) übermittelt es am Ende? (Gesichtspunkte der Infragestellung des Adelsdünkels und Aufweis sozialer Knebelung des Bürgertums werden am Ende fallen gelassen. Es bleibt der Appell an die Vaterliebe und die verzeihende gesellschaftliche Haltung gegenüber weiblichen Fehltritten, also an Menschlichkeit und aufklärerische Vernunft.)

3. UG nach PRO-HA: Was könnte geschehen sein, wenn Lise nicht aufgetaucht und kein Lottogewinn eingetreten wäre? (Erörterung und ggf. szenische Darstellung der anderen – vielleicht tragischen oder tragikomischen – Dramenverläufe. Wie verändert sich dadurch die Dramenaussage?)

1. UG nach HA: Lenz schwankte, ob er das Stück als Komödie oder als Lust- und Trauerspiel veröffentlichen sollte. Wir würden Sie die Gattung bezeichnen? (Zusammenstellen der häuslichen Ergebnisse im TA; Diskussion der Konsequenzen für die Gattungsbestimmung)

TA:

Gattungsproblem im *HOFMEISTER*	
Komische Züge	Tragische Züge

HA für GK: Untersuchung der sprachlichen Personalstile einzelner Figuren (Geheimrat, Major, Wenzeslaus, Läuffer usw. – siehe gekästelte Beispiele in Kap. 3.1.2).

Ergebnisse siehe Übersicht in Kap. 3.3.1. S. 138 ff.

→ dem Stück unterliegt für eine reine Komödie ein zu großer sozialer und existenzieller Ernst; Begriff Tragikomödie angemessener.

2. UG: Lenzens Tragikomödie hat eine gewisse Nähe zu der Gattung des bürgerlichen Trauerspiels. Dessen Grundgerüst besteht darin, dass ein adliger Verehrer oder Verführer Unheil über eine bürgerliche Familie bringt (er verlässt z. B. die Geliebte, diese ist

Stunden	Thema	Didaktische Aspekte (Inhalte/Ziele)

12.
GK

1.a Lenzens Veränderungen/Bearbeitung des bürgerlichen Trauerspiels im Einzelnen schwanger, wird als Hure verschrien und tötet aus Verzweiflung ihr Kind). Untersuchen Sie die Beziehung von Lenzens Stück zu diesem Grundmuster.

1.a TA:

Lenzens Umwälzung des bürgerlichen Trauerspiels	
Traditionelles bürgerliches Trauerspiel	Lenzens Umbildung
schroffe Standesgrenzen	Standesgrenzen verwischt (Geheimrat mit bürgerlichen Ideen, Major als eher bürgerlicher Familienvater, Fritz mit bürgerlich-humanen Idealen)
adlige Amoral – bürgerliche Moral	moralische Standesparteiung aufgehoben (Fritz moralischer als Pätus; Läuffer amoralischer als Fritz)
private Familie als Hort bürgerlicher Tugend – öffentlicher Hof als Ort adligen Lasters	adlige Privatfamilien als Ort gefährdeter und wiederhergestellter Eltern-Kind-Beziehungen – bürgerliche Familie des Läuffer ausgeblendet (und Geschehen in Familie Pätus ähnlich geartet wie in den adligen Familien)
bürgerliches Mädchen – adliger Verführer	Umkehrung des standes- und geschlechtsbezogenen Rollenschemas (adlige ›Verführte‹ bzw. ›Verleiterin‹ – bürgerlicher ›Verführer‹ bzw. ›Verleiteter‹)
zwingende Handlungsstruktur, bestimmt von Machenschaften und Schurken (Intrige)	reigenartige Handlungsstruktur, bestimmt von sozialen Milieus und Zwangslagen, von eigentümlichen Charakteren und Zufällen
bürgerliche Katastrophe (tragisches, standesanklagendes Ende)	adliges und bürgerliches Happyend (standesverbrüdernd: Pätus-Familie zusammen mit Familie von Berg), aber auch groteske bürgerliche Teil-Katastrophe (Läuffers Selbstkastration)

HA für LK-Additum: Mat. 6: Kernsätze schriftlich ausarbeiten. (Je nach Vorwissen ist es ratsam, zumindest ein bürgerliches Trauerspiel und eine rührende Komödie vorstellen zu lassen, daher zwei Aufträge (KRefs) verteilen – etwa zu Lessings *EMILIA GALOTTI* und Gellerts *BETSCHWESTER* nach Kindlers Literatur Lexikon.)

Stunden	Thema	Didaktische Aspekte (Inhalte/Ziele)
12. GK		

LK-Additum (1 Stunde)

Stunden	Thema	Didaktische Aspekte (Inhalte/Ziele)
	Lenzens Tragikomödie zwischen Verlachkomödie, Lustspiel und bürgerlichem Trauerspiel (vgl. Kap. 3.3.2)	1. Gattungsumbrüche im 18. Jahrhundert und Lenzens Stellenwert
13. GK	Vielfalt charakteristischer Sprachstile (vgl. Kap. 3.1.1 und 3.1.2	1. Allgemeine Stilmerkmale des Sturm und Drang 2. Personalstile im *HOFMEISTER*
14. GK	Sprach-pantomimische Kompositionsweise (vgl. Kap. 3.1.4)	1. Szenische Interpretation einiger dramatisch dichter Szenen
15. GK	Handlung und Personal (Aspekte der offenen Dramenform) (vgl. Kap. 3.2)	1. Handlungsstränge und deren grafische Darstellung

2. Themenstruktur

Methodische Realisierung/ Verlauf

→ Lenz erneuert das holzschnittartige Weltbild des bürgerlichen Trauerspiels, indem er die pauschale Klassendiffamierung aufhebt, die Vielschichtigkeit menschlicher Persönlichkeiten berücksichtigt und die traditionelle Handlung der Intrige durch die modernere Form der panoramatischen Gesellschaftsschilderung ersetzt.

Methodische Realisierung/ Verlauf	Hausaufgabe
1. Ggf. KRefs über *EMILIA GALOTTI* und *BETSCHWESTER*. Dann UG nach HA: Wie wäre Lenzens Stück in das Gefüge der seinerzeit bestehenden Gattungen einzuordnen? Ergebnisse als TA (siehe Tafelbild zur Gattungsgeschichte im 18. Jh).	siehe GK letzte Stunde
1. UG nach HA: Welche allgemeinen (personenübergreifenden) Stilmerkmale sind Ihnen aufgefallen? TA: Allgemeine Stilmerkmale, Ergebnisse siehe Übersicht in Kap. 3.1.1, S. 110 ff. 2. UG nach HA: Wodurch ist die Sprechweise einzelner Figuren gekennzeichnet, was sagt diese über Stand, Situation, Charakter aus? TA: Personalstile im *HOFMEISTER,* Ergebnisse siehe Beispiele in Kap. 3.1.2.	Szenen I,3; III,2 und evtl. V,10 dramaturgisch vorbereiten (d. h. Rollen einüben, Haltungen überlegen usw. – wenn möglich, bereits Spielvorbereitung in Gruppen).
1. PRO/Szenische Interpretation: Schüler spielen, variieren, erörtern einige der sprachlich-gestisch und räumlich-atmosphärisch verdichteten Szenen (auswendig, mit dem Buch in der Hand oder frei paraphrasierend-improvisierend – konkrete Hinweise siehe Kap. 3.1.4.)	Handlungsstränge herausfinden und Schaubild entwerfen.
1. UG nach HA: Welche Handlungsstränge treffen sich im Drama? (Es wird Erörterungen geben, ob man z. B. eine Pätus-, eine Rehaar-, eine Wenzeslaushandlung ansetzen soll usw. – es gibt hier Spielräume der Deutung. Wichtig ist die Einsicht, dass es keine Einheit der Handlung, also keine tragende Haupthandlung gibt, sondern ein Nebeneinander verschiedener Stränge und Themen. Zur Orientierung vgl. letzte Spalte der Handlungsübersicht in Kap. 1.2 sowie zur offenen Dramenform Kap. 3.2, S. 132 f.). Ergebnisse als TA: siehe Tafelbild zu Handlungssträngen. 2. UG: Welche Themen kommen mit diesen Handlungssträngen – und vielleicht noch zusätzlich – ins Spiel? (Läufferhandlung: Lehrer- und Sexualitätsthematik; Fritzhandlung:	HA für GK: Informieren über literaturgeschichtliche Epochen im 18. Jh. (Mat. 6, 7 und ggf. Literaturgeschichten, Nachschlagewerke). HA für LK-Additum: Schüler erhalten die Tabelle zur offenen und

Stunden	Thema	Didaktische Aspekte (Inhalte/Ziele)
		3. Personengestaltung …
		… und Ausblick auf offene Dramenform

LK-Additum (1 Stunde)

Stunden	Thema	Didaktische Aspekte (Inhalte/Ziele)
	Offene und geschlossene Dramenform (vgl. Kap. 3.2)	1. Lenzens Veränderungen gegenüber dem Modell der geschlossenen Form
16. GK	Lenz im Spannungsfeld verschiedener Epochenströmungen (vgl. Kap. 3.4)	1. Anteile von Sturm und Drang, Aufklärung und Empfindsamkeit
17. GK	Bedeutung des Stückes für die heutige Zeit und für Schüler	1. Fiktive Rezension als Aktualitäts- und Qualitätsbefragung

Methodische Realisierung/ Verlauf	Hausaufgabe
Vater-Sohn-Konflikt, Freundschaftsverwicklungen, Vernachlässigung und Untreue der Geliebten; zusätzlich Erziehungsdebatte [Geheimrat, Major, Wenzeslaus] und Sexualitätsdebatte [Wenzeslaus und Fritz gegenüber Pätus]). 3. UG Welche Kennzeichen weist die Personengestaltung auf (soziale Schichtung, Handlungsantriebe, Wertung der Personen)? (Adel: Familien von Berg, von Seiffenblase, Bürgertum: Familien Läuffer, Pätus, Rehaar, Bauernschaft: Lise. Antriebe nicht nur im hellen und autarken Bewusstsein, sondern in sozialen Zwangslagen sowie im Triebhaften und Unbewussten. Stärken und Anfechtbarkeiten in allen Schichten und z. T. auch gemischt in einzelnen Personen; Komik sowie Tragik in allen Ständen.) LV über den historischen Stellenwert dieser Merkmale; Übergang von der geschlossenen, tektonischen zur offenen, atektonischen Bauform	geschlossenen Dramenform (S. 131f.), die Spalte zur offenen Form sollen die Schüler anhand von Lenzens Drama ergänzen.

Methodische Realisierung/ Verlauf	Hausaufgabe
1. UG nach HA: Die Merkmale der geschlossenen Dramenform waren Ihnen genannt; wie sind demgegenüber die Gegebenheiten in Lenzens Drama zu beschreiben? (Gemeinsam werden die besten oppositionellen Formulierungen zu den vorgegebenen Merkmalsbeschreibungen gesucht: und dabei die Verhältnisse im Drama bewusster gesehen und diskutiert. Zu den Einzelheiten der offenen Form siehe Zusammenstellung auf S. 132 ff.)	siehe GK letzte Stunde.
1. UG: Welcher literaturgeschichtlichen Epoche würden Sie das Drama zuordnen? TA:	Stellen Sie sich vor, sie hätten eine Aufführung des Stückes besucht. Schreiben Sie eine Rezension für Ihre Schülerzeitschrift (Gesichtspunkte 17. Stunde).

Anteile Aufklärung	Anteile Sturm und Drang	Anteile Empfindsamkeit

Ergebnisse siehe Übersicht in Kap. 3.4.1.

1. UG nach HA: Gesamtbewertung aus Sicht heutiger Schüler (anhand der Rezensionen Diskussion über Hinfälligkeit oder Fortbestand der Probleme, heutige Bedeutung der Aussagegehalte, vorhandene oder nicht vorhandene Reize des Stückes.)

4 Unterrichtssequenz zu DIE SOLDATEN

Verwendete Abkürzungen:

A	= Alternative	KRef	= Kurzreferat
GA	= Gruppenarbeit	LK	= Leistungskurs
GK	= Grundkurs	LV	= Lehrervortrag
H	= Hausaufgabe	Mat.	= Material

Stunden	Thema	Didaktische Aspekte (Inhalte/Ziele)
1. GK	Maries Schicksal in der Sensations- oder nachdenklichen Presse	1. Fiktiver Zeitungsartikel
2. GK	**Eine Hure wird immer eine Hure** – zum Werdegang eines gefallenen Mädchens (vgl. Kap. 2.3)	1. Lenzens sozialwissenschaftliche Versuchsanordnung 2. Sein oder Werden? Vorurteil, Persönlichkeitsstruktur und sozialer Prozess

PA = Partnerarbeit
PRO = Produktionsorientierte
    Aufgabenstellung
StA = Stillarbeit

SV = Schülervortrag
TA = Tafelanschrieb
UG = Unterrichtsgespräch

Methodische Realisierung/ Verlauf	Hausaufgabe
1. PRO/StA: Schreiben Sie einen Zeitungsartikel über Maries Schicksal, wobei Sie Niveau und Tonart selbst wählen können (*Spiegel*, *Stern* oder *Bild-Zeitung* …).(Schreiben im Unterricht; Vorlesen, Erörtern.)	Vorbereitend Referatsthemen verteilen: a) Lenzens Biografie mit Schwerpunkt der Zeit mit den Baronen Kleist und der Beziehung zu Cleophe Fibich (Literaturhinweise siehe S. 161). b) Lenzens Prosadichtung MEIN TAGEBUCH (in Werke 2, 289–329). c) Lenzens Memorandum ÜBER DIE SOLDATENEHEN (in den Ausschnitten EuD Sol, 34–39, s. auch Kap. 2.5). Ist Marie selbst verantwortlich für ihren sozialen Abstieg oder ein Opfer der Verhältnisse?
1. UG : Pointieren und deuten Sie die im Offiziersdisput aufgestellten Thesen zum Werdegang einer Prostituierten (12,16–13,23). Darstellung als TA: Gegensätzliche Thesen zum Werdegang einer Prostituierten. Ergebnisse siehe Übersicht in Kap. 2.3, S. 87. 2. UG nach HA: Wenden Sie die Frage auf Maries Schicksal an: Ist sie selbst verantwortlich für ihren sozialen Abstieg oder ein Opfer der Einflüsse und Verhältnisse? Darstellung als TA: Marie: Gefallsucht oder soziales Getriebe? Ergebnisse siehe Übersicht in Kap. 2.3, S. 90.	PRO-HAs: Briefwechsel Stolzius-Marie; Zwischengedanken des Desportes beim Briefschreiben; Maries Lebensbeichte. Formulierung siehe 3. Stunde.

Stunden	Thema	Didaktische Aspekte (Inhalte/Ziele)
2. GK		
3. GK	Standesprivileg und Standesohnmacht: Marie zwischen zwei Liebhabern (vgl. Kap. 2.3)	1. Interpretierendes Dichten: Eindringen in die fatale Dreiecksbeziehung
4. GK	Stolzius – Kränkungen und Rache eines Liebhabers	1. Interpretierendes Dichten: Verstehen und Hinterfragen des gedemütigten und rächenden Liebhabers
5./6. GK	**Furchtbare Ehlosigkeit** und **Pflanzschule von Soldatenweibern –** Missstand und Reformversuch (vgl. Kap. 2.4 und 2.5)	1. Das Drama – nur Illustration einer These?

→ vielschichtige und lebendige Darstellung: Marie Opfer, aber auch Mitschuldige. Ihr wird mitgespielt, aber sie spielt auch mit. Eine Hure wird eine Hure, weil sie anfällig dafür ist und dazu gemacht wird.

1. UG: Nach dem Vorlesen einiger PRO-HAs Erörterung der Charaktere, ihrer Abhängigkeiten, ihrer gerechtfertigten, fehlgehenden oder schuldbehafteten Verhaltensweisen. PRO-HA 1: Ein vorwurfsvoller Brief und die pikierte Antwort. Schreiben Sie den im Stück erwähnten Brief des Stolzius, in dem er Marie Untreue vorwirft. Verfassen Sie auch den Antwortbrief Maries, um den sich Baron und Marie balgen (II,3; 24 f.). PRO-HA 2: Was Desportes schreibt und wirklich denkt ...Setzen Sie zwischen die Zeilen des heuchlerischen Abwehrbriefes des Barons an Marie (III,7; 36 f.) jeweils den Klartext seiner wirklichen Gedanken und Motive. PRO-HA 3: Maries Lebensbeichte. Auf Anraten der Gräfin legt Marie – zu dem Zeitpunkt, da sie allen Offiziersbeziehungen entsagen will (vgl. IV,3; 45 f.) – schriftlich Rechenschaft vor sich selbst über ihren bisherigen Lebensweg ab (Hoffnungen und Täuschungen, Stärken und Fehler).	PRO-HAs: Tagebuch des Stolzius; Streitgespräch mit Eisenhardt. Formulierung siehe 4. Stunde.
1. UG nach HA: Erörterung der Kränkungen, der Selbsttäuschungen (über Maries Charakter, vgl. 28 u.), der Selbstjustiz. PRO-HA1: Kränkungen und Rachgelüst eines Liebhabers. Schreiben Sie das Tagebuch des Stolzius, indem Sie an prägnanten Punkten den jeweiligen Stand der Denkweisen, Erfahrungen, Hoffnungen usw. spürbar machen. Einträge nach: I,2 (Brief von Marie); II,2 (Offiziere foppen mit Maries Untreue); III,2 (Mutter verweist auf **Soldatenhure**); III,6 (als Soldat eingeschlichen; Kutschbursche des Rendezvous); IV,1 (Marys Liebesschwärmen); IV,6 (nach Maries Flucht); IV,11 (nach Giftkauf). PRO-HA2: Eisenhardt versucht Stolzius vom Racheakt abzuhalten. Entwerfen Sie ein fiktives Zwiegespräch zwischen dem Prediger (der Stolzius' Racheplan ahnt) und Stolzius, in dem Eisenhardt versucht, das Bild, das Stolzius von seiner Geliebten hat, zu korrigieren und die Selbstjustiz zu verhindern.	Vergleich von drei Fassungen der Endszene (zwei Fassungen Lenzens; eine moderne Bearbeitung von Kipphardt (Mat. 8). Veränderungen der Aussagegehalte?
1. Kurzer LV über die militärpolitischen Voraussetzungen (Ehelosigkeit der Offiziere, vgl. S. 95). UG: Die Bedingungen des Offizierszölibats führen, wie Graf Spannheim eingesteht, zu einer **durch uns zerrütteten Gesellschaft** (57,3 f.). Ist das Drama ein politisches Thesenstück, das genau diese Ansicht illustriert? (Anders gefragt: Gründen die tragischen Verläufe ausschließlich in der Ehelosigkeit der Offiziere?)	keine

Stunden	Thema	Didaktische Aspekte (Inhalte/Ziele)
5./6. GK		1.a Thesen für und gegen das Heiratsverbot der Soldaten
		2.a Die Merk- und Fragwürdigkeit des Reformvorschlages: diskutiert …
		2.b (A) … oder indirekt durch dichtendes Interpretieren zum Ausdruck gebracht
		3. Vergleichende Textanalyse: Lenzens Selbstrelativierung der Reformidee und deren Aushebelung in Kipphardts Bearbeitung

1.a TA:

Thesenstück: Gesellschaftlicher Missstand (Heiratsverbot) als Ursache aller Tragik?

Auswirkungen der Ehelosigkeit	Einwände gegen die Monokausalität
Umlenken der Triebbedürfnisse auf Bürgertöchter, denen man taktische Eheversprechen gibt, die aus Standesräson nicht eingehalten werden	komplementäre Ursachen für Maries Abstürzen: Desportes' Annäherung, aber auch Maries Entgegenkommen
aufgezwungene Enthaltsamkeit führt zu erotomaner Rammdösigkeit und grobianischer Verrohung der Sitten (Rammler)	einen spielerischen Verführer wie Desportes würden weder eine Ehefrau noch staatlich bestallte Liebesdienerinnen (›Pflanzschule‹) von amourösen Abenteuern abhalten
Frauenlosigkeit führt zu Weltverlust und überdrehter Geistigkeit (Pirzel)	für eine mechanistisch gedachte Triebabfuhr standen historisch gesehen ohnehin Garnisonsbordelle zur Verfügung

→ politische These und exemplifizierender Einzelfall sind nicht überzeugend zur Deckung zu bringen; Dichter gestaltet lebenswahrer als Reformer denkt.

2.a UG: Wie ist die Reformidee – **Pflanzschule von Soldatenweibern** – gemeint und was halten Sie persönlich von diesem Vorschlag?

TA: **Pflanzschule von Soldatenweibern**

• staatlich geförderte Prostituierte, die in einem ehrenvollen Märtyrerinnen-Status gehalten werden sollen,

• gesellschaftliche Wertschätzung eines Dirnenstandes unrealistisch,

• Auffassung der Sexualität als reine Triebbefriedigung ohne nähere Gefühlsbindung einseitig,

• Vorschlag politisch und moralisch fragwürdig (Doppelmoral des Staates: will durch Förderung von Familie und Sittlichkeit konsolidieren, würde aber durch offiziell anerkannte Bordelle moralisch und sexuell destabilisieren),

• Nebengedanke inhuman (Dirnenkinder sollen automatisch Soldaten werden).

2.b (A) PRO/GA: Der Disput um die **Pflanzschule von Soldatenweibern** geht weiter … Vertiefen Sie die zwischen der Gräfin La Roche und Graf Spannheim ausgetauschten Argumente in Bezug auf die Idee der erotischen Staatsdienerinnen. Erweitern Sie die Diskussionsrunde auch um andere Dramenfiguren, etwa um Eisenhardt, Pirzel, Mary, Haudy oder Marie.

3. GA: Vergleichen Sie die beiden Fassungen der Endszene bei Lenz sowie die moderne Fassung dieser Szene in Heinar Kipphardts Bearbeitung der SOLDATEN (1968) im Hinblick auf veränderte Aussagegehalte. (Die erste Lenz-Fassung ist in der Reclam-Ausgabe enthalten; Kipphardt siehe Mat. 8.)

Stunden	Thema	Didaktische Aspekte (Inhalte/Ziele)
5./6. GK		3.a Untersuchung der unterschiedlichen Fassungen der Endszene
		4. Bewertung von Kipphardts Veränderungen

LK-Additum (1 Stunde)

Stunden	Thema	Didaktische Aspekte (Inhalte/Ziele)
	Lenzens Memorandum *ÜBER DIE SOLDATENEHEN* (vgl. Kap. 2.5)	1. Lenzens Militärkritik und seine Zukunftsvisionen

Methodische Realisierung/ Verlauf

3.a TA:

Drei Fassungen der Endszene

Lenzens erste Fassung	Lenzens zweite Fassung	Kipphardts Bearbeitung
Gräfin und Obrist: die respektablen Vorbildfiguren unter sich	wie in der ersten Fassung	Offiziersrunde ohne Gräfin: Männergesellschaft unter Einschluss der fragwürdigen Figuren
Reformvorschlag von der Gräfin, gleichgesinnter Obrist stimmt zu	Reformvorschlag vom Obristen, Gräfin äußert sich skeptisch (Seele der Frau nicht berücksichtigt)	Reformvorschlag von Pirzel, von den andern belächelt
Geschehen als Schicksal und Folge persönlicher Halsstarrigkeit, damit Ablenkung vom sozialen Erklärungsansatz	Deutung als Schicksal und Verschulden fallen gelassen, damit konsequente Beschränkung auf den Zusammenhang Missstand – Folgen	Eisenhardt sieht seine These bestätigt, dass eine Hure – von einem Bösewicht ohne Moral – zu einer solchen gemacht werde; Obrist verharmlost Desportes' Verhalten als Leichtsinn; Mary spielt Unheil ins Beliebige herunter: **ich seh's als Tragik.**

→ zunehmender Prozess: erst Relativierung (von der ersten zur zweiten Fassung), dann Desavouierung des Reformvorschlages (moderne Bearbeitung).
4. UG: Wie stehen Sie zu der Legitimität der von Kipphardt vorgenommenen Eingriffe? (Gegenüber Autor, moralisch gesehen, zweifelhafte Operationen: Lenz, der den Vorschlag zum Zeitpunkt der Abfassung ernst meinte, steht als der spleenige Seifenblasenphilosoph da, als den er Pirzel gestaltet hat. Auf der anderen Seite, dramenästhetisch gesehen, recht stimmige Eingriffe: Anstößiger Reformvorschlag bleibt erhalten, wird aber in Bezug auf die Dramenaussage unschädlich gemacht; gelungen auch die Wiederanknüpfung an die Hurenthese und das Spektrum der personenspezifischen Auslegungen des Geschehens.)

Methodische Realisierung/ Verlauf

1. UG nach KRef zu Lenzens Schrift. Stellen Sie die vom Autor dargestellten Gebrechen des zeitgenössischen Militärwesens und seine angestrebten Verbesserungen gegenüber.

Stunden	Thema	Didaktische Aspekte (Inhalte/Ziele)
		1.a Bewertung des zeitgenössischen Militärwesens und
		2. Vergleich von Appellschrift und Drama
7. GK	Lebenshinter- gründe des *SOLDA- TEN*-Dramas (vgl. Kap. 2.6)	1. Biografische Bezüge

Methodische Realisierung/ Verlauf	Hausaufgabe

1.a TA:

Heereswesen: Diagnose und Utopie

Ist-Zustand	Soll-Zustand
ausgelernte Mörder	Bürgersoldat
Geißel der Nachbarn	Brustwehr seines Vaterlandes
privilegierte Straßenräubereien im Fürsteninteresse	Löwenkampf für eigene Familie
Ehre des Königs, Ehre der Nation	Wohlstand, Selbstverteidigung, Frau und Kinder
Staatsgefangene, Galgen, Galeerenketten	sinnliche Vorteile und Annehmlichkeiten (Wollust der Liebe und des Genusses)
gemietet	begeistert
Furcht	Idee
→ Söldnerheer	→ Bürgerheer

2. UG: Wie verhalten sich Drama und Appellschrift in ihren Aussagegehalten und Reformimpulsen zueinander?

TA: Verhältnis Memorandum – Drama

• auch im Memorandum üble Folgen der Ehelosigkeit im bürgerlich-sittlichen Bereich benannt (unter Hinweis auf das eigene, unter dem Pseudonym STEENKERK erschienene Drama)

• Reformidee nun aber: offizielle Offiziersehen statt Märtyrermätressen

→ genaue Kehrtwendung des Denkansatzes.

→ Vorwegnahme der zukunftsträchtigen Idee eines Bürgerheeres (erstmals in der Französischen Revolution und den deutschen Freiheitskriegen).

→ auch Reformschrift mit moralischen Bedenklichkeiten behaftet (Militarisierung von Kindern).

1. KRef über Lenzens Biografie mit dem Akzent auf seine Zeit unter den Soldaten und seiner heiklen Beziehung zu Cleophe Fibich. KRef über Lenzens Prosadichtung MEIN TAGEBUCH.	Mat. 9: Politische Kernvorstellungen herausarbeiten.

2. UG: Wie gehen die autobiografischen Konstellationen in das Drama ein? (Urbilder von Desportes und Haudy in den Brüderbaronen Kleist, von Marie in Cleophe Fibich und von Stolzius in Lenz.)

3. UG: Lenz ergriffen kurz vor der Veröffentlichung seines Dramas Ängste und er versuchte es zurückzuhalten – welche Gründe sind denkbar? (Kompromittierung der Cleophe Fibich, Racheakte der Barone Kleist, Ruf eines Soldatenfeindes bei geheimen Arrivierungsabsichten im militärischen Bereich.)

Stunden	Thema	Didaktische Aspekte (Inhalte/Ziele)
8. GK	Gemälde der menschlichen Gesellschaft – Ständedarstellung und ihre politischen Implikationen (vgl. Kap. 2.6)	1. Sozialkritische, nicht aber sozialrevolutionäre Züge des Dramas
		2. Erhellender Seitenblick auf Lenzens anderweitig niedergeschriebenes politisches Bekenntnis (DER LAND-PREDIGER)

Methodische Realisierung/ Verlauf	Hausaufgabe
1. GA: Lenz bezeichnet seine Dramen einmal als **Gemälde der menschlichen Gesellschaft** (*Selbstrezension des Menoza*). Stimmt das und ist dieses Gemälde gesellschaftskritisch oder gar klassenkämpferisch? Ergebnisse als TA: Lenzens Gemälde der Gesellschaft und sozialbegründetes Verhalten (siehe Übersicht in Kap.2.6, S. 103 f.); Bewertung des Verhaltens von Bürgertum und Adel (siehe Übersicht in Kap. 2.6, S. 105).	Handlungsstränge herausfinden und Schaubild entwerfen.

TA: Aspekte von Kritik oder Klassenkampf:
• scharfe soziale Anklage des Stolzius (müssen denn die zittern, die Unrecht leiden ..., 51 M.) klingt aufrührerisch
• seine Gegenwehr ist keine politische Aktion, sondern private Rache; kein Tyrannenmord als politisches Fanal, sondern Eifersuchtsmord
• Bürger Wesener beschwört in ähnlicher Leidsituation das Gottvertrauen (51 u.): Demut statt Kampfesmut
• Gräfin sieht im Versuch der Standesüberschreitung einen Frevel; Rütteln an der gesellschaftlichen Ordnung führt nur in den eigenen Untergang
• vom Stück gutgeheißene Reaktionen auf die Problemlage sind die philanthropische Hilfe der Gräfin (42 M.) und des Obristen (55 f.) sowie dessen Reformvorschlag der **Pflanzschule.**
→ Lenzens Sittengemälde sozial sensibel und sozialkritisch, doch nicht sozialrevolutionär. Drama attackiert einen einzelnen Missstand (Ehelosigkeit der Offiziere), nicht den Miss-Stand der Aristokratie selbst. Umstülpung der Gesellschaftsordnung erscheint als Sakrileg, ist undenkbar.
2. UG nach HA: Vergleichen Sie das soziale Glaubensbekenntnis der Gräfin (Standesgrenzen müssen beachtet werden) und die politischen Anschauungen, die Erzähler und Figur in Lenzens Erzählung *Der Landprediger* hegen.
TA: Politische Haltung im *Landprediger*
• Standesspaltung steht nicht grundsätzlich zur Debatte, nur der erträgliche und förderliche Umgang der Klassen miteinander,
• sowohl hohler Adelsdünkel als auch bürgerlicher Neid und Missgunst sollen zugunsten eines beidseitig respektvollen Umgangs überwunden werden,
• Adel und edler Bürger sollten sich in einer aufgeklärten Geistesegalität vereinigen und gleichstellen.
→ sowohl im Plädoyer der Gräfin wie in den politischen Gehalten der Erzählung Anerkennen der Standesgesellschaft, doch einzelne Reformideen und Appell an standesübergreifende noble Humanität

Stunden	Thema	Didaktische Aspekte (Inhalte/Ziele)
9. GK	Handlung und Personal (Aspekte der offenen Dramenform) (vgl. Kap. 3.2)	1. Handlungsstränge und grafische Darstellung 2.a Personengestaltung … … und Ausblick auf offene Dramenform 2.b (A) Nachvollzug von Lenzens lebendiger Personengestaltung: Facetten, Rollen, Posen, Untiefen, Widersprüchlichkeiten

Methodische Realisierung/ Verlauf	Hausaufgabe

1. UG nach HA: Welche Handlungs- bzw. Kommentierungsstränge begegnen im Drama?
(Haupthandlung um Marie begleitet von den darauf bezogenen
Stolzius-, Desportes-, Mary- und Gräfinhandlungen; verselbst-
ständigte Nebenhandlung um Rammler; neben der Handlung
stehende Reflexions- und Kommentierungsszenen – damit mi-
lieuschildernde und epische Tendenzen: Vorläuferschaft für soziales Drama und episches Theater. Vgl. Handlungsübersicht in Kap.
2.2 sowie zur offenen Dramenform Kap. 3.2, S. 134 ff. Ergebnisse
als TA, siehe Tafelbild Handlungs- und Kommentierungsstränge.)
2.a UG: Welche Kennzeichen weist die Personengestaltung auf
(soziale Schichtung, Handlungsantriebe, Wertung der Personen)?
• Adel: Offiziere, Gräfin; Bürgertum: Familien Wesener und Stolzius, Pätus, Rehaar),
• Antriebe nicht nur im autarken Bewusstsein, sondern in sozialen Aufstiegssehnsüchten und der Standesräson sowie im Triebhaften und Unbewussten,
• Anfechtbarkeiten und Stärken über alle Schichten verteilt und
z. T. auch gemischt in einzelnen Personen: Offiziere roh und zy-
nisch, Pirzel überdreht, doch Eisenhardt, Spannheim und Gräfin vernünftig-human; Marie charmant, aber oberflächlich; Wesener besorgt-tochterliebend, aber naiv-aufstiegsbedacht,
• Komik sowohl im Bürgertum (Marie, Weseners Gedichtgläubig-
keit) als auch im Adel (Rammler, Pirzel); Tragik im Wesentlichen
auf das Bürgertum beschränkt (Marie, Stolzius, Wesener), es sei
denn, man rechnet den Schurkentod des Desportes hinzu.
LV über den historischen Stellenwert dieser Merkmale; Übergang
von der geschlossenen, tektonischen zur offenen, atektonischen
Bauform
2.b (A) Arbeitsverschiedene GA: Arbeiten Sie in Stichworten die
Facetten und Wandlungen einzelner Persönlichkeiten heraus:
Marie, Vater Wesener, Desportes.
TA (hierbei noch Indizien des Verhaltens, der Sprechweise oder
Gebärde miteinfügen):Facetten der Persönlichkeit. Marie (im Ver-
lauf): die Naiv-Natürliche, die Möchtegern-Vornehme, die Betrof-
fen-Verunsicherte, die Trotzig-Stolze, die Taktierend-Schauspie-
lernde, die Mutwillig-Kokette, die Überheblich-Kratzbürstige, die
Baronin-Spielende, die Bestürzt-Ernüchterte, die Weiterspielend-
Abgleitende, die Bemüht-Einsichtige, die Schockiert-Kopflose, die
Herabgesunken-Lebensmüde, die Überwältigt-Wiedergefundene.
Wesener: der Besorgt-Erfahrene, der Enttäuscht-Wütende, der
Leichtgläubig-Mitträumende, der Entsetzt-Beherzte, der Schmerz-
belastet-Ruinierte, der Unwillig-Vorurteilige, der Überwältigt-
Glückliche. Desportes: der Schablonenhaft-Schmeichelnde, der
Routiniert-Verführende, der Privilegien-Ausnutzende, der Heuch-
lerisch-Taktierende, der Demaskiert-Grausame.

Die Szenen Ende
II,1; Ende II,3 und
V,4 dramaturgisch
vorbereiten (d. h.
Rollen einüben,
Haltungen überle-
gen usw. – wenn
möglich, bereits
Spielvorbereitung
in Gruppen).
HA für LK-Addi-
tum:
Schüler erhalten
die Tabelle zur of-
fenen und ge-
schlossenen Dra-
menform
(S. 131 f.). Zu wel-
cher Dramenform
gehören die SOL-
DATEN?

LK-Additum (1 Stunde)

Stunden	Thema	Didaktische Aspekte (Inhalte/Ziele)
	Offene und geschlossene Dramenform (vgl. Kap. 3.2)	1. Merkmale der geschlossenen und der offenen Form
10. GK	Sprach-pantomimische Kompositionsweise (vgl. Kap. 3.1.4)	1. Szenische Interpretation einiger dramatisch dichter Szenen
11. GK	Vielfalt charakteristischer Sprachstile (vgl. Kap. 3.1.1 und 3.1.3)	1. Allgemeine Stilmerkmale des Sturm und Drang 2. Personalstile in den *SOLDATEN*
12. GK	Komik und Tragik (vgl. Kap. 3.3.1)	1. Problematisierung der Gattung: Komödie, Tragödie oder Tragikomödie?

Methodische Realisierung/ Verlauf	Hausaufgabe

1. UG: Sind die *SOLDATEN* der geschlossenen oder offenen Dramenform zuzurechnen?

siehe GK letzte Stunde

Ergebnisse als TA: Dramenform der *SOLDATEN*

Züge des geschlossenen Dramas	Züge des offenen Dramas
Handlungsfügung relativ streng; Mariestrang als klare Haupthandlung	Kommentierungsstränge und Rammlerstrang von relativer Selbstständigkeit
5 Akte, harmonisierender Abschluss (Marie in väterlicher Obhut): kein eigentlich offenes Ende	Ausschnitt- und Bruchstückszenen als tragende Schicht; Ausschwingen des Problems in den gesellschaftlichen Raum (konkreter Reformvorschlag)
	Vielfalt der Schauplätze; zweieinhalb Jahre Handlungszeit; Vielfalt von Sprachstilen
	Standesvermengung – auch im Hinblick Licht- und Schattenseiten, Komik und Tragik

→ Drama bewahrt in der Handlungsfügung (mehr als der *HOFMEISTER*) noch Bindungen an die geschlossene Form, entfaltet aber dramaturgisch, stilistisch und gattungsbezogen die offene Form.

→ Unterrichtsverlauf s. 14. Stunde zum *HOFMEISTER*.
1. PRO: Schüler spielen, variieren, erörtern einige der sprachlich-gestisch und räumlich-atmosphärisch verdichteten Szenen (auswendig, mit dem Buch in der Hand oder frei paraphrasierend-improvisierend – konkrete Hinweise zu den vorgeschlagenen Szenen siehe Kap. 3.1.4)

Untersuchung der sprachlichen Personalstile einzelner Figuren (Personen siehe 11. Stunde).

→ Unterrichtsverlauf s. 13. Stunde zum *HOFMEISTER*.
1. Allgemeine Stilmerkmale des Sturm und Drang: Ergebnisse siehe Kap. 3.1.1, S. 110 ff.)
2. Personalstile in den *SOLDATEN* (Soldaten, Eisenhardt, Gräfin La Roche, Desportes, Wesener, Marie, Mutter Stolzius, Stolzius): Ergebnisse siehe Kap. 3.1.3, Übersichten.

Komische und tragische Züge des Dramas herausfinden.

1. UG nach HA: Lenz schwankte, ob er den *HOFMEISTER* als Komödie oder als Lust- und Trauerspiel veröffentlichen sollte; auch bei den *SOLDATEN* wollte er die Bezeichnung Komödie durch Schauspiel ersetzen. Wir würden Sie die Gattung bezeichnen? (Häusliche Ergebnisse als TA; Diskussion der Konsequenzen für die Gattungsbestimmung)

HA für GK: Information über literaturgeschichtliche Epochen im 18. Jh. in Mat. 7 und ggf. Nachschlagewerke.

Stunden	Thema	Didaktische Aspekte (Inhalte/Ziele)
12. GK		1.a Untersuchung der Gattungsmerkmale

LK-Additum (1 Stunde)

Stunden	Thema	Didaktische Aspekte (Inhalte/Ziele)
	Lenzens Tragikomödie zwischen Verlachkomödie, Lustspiel und bürgerlichem Trauerspiel (vgl. Kap. 3.3.2)	1. Gattungsumbrüche im 18. Jahrhundert und Lenzens Stellenwert
13. GK	Lenz im Spannungsfeld verschiedener Epochenströmungen (vgl. Kap. 3.4)	1. Anteile von Sturm und Drang, Aufklärung und Empfindsamkeit
14. GK	Reiz und Relevanz heute?	1. Das Stück auf dem Prüfstand aktueller Tragfähigkeit

5   Klausurvorschläge

Neue Richtlinien lassen neben den analytischen auch produktionsorientierte Klausur- und Abiturthemen zu, sofern letztere einen den Bezugstext aufschließenden Charakter haben; auch solche Themen wurden daher aufgenommen. Je nach Zeitpunkt der Klausur im Unterrichtsverlauf eignen sich auch viele der unterrichtlichen Aufgabenstellungen als Klausurthema.

a) Zum *HOFMEISTER*:

1. In den Szenen II,1 und III,4 stehen jeweils die Privaterziehung und das öffentli-

Methodische Realisierung/ Verlauf	Hausaufgabe
1.a TA: Gattungsproblem in den *SOLDATEN*	HA für LK-Additum analog der 12. Stunde zum *HOFMEISTER*

Komische Züge	Tragische Züge

Ergebnisse siehe Übersicht in Kap. 3.3.1.
→ dem Stück unterliegt für eine reine Komödie ein zu großer sozialer und existenzieller Ernst; Begriff Tragikomödie angemessener.

Methodische Realisierung/ Verlauf	Hausaufgabe
→ Unterrichtsverlauf s. Additum der 12. Stunde zum *HOFMEISTER*. 1. Ggf. die KRefs über *EMILIA GALOTTI* und *BETSCHWESTER*. Dann UG nach HA: Wie wäre Lenzens Stück in das Gefüge der seinerzeit bestehenden Gattungen einzuordnen? Ergebnisse als TA (siehe Tafelbild zur Gattungsgeschichte im 18. Jh.)	siehe GK letzte Stunde

→ Unterrichtsverlauf s. 16. Stunde zum *HOFMEISTER*.
1. UG: Welcher literaturgeschichtlichen Epoche würden Sie das Drama zuordnen?

Sollten Lenzens *SOLDATEN* im Schülertheater aufgeführt werden? (Aufgabenstellung siehe 14. Stunde)

Anteile Aufklärung	Anteile Sturm und Drang	Anteile Empfindsamkeit

Ergebnisse siehe Übersicht in Kap. 3.4.

1. PRO-UG: Diskussion unter Schultheaterleuten. Entwerfen Sie ein Streitgespräch unter Schülern und Lehrern, die zusammen in der Theater-AG arbeiten und darüber debattieren, ob die *SOLDATEN* für eine Schulaufführung ausgewählt werden sollen.

che Schulwesen zur Debatte. Das eine Mal argumentiert im Wesentlichen der Geheimrat, das andere Mal Wenzeslaus. Vergleichen Sie die Argumente beider im Hinblick auf Parallelen und Unterschiede.
2. Setzen Sie sich mit folgender These zu Lenzens Drama auseinander: Die Hofmeister werden vor ihren Dienstherren gewarnt, die Dienstherren vor ihren Hofmeistern und die Gesellschaft vor beiden.
3. Läuffer verkörpert im Stück den eigentlich angegriffenen Hofmeisterstand, Wenzeslaus den eigentlich befürworteten Lehrerstand einer allgemeinen Schule. Klären Sie, ob die Figuren diesen Textintentionen entsprechen oder ob sich zwischen Charakter und Funktion Widersprüchlichkeiten ergeben.

4. Bertolt Brechts Bearbeitung von Lenzens Drama (1950) macht daraus ein Lehrstück über deutsche **Knechtseligkeit** (Epilog). Fassen Sie diese Aussage als Interpretationsangebot für Lenzens ursprüngliches Drama auf und erörtern Sie deren Triftigkeit.

5. Schreiben Sie einen kleinen Essay unter dem Titel: Feigheit und Mut, Anpassung und Zivilcourage im *HOFMEISTER*. (Berücksichtigen Sie dabei die Figuren Läuffer, Rehaar, Wenzeslaus und Fritz.)

6. In den Szenen II,2 und II,5 wird die Beziehung zwischen Gustchen und Läuffer in zwei verschiedenen Stadien beleuchtet.
   a) Charakterisieren Sie die Art der Beziehung, die sich in beiden Szenen andeutet. Zeigen Sie die Veränderungen auf, die sich zwischen den beiden Phasen ergeben haben.
   b) Würden Sie das Verhältnis der beiden als eine Liebesbeziehung ansehen? Begründen Sie Ihr Urteil.

7. Die Wandlungen des Majors. Schreiben Sie das Tagebuch des Majors von Berg, indem Sie an prägnanten Punkten den jeweiligen Stand der Denkungsweisen, Erfahrungen, Hoffnungen usw. spürbar machen.
   Einträge nach: I,4 (Einstellung Läuffers, erste Erfahrungen); II,6 (Tochter ›verfällt‹); III,1 (Aufdeckung des Verhältnisses, Flucht der Tochter); IV,1 (Schmerz und Lebensmüdigkeit, neue Suche); IV,5 (Wiedervereinigung mit Tochter), V,11 (Fritz nimmt Tochter und Kind an).

8. Der schaurig-befremdliche Höhepunkt des Dramas ist die Selbstkastration des Hofmeisters.
   a) Warum entmannt sich Läuffer eigentlich?
   b) Sehen Sie – an verschiedenen Stellen des Stückverlaufes – alternative Verhaltensweisen, mit denen Läuffer seine Zwangslagen und Probleme anders hätte bewältigen können?

9. Leiten Sie die Hauptthemen des Stückes her und arbeiten Sie die damit verbundenen Aussagegehalte heraus.

10. Ein Interpret schreibt: **Noch die Versöhnung am Ende des Stücks erweist sich als Parodie der herkömmlichen Komödie und der Aufklärung, da keine Unvernunft abgeschafft, kein Unvernünftiger eines Besseren belehrt ist** (Huyssen 1980, 172). Überprüfen Sie, ob das Stück keine Wendungen zur Vernunft enthält.

11. Untersuchen Sie das zweifache Happyend des *HOFMEISTER*-Dramas:
    a) Soll es ein spielerischer Umgang mit idealistischen Theaterkonventionen, also eine Parodie des gängigen Komödienendes sein (wie etwa in Brechts *DREIGROSCHENOPER*)?
    b) Wenn ja, was bedeutet das für die im Stück angelegten Aussagegehalte; wenn nein, wie bewerten Sie die künstlerische Überzeugungskraft des Endes?

b) Zu den SOLDATEN:

1. Analysieren Sie die Szene II,3 (24–26) im Hinblick auf folgende Fragestellungen:

   a) Welchen Stellenwert hat die Szene im Verhältnis von Marie zu Desportes und zu Stolzius?

   b) Weisen Sie an Maries Sprachverhalten die vor sich gehenden Veränderungen nach.

   c) Welche Funktion haben die ausführlichen Szenenbemerkungen und das Lied der Großmutter?

2. Die Gräfin hält Marie vor, **daß Sie die Welt nicht kannten, daß Sie den Unterschied nicht kannten, der unter den verschiedenen Ständen herrscht** (40 u.). Prüfen Sie, ob Maries Schicksal von der Standesschichtung bzw. von sozialen Zwängen und Zugkräften beeinflusst oder determiniert ist.

3. Am Anfang nennt Desportes Marie seine **göttliche Mademoiselle** (7 o.), am Ende **ein schön Sauleder** (53 o.). Stellen Sie die Veränderungen in der Einstellung des Barons dar, indem Sie seine Annäherungs- und späteren Abwehrstrategien kritisch beleuchten.

4. Ein Alptraum des Stolzius (nach III,6; 36, wo Stolzius als Kutschbursche das Rendezvous von Marie und Mary mitansehen muss). Imaginieren Sie den Alp eines Wahrtraumes, dessen Bilder Stolzius die Augen öffnen über Maries wirklichen Charakter und ihr doppelbödiges Spiel.

5. Ein Vater zwischen Hoffnung und Furcht. Schreiben Sie das Tagebuch des Kaufmanns Wesener, indem Sie an prägnanten Punkten den jeweiligen Stand der Denkungsweisen, Erfahrungen, Hoffnungen usw. spürbar machen.

   Einträge nach: I,3 (Umgang mit Desportes untersagt); I,6 (Maries Ungehorsam und das vertraute Zwiegespräch); II,3 (erlebt übermütigen Umgang von Marie und Baron); III,3 (nach Desportes' Flucht); III,10 (Maries Weitertreiben und Aufnahme bei der Gräfin); IV,7 (Maries Flucht, erfolglose Suche); V,4 (nach der Wiedervereinigung).

6. Eisenhardts Grabrede auf Stolzius und Desportes. Entwerfen Sie Eisenhardts Auslegung des Geschehens bei einer Doppelbeerdigung (gegen die es freilich standesbezogene und moralische Einwände gegeben hätte).

7. Lessings bürgerliches Trauerspiel EMILIA GALOTTI erscheint gesellschaftskritisch, indem es den Wert der bürgerlichen Moral gegen die adlige Amoral ins Feld führt. Überprüfen Sie, ob der gesellschaftskritische Aspekt auch auf die Soldaten in Bezug auf den Klassengegensatz oder in anderer Hinsicht zutrifft.

8. Das Kunstgespräch in Büchners Erzählung LENZ (dieses wäre den Schülern zur Verfügung zu stellen). Treffen die literaturtheoretischen Aussagen der Lenz-Figur auf das Stück des historischen Autors zu?

6   Tafelbilder

Tafelbild als LK-Additum zu Stunde 12 (*Hofmeister* und *Soldaten*)

Gattungsgeschichte im 18. Jahrhundert

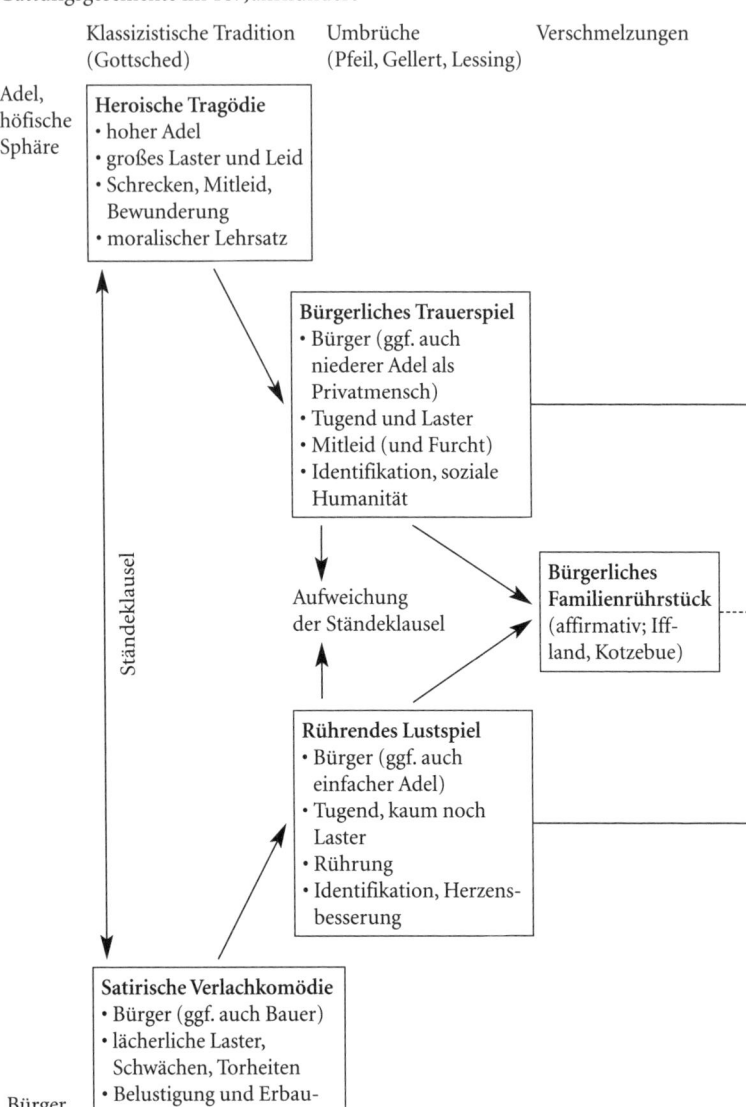

	Klassizistische Tradition (Gottsched)	Umbrüche (Pfeil, Gellert, Lessing)	Verschmelzungen

Adel, höfische Sphäre

Heroische Tragödie
- hoher Adel
- großes Laster und Leid
- Schrecken, Mitleid, Bewunderung
- moralischer Lehrsatz

Bürgerliches Trauerspiel
- Bürger (ggf. auch niederer Adel als Privatmensch)
- Tugend und Laster
- Mitleid (und Furcht)
- Identifikation, soziale Humanität

Ständeklausel

Aufweichung der Ständeklausel

Bürgerliches Familienrührstück (affirmativ; Iffland, Kotzebue)

Rührendes Lustspiel
- Bürger (ggf. auch einfacher Adel)
- Tugend, kaum noch Laster
- Rührung
- Identifikation, Herzensbesserung

Satirische Verlachkomödie
- Bürger (ggf. auch Bauer)
- lächerliche Laster, Schwächen, Torheiten
- Belustigung und Erbauung (Belehrung)
- moralischer Nutzen

Bürger, private Sphäre

und (---➤) Fortzeugungen

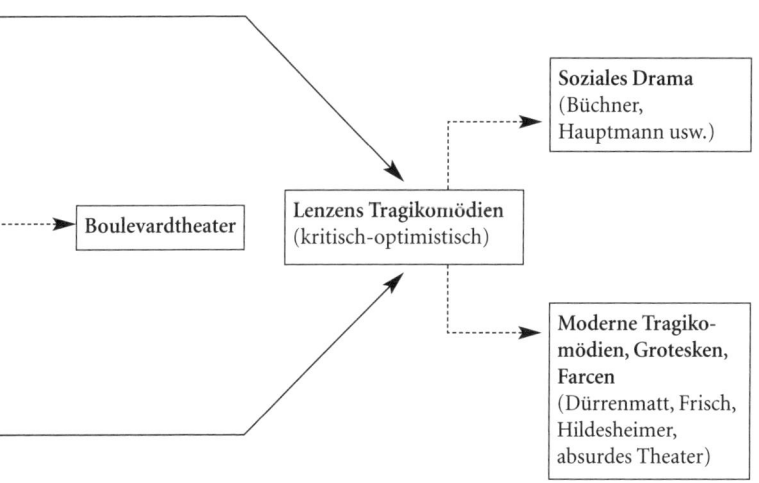

Tafelbild zu Stunde 15

Handlungsstränge im *HOFMEISTER*

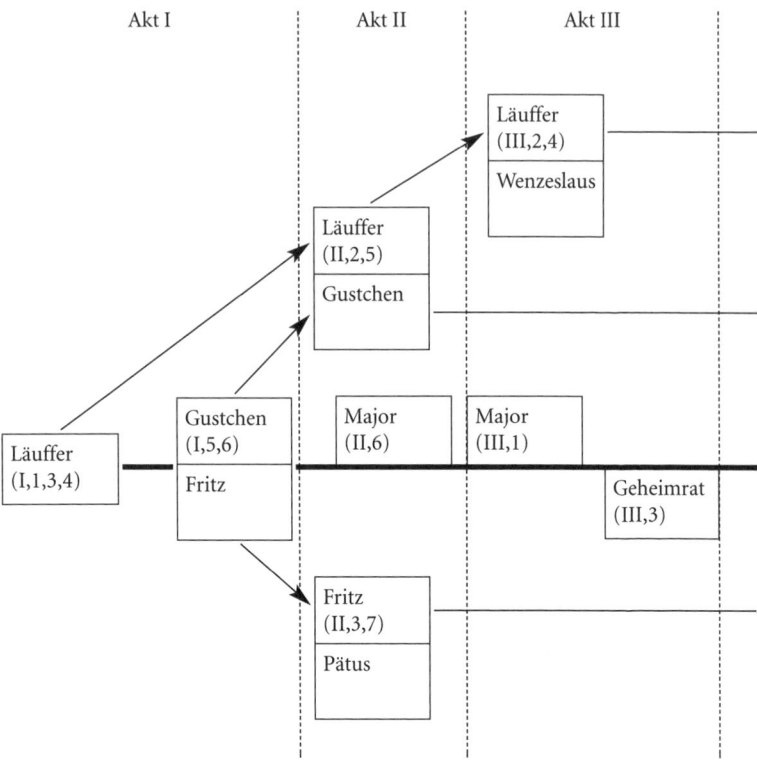

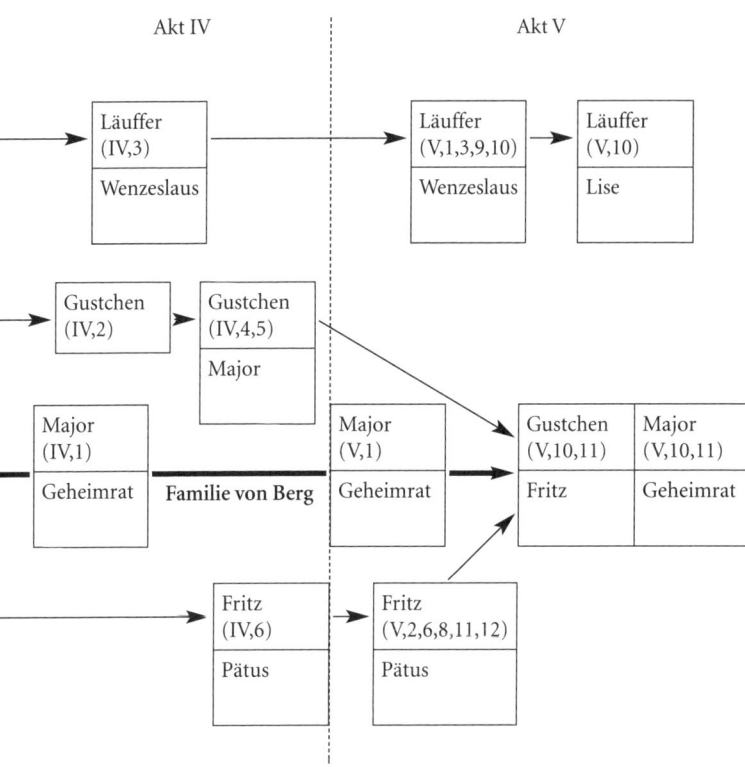

Tafelbild zu Stunde 9

Handlungs- und Kommentierungsstränge in den SOLDATEN

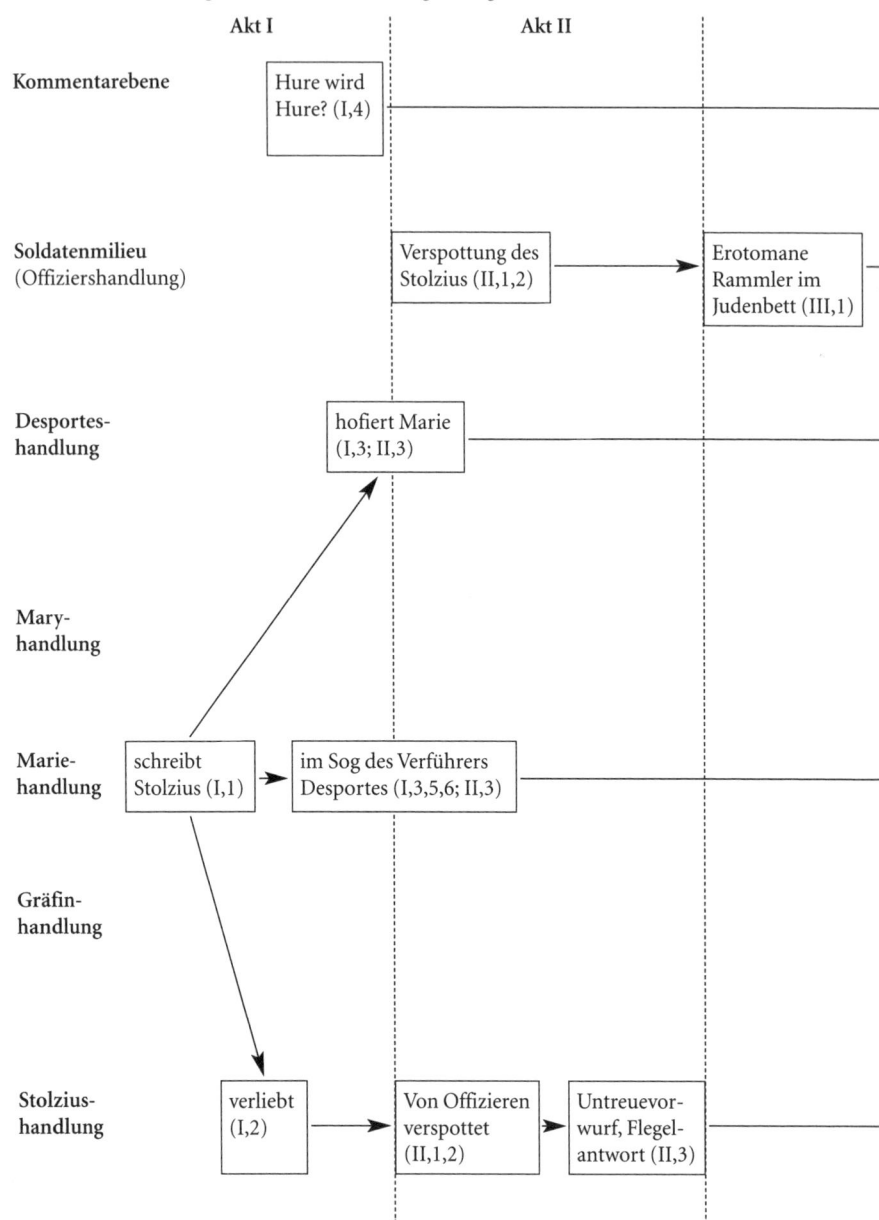

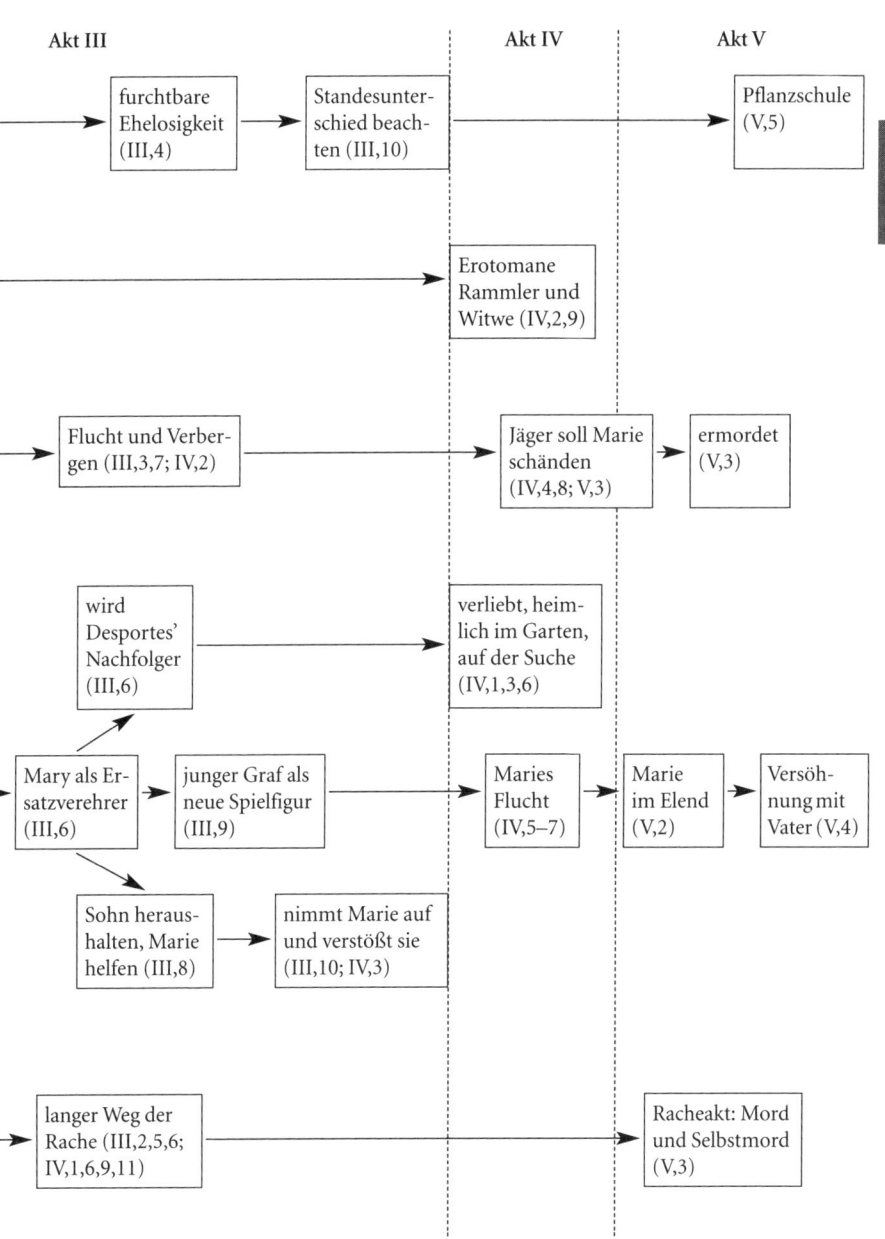

Akt III	Akt IV	Akt V
furchtbare Ehelosigkeit (III,4) → Standesunterschied beachten (III,10)		Pflanzschule (V,5)
	Erotomane Rammler und Witwe (IV,2,9)	
Flucht und Verbergen (III,3,7; IV,2)	Jäger soll Marie schänden (IV,4,8; V,3)	ermordet (V,3)
wird Desportes' Nachfolger (III,6)	verliebt, heimlich im Garten, auf der Suche (IV,1,3,6)	
Mary als Ersatzverehrer (III,6) → junger Graf als neue Spielfigur (III,9)	Maries Flucht (IV,5–7)	Marie im Elend (V,2) → Versöhnung mit Vater (V,4)
Sohn heraushalten, Marie helfen (III,8) → nimmt Marie auf und verstößt sie (III,10; IV,3)		
langer Weg der Rache (III,2,5,6; IV,1,6,9,11)		Racheakt: Mord und Selbstmord (V,3)

7 Materialien

Material
1

Begriffsbestimmung des Hofmeisters

Der ›Hofmeister‹ des Mittelalters, der magister curiae, praefectus aulae, praefectus curiae, bekleidete ein Hofamt, war Haupt des Hofpersonals und verantwortlich für die Wirtschaftsführung, auch die Gerichtsbarkeit, war Stellvertreter des Territorialherren. An den neuzeitlichen Höfen wurde der Hofmeister, dann Oberhofmeister bzw. Obersthofmeister, zuständig für die Festlichkeiten und das Zeremoniell. Ihm wurde auch die Leitung der Prinzenerziehung übertragen, er war Oberaufseher über den Haushalt und die Lebensweise der jungen Herrschaft, und schließlich verstand man unter einem Hofmeister den Betreuer, Erzieher und Lehrer selbst. Immer wieder versuchte man begrifflich zu differenzieren und hob z. B. den ›Zuchtmeister‹ vom ›Hofmeister‹ ab – im 15. und 16. Jahrhundert –, man sprach, wenn es um die Prinzenerziehung ging, vom ›praefectus studiorum‹ – im 17. Jahrhundert –, unterschied zwischen dem ›Hofmeister‹, der die Gesamtverantwortung über die Heranbildung der jungen Herren hatte, und dem ›Präceptor‹, der unterrichtete, wollte – im 18. Jahrhundert – das Wort ›Hofmeister‹ für den reservieren, der den Schutzbefohlenen auf eine Bildungsreise begleitete, und nannte den im Hause Lehrenden ›Informator‹, oder aber man sprach – um 1800 – schlichtweg vom ›Candidaten‹, da es fast die Regel war, daß der stellungssuchende Hauslehrer candidatus theologiae war. Die Privaterzieher hatten über Jahrhunderte eine Bedeutung, auch was ihre Zahl angeht, wie man sie sich heute kaum mehr vorstellen kann. [...]
Im 18. Jahrhundert existierte ein solches Heer von Hofmeistern, Informatoren, Instruktoren, Präzeptoren, Gouverneuren, Kandidaten, Mentoren und Tutoren, daß sie als Zielgruppe auf dem Büchermarkt eine Rolle spielten.

(aus: Fertig 1979, 3 und 4)

Material
2

Adlige Standeserziehung im 18. Jahrhundert

Man kann einen guten Begriff von den Lebenszielen, die der deutsche Adel des achtzehnten Jahrhunderts bewußt anstrebte, aus der Erziehung gewinnen, die er damals seinen Söhnen angedeihen ließ. Die Erziehung sowohl des höheren wie des niederen Adels war in allem Wesentlichen die gleiche und wurde auch von den Patriziern der Städte nachgeahmt. Im Laufe des siebzehnten Jahrhunderts hatte sich die adlige Erziehung immer mehr von der, die den Bürgerssöhnen in den städtischen Lateinschulen gegeben wurde, entfernt. Der Hof wollte, daß seine Kinder für ein Leben im Diesseits erzogen wurden. Latein und Religion, die beiden Hauptfächer der Lateinschulen, wurden durch moderne Nützlichkeitsfächer ersetzt oder durch Schulung in den ›galanten‹ Fertigkeiten, die einmal den jungen Mann in der großen Welt beliebt machen sollten. In den offiziellen Instruktionen, auf französisch verfaßt, zur Erziehung von Karl Eugen von Württemberg und seinem Bruder wird z. B. der Hauptwert auf die neueren Sprachen gelegt und auf Tanzen, Fechten und Reiten, wenn auch gewiß nicht vergessen wurde, die alten Sätze über die Erziehung der jungen Prinzen zu Gottesfurcht und Tugend zu wiederholen. Der ältere Prinz sollte ein gewisses Mindestmaß Latein lernen, ›weil er bisweilen davon ein paar Sätze verstehen müsse‹.
Die Lehrpläne der Ritterakademien, die zur Erziehung der Söhne des Adels gegründet worden waren, und die der vielen Handbücher für Hofmeister, folgen im allge-

meinen den gleichen Grundsätzen. Für am wichtigsten werden die Fremdsprachen gehalten, und im besonderen werden Französisch und Latein empfohlen. Französisch wurde in Konversationsstunden bereits möglichst früh gebracht, und auch Latein sollte nicht ›pedantisch‹ gelehrt werden. Unter den anderen Sprachen werden Italienisch, Englisch und Spanisch erwähnt. Auch Deutsch wurde nicht ganz vergessen. Das Nächstwichtige waren dann die Studien, die sich auf die moderne Welt bezogen, Geschichte (politische Geschichte der Zeit und das Lesen der modischen Zeitschriften), Geographie, Genealogie und gelegentlich etwas Naturwissenschaft, die ›Kuriositäten‹ der Botanik, Anatomie, Physik und Chemie. Philosophie galt als ›pedantisch‹, aber manchmal fand man doch Zeit für ein kursorisches Studium der Ethik. Jurisprudenz war von Wichtigkeit für den zukünftigen Landesherrn und seine Beamten, und ›Politik‹ in der damaligen Bedeutung des Worts war für alle wichtig. ›Politik‹ hieß die Kunst durch ›finesse‹ und Höflichkeit voranzukommen, das ›suaviter in modo‹, das Lord Chesterfield so sehr empfiehlt. Der ›Politikus‹, der am Anfang des Jahrhunderts in der Literatur eine solche Rolle spielt, ist der Meister der ›niederen Künste‹, dessen Lebensart ihm die Gunst der Großen zuzieht. Spezialisierter war das Studium der Mathematik, in der damals solche gewaltigen Fortschritte gemacht wurden. Sie war für alle zukünftigen Offiziere wichtig. Rhetorik, die Kunst, durch Sprechen oder Schreiben zu überreden, war auf das Briefschreiben beschränkt. Für die meisten Schüler waren die ›Exerzitien‹ das wichtigste Fach, die die älteren ritterlichen Übungen ersetzten und Vorläufer des Sportes bildeten. Diese Übungen umschlossen Tanzen, Fechten, Reiten, Schießen und ›Ballspiel‹, eine frühe Form von Tennis. Unter den kleineren Künsten wurde noch immer die Tranchierkunst gelehrt, Zeichnen wurde gefördert, und Musik kam zusammen mit Kartenspielen und Schach. Neben den anerkannten Studienfächern war dann noch die Wissenschaft von Sitte und Betragen zu lernen. ›Conduite‹ mußte gemeistert werden in all ihren vorgeschriebenen Formen für die verschiedenen Gelegenheiten – das Komplimentieren, die Kunst, sich zu kleiden, Visiten zu machen, wie man sich in Gesellschaft benimmt, bei Tisch, auf Reisen, und so fort.
Zur Vollendung seiner Bildung ging der junge Mann auf die große Reise zu fremden Höfen. Holland, England, Frankreich, Italien, das waren die Länder, die meist besucht wurden, aber der eine unerläßliche Besuch war der in Paris. Elisabeth Charlotte, die deutsche Herzogin von Orleans und Mutter des Regenten, deren Briefe ein unterhaltsames, aber kaum anziehendes Bild des französischen Hofes geben, hatte nicht selten zwanzig und dreißig Deutsche von hohem Adel in ihren Gesellschaften. An den fremden Höfen hatte der junge deutsche Adlige seine Erziehung fortzusetzen durch das Studium von Land und Leuten, die Bekanntschaft der führenden Staatsmänner, und vor allem hatte er zu versuchen, sich in der Gesellschaft von modischen Damen und Herren den feinen Weltton anzueignen. […]
Natürlich neigte eine solche Erziehung dazu, den Abgrund zwischen dem niederen Adel und Bürgertum noch zu vertiefen, da sie den Hof als Muster aller Dinge und eine Laufbahn bei Hofe als das begehrenswerteste Ziel hinstellte. Die Erziehung war ganz eingestandenermaßen eine Standeserziehung […].

(aus: Bruford 1979, 70–73)

Matthias Claudius (1774): Auf den Tod eines Hofmeisters

Beweint den Mann den wir verliehren!
Er wußte Pferde zu kuriren;
Verstand die Hunde zu dreßiren;
Die junge Herrschaft zu frisiren;
Und sie zu Possen anzuführen;   [Possen: närrische Streiche]
Er konnte sich fein submittiren;   [submittieren: sich unterordnen]
Und wollt man an der Nas' ihn führen,
So ließ er keinen Groll verspühren;
Er konnt in Versen gratuliren;
Vom Wind und Wetter discuriren   [diskurrieren: heftig erörtern]
Die Stadtunfällen recensiren;
Und hohe Gäste divertiren;   [divertieren: ergötzen]
Kurz, ach! er war für funfzig Gulden Sold,
Hofmeister und – was man von ihm gewollt.

Gottlieb Wilhelm Rabener (1765): Hochzuehrender Herr Professor!

Meine Jungen wachsen heran, und es ist nun Zeit, daß ich ihnen einen gescheiden Hofmeister halte. […] Ich werde Ihnen sehr verbunden sein, wenn Sie mir einen hübschen Menschen vorschlagen. Ich verlange weiter nichts von ihm, als daß er gut Latein versteht, sich in Wäsche und Kleidung reinlich und sauber hält; Französisch und Italiänisch sprechen kann, eine schöne Hand schreibt, die Mathematik versteht, Verse macht, so viel man fürs Haus braucht, tanzen, fechten und reiten kann, und, wo möglich, ein wenig zeichnet. In der Historie muß er auch gut beschlagen seyn, vor allen Dingen aber in der Wappenkunst. Ist er schon auf Reisen gewesen; desto besser. Aber er muß sichs gefallen lassen, bei mir auf meinem Gute zu bleiben, und sich wenigstens auf sechs Jahre bei mir zu vermiethen. Dafür soll er bei meinen Kindern auf der Stube freie Wohnung haben, mit dem Kammerdiener essen, und jährlich fünfzig Gulden bekommen. Zum heiligen Christ und zur Messe gebe ich nichts; dergleichen Betteleien kann ich nicht leiden. Sind die sechs Jahre um; so kann er in Gottes Namen hingehen, wohin er will. Ich will ihn sodann an seinem Glück nicht hindern. Mich dünkt, die Vorschläge sind ganz billig [angemessen]. Hat der Mensch Lust zur Wirthschaft, so kann er meinem Verwalter mit an die Hand gehen. Es wird sein Schade nicht sein, denn er weiß doch nicht, wozu ers einmal brauchen kann. Ich werde für Ihre Bemühung erkenntlich sein, und bin,
Hochzuehrender Herr Professor,
Ihr dienstbereitwilligster ***

(Gedicht aus: WANDSBECKER BOTE , zit. nach Fertig 1979, 18;
Brief aus: Rabener 1839, Bd. 2, 112 ff.)

Textvergleich von Lenzens Original und Brechts Bearbeitung (Kastrationsszene)

Die folgende Brecht-Passage lässt sich dem Abschnitt 72,23 – 75,20 von Lenzens HOFMEISTER unmittelbar gegenüberstellen.

LÄUFFER: Gevatter, ich weiß nicht, ob ich recht getan. – Ich hab mich kastriert …
WENZESLAUS: Was – entmannt? – das ist ja …

LÄUFFER Ich hoff, Ihr vergönnt mir noch ein paar Tag unter Eurem geschändeten
Dach.
WENZESLAUS: Sprech Er nicht weiter. Das hätt Er nicht gebraucht. Da ist Er ja ein
zweiter Origines! Laß dich umarmen, junger Mann, teures, auserwähltes Rüstzeug!
Das ist die Bahn, auf der Ihr eine Leuchte der Schulwelt, ein Stern erster Größe der
Pädagogik werden könnt. Ich beglückwünsche Euch, ich ruf Euch ein wenzeslausi-
sches Jubilate und Evoë zu, mein geistiger Sohn!
LÄUFFER: Bei alledem, Herr Schulmeister, gereut es mich.
WENZESLAUS: Wie, es gereut Ihn? Das sei ferne, werter Herr Mitbruder! Er wird
eine so edle Tat doch nicht mit törichter Reue verdunkeln und mit sündlichen Tränen besudeln? Ich seh schon welche über Sein Augenlid hervorquellen. Schluck Er
sie wieder hinunter und sing Er mit Freudigkeit: Ich bin der Nichtigkeit entbunden,
nun Flügel, Flügel, Flügel her! Er wird es doch nicht machen wie Lots Weib und sich
wieder nach Sodom umsehen, nachdem Er einmal das friedfertige stille Zoar erreicht hat? Nein, nein, ich halte da lieber mit unserem seligen Doktor Luther: was
hinaufsteigt, das ist für meinen lieben Gott, aber was hinuntergeht, das ist für Beel-
zebub.
LÄUFFER: Ich fürchte, meine Beweggründe waren von anderer Art ... Reue ... Sorgen um meinen Beruf.
WENZESLAUS: Er ist gesichert. Wer sollte Lehrer werden können, wenn nicht jetzt
Ihr? Von allen habt Ihr die höchste Qualifikation! Habt Ihr nicht die Aufsässigkeit in
Euch für ewig vernichtet, der Pflicht alles untergeordnet? Kein Privatleben kann
Euch fürder noch abhalten, Menschen zu formen nach Eurem Ebenbilde. Kann man
weiter gehen? Für Euer persönliches Fortkommen seid unbesorgt. Pflicht getan. Alles läßt sich glücklich an.
LÄUFFER: Ich hab einen Brief geschrieben an den Herrn Major von Berg, er liegt
auf dem Tisch neben dem Messer. Würdet Ihr ihn lesen und expedieren, wenn Ihr
ihn billigt?
WENZESLAUS *liest:* »... Und habe ich so durch meinen gewiß schweren Entschluß
jegliche Gefährlichkeit vernichtet, welche aus meiner Mannbarkeit ... Zwischen
Scylla und Charybdis von Natur und Beruf habe ich mich für den Beruf entschieden
und hoffe ich, Sie werden mir ein Zeugnis gnädigst nicht versagen, damit ich meinen Beruf wieder ausüben kann. Um so mehr, gnädigster Herr Major, als ich auch
im übrigen mich pflichtschuldigst bemühen werde, in Allem, ich schreibe in Allem,
immer das zu tun und zu lehren, was gewünscht wird, zu meinem und aller
Besten ...
Empfangen Sie ... Dero allerunterthänigster Diener ... Nachschrift: Und ich ver-
spreche auch, unseres Heldenkönigs Martyrium immer ohne Weglassung zu leh-
ren.«
LÄUFFER: Stürmts noch, Gevatter?
WENZESLAUS: Nein.
LÄUFFER: Nein.
WENZESLAUS: 's ist alles unter Schnee.
LÄUFFER: 's ist gut aufgehoben.
WENZESLAUS: Hochherziger Dulder, jede Lehrerstelle, ich bins sicher, jede Lehrer-
stelle im Kreis steht Ihm jetzt offen.

(aus: Brecht, wa 6, 2382 f.)

Lenz zur Geschlechterliebe

(nach den PHILOSOPHISCHEN VORLESUNGEN FÜR EMPFINDSAME SEELEN von 1780;
Interpunktion beibehalten, Orthografie behutsam angeglichen)

[BAUM DES ERKENNTNISSES GUTES UND BÖSEN:] Die Schönheit ist entweder objektiv, die höchste Übereinstimmung der Teile untereinander zu ihrem eigenen Ganzen, oder subjektiv, Übereinstimmung dieser Teile zu dem Ganzen des sie erkennenden Subjekts. Jenes möchte ich *ideale*, dieses die *homogene* Schönheit nennen. […]
Die *höchste* ideale Schönheit ist Gott – und das erkennen wir aus der Welt die er geschaffen, worin jeder Teil mit dem andern und zum Ganzen aufs harmonischste stimmt, wir schließen also von der Wirkung auf die Ursache. […] *Die homogene Schönheit reizt zur Vereinigung, die ideale zur Nachahmung.* Wir haben eine Konkupiszenz, das Streben nach Vereinigung, die Begier: sie ist Gottes Gabe und nötig zu unsrer Glückseligkeit, denn wie können wir glücklich sein, ohne zu genießen und wie können wir genießen ohne begehrt zu haben. Diese Begier sollte sich billig, wie alle Kräfte in uns, nach unsrer besten Erkenntnis richten. (3 ff.)
Hütet, euch, Jünglinge beiderlei Geschlechts für der geschwinden Willfahrung eurer Konkupiszenz, noch einmal – haltet diesen Bogen mit dem eisernen Arm der Vernunft gespannt. […] Fahrt nie zu bei jeder euch homogenscheinenden Schönheit, setzt euch vorher in den gehörigen Gesichtspunkt, prüft, vergleicht, wägt ab, wartet ab – und wenn sie euren ganzen Wunsch aufwiegt, wenn das Schicksal, oder nach unserm Begriff die von Gott geordnete Harmonie der Umstände beide Schalen gleichstehen läßt, so freut euch eures Genusses – wenn nicht – opfert ihn auf und seid versichert, daß ein ungleich höherer auf euch warte. […] Aber wenn ihr nun so glücklich geworden seid, so bedenkt, daß ihr nur an der untersten Staffel der Leiter steht, alsdenn zur idealen Schönheit übergegangen, meine Freunde! (11 ff.)
Sollen wir denn aber nie genießen, soll unser ganzes Leben ein Wunsch, ein Bestreben bleiben, ohne uns bei einem vergnügenden Gegenstand aufzuhalten, zu beruhigen? Aufhalten wohl – aber nicht beruhigen. Unser Ruhpunkt ist Gott und da der – so wie er seiner Kraft nach uns unendlich nahe, so seiner Vollkommenheit nach unendlich von uns entfernt ist und es ewig bleiben wird, so sehen wir wohl, daß wir nicht zur absoluten Ruhe geschaffen sind, unsere Ruhe ist, wann wir uns nach den von Gott geordneten Gesetzen der allgemeinen Harmonie zu ihm hinauf bewegen. Wir dürfen aber nicht allein bei homogenen Gegenständen uns aufhalten, wir sollen es auch tun. Esset von allerlei Bäumen im Garten. Alle homogene Schönheit ist ein Teil der idealen, und wir können nicht anders zu der Idee von dieser kommen, als auf dem Wege des verhältnismäßigen Genusses von jener. […] Die *vollkommenhomogenste* Schönheit aber ist die letzte Stufe zur *idealen*, der Genuß jener muß unsrer Konkupiszenz also auch den höchsten Schwung geben, zu dieser überzugehen. […] Mögen die Geschlechter also zu einander streben, sich vereinigen, eins sein, es ist ihre Bestimmung – aber nicht *bei einander beruhen*. (7 ff.)
[SUPPLEMENT ZUR VORHERGEHENDEN ABHANDLUNG:] Ich hab Ihnen gezeigt, daß die *Konkupiszenz*, das *Streben* nach Vereinigung, den Fall unserer ersten Eltern, verursacht. War sie also eine Sünde? Das sei ferne! Nur ihre zu *ungeduldige* Befriedigung war es. Noch mehr, die Konkupiszenz ist dem Menschen zur Glückseligkeit notwendig, eine Gabe Gottes – die herrlichste aller Gaben Gottes. (14)
Der Mensch sollte freilich einen Blick der Gottheit ins schöne Weltall tun, und alles übereinstimmend empfinden: aber er sollte auch *frei*, ein kleiner Schöpfer der Gottheit nachhandeln. Die Triebfeder unserer Handlungen ist die *Konkupiszenz* ohne Be-

gier nach etwas bleiben wir ruhig [...]. Gott wollte also unsere Konkupiszenz in Bewegung setzen, das konnte nur durch ein *Verbot* geschehen. Es ist unwidersprechlich, daß in der ganzen Natur alle Kräfte nur *entgegen* wirken. Alle Aktion ist Reaktion [...]. Und Gott um unserer Konkupiszenz den höchsten Schwung zu geben, uns zur Handlung zu determinieren mußte *verbieten*. [...] Es war dies der erste Stoß gleichsam den Gott *freien* Wesen gab die handeln sollten; denn dem Tier kann ich keine Handlung zuschreiben, eine Handlung aus Instinkt ist immer noch ein Leiden. (15 f.)

[Unverschämte Sachen:] Der Geschlechtertrieb, oder um das Kind beim Namen zu nennen, der Trieb sich zu gatten, ist einer von denen die am heftigsten und unwiderstehlichsten wirken, einer von denen die sich am wenigsten von allen menschlichen Trieben, der Vernunft unterordnen, oder dadurch leiten lassen [...], einer von denen, deren Befriedigung selber uns den schröcklichsten Folgen aussetzt [...]. Das macht denn nun, daß gewisse kurzsichtige Pygmäen [...] das ganze Ding unter dem Namen Erbsünde [...] dem Teufel und seinen Engeln zuschreiben [...]. Sie deklamieren also aufs heftigste wider diesen Trieb, dessen Quelle sie grades Weges aus der Hölle herleiten, und wissen uns, wenn der Himmel uns noch keine Frau beschert hat, noch auch Mittel, eine Frau zu versorgen, keinen bessern Rat zu geben, als uns um des Himmelreichs willen, zu verschneiden, welches sie sehr buchstäblich erklären, wie es Pater Origines, ein unglücklicher Scholiast der Bibel, mit seinem Beispiel beweist [...]. (51 f.)

Die Allgemeinheit und die Stärke dieses Triebs selbsten [...] sollten uns aufmerksam machen. Es scheint, als ob dieser Trieb ein Institut sei, das die ganze Natur umfängt, um alles was lebet, glücklich zu machen. [...] Ferner scheint dieses Institut noch eine höhere und edlere Absicht zu haben [...], nämlich diejenige, die Geschöpfe die vermöge der in ihnen lebenden Kraft geneigt waren sich von einander zu entfernen [...], diese Geschöpfe einander wieder zu nähern, sie mit einem gemeinschaftlichen Bande wieder zu verbinden [...]. (54 f.)

[Lassen Sie uns in die Schöpfungsgeschichte Mosis zurückkehren.] Nachdem der Mensch geschaffen, der Ehstand eingesetzt, Zweck und alles vom Ehstande angeordnet und berichtigt war, nämlich die wechselseitige *Gehülfschaft*: es ist nicht gut daß der Mensch allein sei [...]: nachdem alles das vorbei war, erst da kam Gott mit dem Segen hinterdrein: und Gott segnete sie. [...] welch einen andern Verstand könnte mir ein Ödipus wohl in diese Worte hinein zaubern, als den: Gott machte nun ihre Ehe glücklich, er machte dem ersten Paar gleichsam sein Hochzeitsgeschenk von Glückseligkeit und worin bestand das: Seid fruchtbar, in einer Schöpfungsgeschichte kann dies nichts anders heißen als er teilte ihnen den Geschlechtertrieb und das Vermögen ihn zu befriedigen mit [...]. (56 ff.)

Noch mehr, nachdem der liebe Gott die ersten Menschen aus seinem Garten gejagt hatte, weil sie sich unartig darin aufgeführt, [...] wußte Adam, sag ich, für die paradiesische Vergnügungen, welche er verloren, sich auf keine andere Weise schadlos zu halten, als daß er jetzt von der Wohltätigkeit seines Schöpfers Gebrauch machte und sein Weibchen erkannte, und es ist eine große Frage ob er in diesem Augenblick nicht seinen Verlust für hinlänglich ersetzt hielt, ja auch so gar alsdenn für ersetzt hielt, wenn er sich diese nächtliche Glückseligkeit bei Tage durch den Schweiß seines Angesichts verdienen mußte [...]. Welche Güte von dem obersten Gesetzgeber selbst gegen Malefikanten [Missetäter]! (58 f.)

Die Ehe ist die große von Gott etablierte Ordnung, in der wir diesen Trieb mäßig stillen dürfen [...]. Wie wenn unsre Umstände, unsre Pflichten, die Gesetze selbst uns das Heiraten verbieten? [...] *Alsdenn diesen Trieb befriedigen ist Sünde* [...]. (61 f.)

Um kurz von der Sache zu kommen, der Geschlechtertrieb ist die *Mutter aller unserer*

Material 5

Empfindungen. Zerstreut und verschwendet diesen Schatz, und ihr werdet kalte und leere Geschöpfe […]. Es wäre also die Zähmung unsers Geschlechtertriebes nicht unfüglich […] der erste Grundsatz unserer Moral zu nennen, da wir gemeiniglich von dem Laster der Ausgelassenheit und Zügellosigkeit zu allen übrigen stufenweise, wie wohl unvermerkt fortzugehen pflegen. […] Wir werden kalt und Empfindungs-leer gegen alles, also auch gegen den Urheber dieses Alles gegen Gott […]. (68 ff.)

Nichts bleibt uns jetzt übrig, als […] uns nach Mittel um zu sehen, der Heftigkeit des bloß tierischen Triebes Zügel anzulegen und Einhalt zu tun. Denn wir sehen wohl, daß er nur geleitet, nicht getötet werden muß, so wenig wir Fug haben andere tierische Instinkte die zu heilsamen Zwecken in uns gelegt waren, auszurotten. […] Präkautionen [Vorsicht], Gebet, gute Grundsätze und Maximen […], eine strenge Lebensordnung, Fasten sogar und Enthaltung von erlaubten Vergnügungen, Vermeidung böser Gelegenheit, Flucht — alle die Rezepte unserer heutigen Moralisten sind gar gut, aber man erlaube mir es zu sagen, sie sind keine Universalmedizin, die für alle Subjekte brauchbar ist […]. […] und die ist – um einmal kurz zu schließen […] – weil doch unsere Seele von der Natur ist, daß sie nicht gern ein Vergnügen aufgibt, wenn nicht auf der Stelle ein anders wieder da ist, es zu ersetzen – Die empfindsame Liebe. Seht ihr einen Gegenstand, der euern Geschlechtertrieb rege macht, versucht ob ihr ihn lieben könnt, etwas Liebenswürdiges wird er immer haben, und ein weit reicheres Maß von Vergnügen werdet ihr ernten, als euch der letzte Genuß geben könnte. Die rechten Verhältnisse und Grade in der Liebe zu finden, dazu habt ihr die Vernunft, Gottesgabe und vollkommenstes Gesetz. Sela! [Abgemacht, Schluss] (70 ff.)

(aus: Lenz 1994)

Ständeklausel und Gattungsbestimmung von Komödie und Tragödie

1. Johann Christoph Gottsched: Versuch einer Critischen Dichtkunst vor die Deutschen (1730)

[Die Komödie muß] ein lächerliches Laster vorstellen. Denn das Auslachenswürdige gehört eigentlich in die Komödie […]. (97)

Die Personen, so dabei vorkommen, müssen bürgerlich sein, denn Helden und Prinzen gehören in die Tragödie. Derjenige aber, der das Unrecht täte, müßte endlich darüber zum Spott und Gelächter werden. (98)

Die Komödie ist nichts anders als eine Nachahmung einer lasterhaften Handlung, die durch ihr lächerliches Wesen den Zuschauer belustigen, aber zugleich auch erbauen kann. (186)

Die Personen, so zur Komödie gehören, sind ordentliche Bürger oder doch Leute von mäßigem Stande [dergleichen auch wohl zur Not Baronen, Marquis und Grafen sind – Einfügung in der 3. und 4. Auflage]. Nicht als wenn die Großen dieser Welt etwa keine Torheiten zu begehen pflegten, die lächerlich wären: Nein, sondern weil es wider die Ehrerbietung läuft, die man ihnen schuldig ist, sie auslachenswürdig vorzustellen. (189)

Die Tragödie ist von der Komödie nur in der besonderen Absicht unterschieden, daß sie anstatt des Gelächters die Verwunderung, das Schrecken und Mitleiden zu erwecken suchet. Daher pflegt sie sich lauter vornehmer Personen zu bedienen, die durch ihren Stand, Namen und Aufzug mehr in die Augen fallen und durch große Laster und traurige Unglücks-Fälle solch heftige Gemüts-Bewegungen erwecken können. (99)

Der Poet wählet sich einen moralischen Lehr-Satz, den er seinen Zuschauern auf eine sinnliche Art einprägen will. Dazu ersinnt er sich eine allgemeine Fabel, daraus

die Wahrheit seinen Satzes erhellet. Hiernächst sucht er in der Historie solche be-
rühmte Leute, denen etwas Ähnliches begegnet ist: und von diesen entlehnet er die
Namen vor die Personen seiner Fabel, um derselben ein Ansehen zu geben. (161)
Diese Fabel ist nun geschickt, Schrecken und Mitleid zu erwecken und also die Gemüts-Bewegungen der Zuschauer auf eine der Tugend gemäße Art zu erregen. (162)
Die ganze Fabel hat nur eine Haupt-Absicht: nämlich einen moralischen Satz […].
(163)

(aus: Gottsched 1998)

2. Christian Fürchtegott Gellert: Für das rührende Lustspiel (Pro Comoedia Commovente) (1751)

[…] die Komödie sei ein dramatisches Gedicht, welches Abschilderungen von dem
gemeinen Privatleben enthalte, die Tugend anpreise, und verschiedene Laster und
Ungereimtheiten der Menschen, auf eine scherzhafte und feine Art durchziehe. (15)
[…] so kann das Lustspiel nicht nur seiner satirischen Pflicht genugtun, sondern
kann auch noch dabei das Gemüt in Bewegung setzen. (19)
Mit einem Worte, so wie wir bei den lächerlichen Personen der Bühne, uns selbst
freuen, weil wir ihnen nicht ähnlich scheinen; ebenso freuen wir uns über unsere
eigne Vortrefflichkeit, wenn wir gute Gemütsarten betrachten […]. (22)
Die Abschilderungen tadelhafter Personen zeigen uns bloß das Ungereimte, das Ver-
kehrte und Schändliche; die Abschilderung guter Personen aber zeigen uns das Gerechte, das Schöne und Löbliche. Jene schrecken von den Lastern ab; diese feuern zu
der Tugend an, und ermuntern die Zuschauer, ihr zu folgen. (23)
Diejenigen wenigstens, welche Komödien schreiben wollen, werden nicht übel tun,
wenn sie sich unter andern auch darauf befleißigen, daß ihre Stücke eine stärkere
Empfindung der Menschlichkeit erregen, welche sogar mit Tränen, den Zeugen der
Rührung, begleitet wird. (24)

(aus: Matthes 1974)

3. Johann Gottlob Benjamin Pfeil: Vom bürgerlichen Trauerspiele (1755)

[Ich nenne] das bürgerliche Trauerspiel, die Nachahmung einer Handlung […],
wodurch eine Person bürgerlichen Standes auf dem Theater als unglücklich vorge-
stellet wird. (49)
Die Hauptabsicht des Trauerspiels ist, Schrecken und Mitleiden zu erwecken, oder
wenn man lieber will, die Tugend auch ohngeachtet ihres Unglücks liebenswürdig
und das Laster allezeit verabscheuungswürdig vorzustellen. […] Sind bürgerliche
Personen der Tugenden und der Laster weniger fähig, als die Helden? (49 f.)
Der unglückliche aber tugendhafte Bürger in dem bürgerlichen Trauerspiele suchet
unsere Tränen mit ebendem Eifer und erhält sie vielleicht eher, weil sein Stand eine
größere Gleichheit mit uns hat. (51)

(aus: Mathes 1974)

4. Gotthold Ephraim Lessing: Hamburgische Dramaturgie (1767–69)

[14. Stück:] Die Namen von Fürsten und Helden können einem Stücke Pomp und
Majestät geben; aber zur Rührung tragen sie nichts bei. Das Unglück derjenigen, deren Umstände den unsrigen am nächsten kommen, muß natürlicherweise am tiefsten in unsere Seele dringen; und wenn wir mit Königen Mitleiden haben, so haben
wir es mit ihnen als mit Menschen, und nicht als mit Königen. (294)

(aus: Lessing, Werke 4)

Vergleichende Übersicht literaturgeschichtlicher Epochen

	Aufklärung (1720–1785)	Empfindsamkeit (1740–1780)
Allgemeine Geisteshaltung	Leitvorstellung: Vernunft Befreiung von kirchlicher Bevormundung, von Autoritätsglauben und Vorurteilen. Diesseitsorientiert (das irdische Glück als Zweck des Daseins); wissenschaftsfreudig; Glaube an die Erziehbarkeit des Menschen (zum Guten); optimistische Grundhaltung.	Leitvorstellung: Gefühl Verweltlichung des im Pietismus verwirklichten Herzchristentums (Pietismus: religiöse Bewegung gegen den erstarrten orthodoxen Protestantismus; setzte gegen die Buchstabengläubigkeit das persönliche, innere Heilserlebnis). Seelenbeobachtung; Selbstgenuss innerseelischer Regungen; Gefühlsüberschwang; Freundschaftskult.
Schlagworte, Losungsworte	Vernunft, Verstand, (Geistes-) Witz, Humanität, Tugend, Bildung, Wissenschaft	Empfindung, Rührung, Wonne, Wehmut, Tränen, Modewort ›heilig‹, Tugend
Dichtungsverständnis	*prodesse et delectare*: Dichtung soll nützen (belehren, bessern) und ergötzen (erfreuen, vergnügen). Moralisch-zweckmäßige Verstandesdichtung. Orientierung an Vorbildern und Dichtungsregeln.	Dichtung als Gefühlsaussprache und Verkündigung der Heilsgewissheit. Dichtung soll rühren, erbauen, erheben.

Sturm und Drang (1767–1785)	…	Naturalismus (1880–1900)
Leitvorstellung: Genie (= selbstbewusster, schöpferischer Geist; kraftvolles Individuum, titanischer Mensch – Symbol: Prometheus) Gegen überkommene Autoritäten, Traditionen und Konventionen. Gegen einseitige Verstandesherrschaft, Anerkennung von Herz, Gefühl, Ahnung, Leidenschaft, Trieb (also des Emotionalen, Intuitiven und Irrationalen). Selbstwertgefühl des produktiven Individuums; geschichtlicher Durchbruch des Subjektivismus. Sozialkritisch-kulturpessimistisch; naturidealistisch (Begeisterung für die gottdurchwirkte Natur, Sympathie mit den ›Naturmenschen‹: Kindern, einfachem Volk, primitiven Völkern)		Leitvorstellung: unverfälschte Wiedergabe der Wirklichkeit, gerade in ihren Schattenseiten Engagierte Darstellung sozialer Problemfelder und gesellschaftlicher Randzonen: unterste soziale Schichten, Außenseiter und Ausgestoßene; Leid, Unterdrückung und moralisches Elend. Der Mensch wie die Natur wissenschaftlich erklärbar als Produkt von Erbgut, Milieu und geschichtlicher Situation; Leugnung der Willensfreiheit (Determinismus). Einbeziehung des Hässlichen, Abstoßenden, Unsittlichen (als gewöhnlich ausgeblendeten Aspekten der Realität). Sozialkritisch, positivistisch, tabuverletzend.
(Original-)Genie, Individualität, Natur, Leidenschaft. **Herz! Wärme! Blut! Menschheit! Volk!** (Herder)		
Gegen Kunstregeln – das Genie als gottähnlicher Schöpfer trägt die Regeln in sich selbst. Dichtung als Ausdruck des Genies. Das Ursprüngliche, Leidenschaftliche und Charakteristische (Individuelle) gelten mehr als das Schöne. (Ursprung des neuzeitlichen Originalitätskriteriums von Kunst und Literatur.)		Dichtung soll Kausalzusammenhänge im menschlichen Schicksal aufdecken, aufklären, erziehen, zur Veränderung der Verhältnisse beitragen. Exakteste Milieuschilderung (auch sprachlich); Zustände und Charaktere wichtiger als ausgefeilte Handlung.

Die Endszene aus Heinar Kipphardts Bearbeitung der SOLDATEN (1968)

Des Obristen Wohnung. Der Obrist Graf von Spannheim mit Offiziers, unter ihnen Eisenhardt, Pirzel, Haudy, Mary beim Kaffee.

EISENHARDT *zu Haudy*: Haben Sie die Unglücklichen gesehen? – Der Ausgang dieser entsetzlichsten Liebesaffaire wird Sie von den Folgen Ihrer Maximen wohl überzeugt haben?

HAUDY Welche Maximen denn, Herr Pfarrer?

EISENHARDT Daß eine Hure immer eine Hure wird. An diesem Tische hier.

HAUDY Und ist sies nicht geworden?

EISENHARDT Nachdem sie ein Bösewicht ohne Moral dazu gemacht, nachdem er die Familie verwüstet und in den Abgrund gestoßen.

OBRIST Und das bei meinem Korps. – Ein Soldat vergiftet seinen Offizier, der nur aus Leichtsinn zwei ehrenwerte Bürgerfamilien in den unwiderbringlichsten Untergang gestürzt hat.

EISENHARDT Um einen Sinnenkitzel zu befriedigen!

OBRIST Vor unser aller Augen – ich begreif' es nicht. – *Zu Mary.* Was sagen Sie dazu?

MARY Je nun – wer hätte das voraussehen wollen? Ich seh's als Tragik.

PIRZEL Wenn ich mir die Anmerkung erlauben darf, Herr Obrist, ich habe darüber gedacht: Es sind die Folgen des ehelosen Standes der Soldaten.

OBRIST Nun ja, wie wäre dem abzuhelfen?

HAUDY Indem wir nach dem Pirzel alle heiraten, die ganzen Regimenter, und unsre Weiber mit ins Biwak nehmen oder in den Krieg. Das soll uns lustige Bataillen geben. *Gelächter.*

PIRZEL Nicht so, nicht heiraten.

HAUDY Wie dann?

PIRZEL Ich sehe die Soldaten an, wie das Ungeheuer, dem von Zeit zu Zeit ein Frauenzimmer freiwillig aufgeopfert werden muß, damit die übrigen verschont bleiben.

EISENHARDT Wie verstehen Sie das, aufgeopfert?

PIRZEL *mit Eifer:* Es müßte der König veranlaßt werden, für die Beschützer seines Staates eine Pflanzschule für Soldatenweiber anzulegen.

HAUDY Bravo, Pirzel.

PIRZEL Junge Frauenzimmer, die im hohen Dienst des Vaterlandes der ewigen Verbindungen der Ehe freiwillig ganz entsagen.

EISENHARDT Ich darf wohl aber zweifeln, lieber Hauptmann, daß sich ein Frauenzimmer von Ehre dazu entschließen könnte. Das müßten Huren sein.

PIRZEL *immer mehr in Feuer geratend:* Nicht Huren, sondern Amazonen, deren edle Empfindungen die Delikatesse der weiblichen Ehre nicht verletzen, sondern zu dem Ziel erhöhen, Märtyrerinnen für den Staat zu sein!

HAUDY UND MARY *lachend:* Ja, ja, der Pirzel! Bravo, Pirzel!

PIRZEL *im Eifer aufstehend, eine schöne rednerische Haltung einnehmend:* Der König alsdann müßte das Beste tun, diesen Stand glänzend und rühmlich zu machen. Dafür ersparte er die Werbegelder, denn alle Kinder, die gehörten ihm. Die Beschützer des Staates, die Soldaten, würden sodann auch sein Glück sein, die äußere Sicherheit desselben nicht die innere aufheben, sondern verstärken, so daß die Glieder der durch uns zerrütteten Gesellschaft in Fried und Wohlfahrt aller sich umarmend küssen! *Er sinkt erschöpft auf seinen Stuhl.*

OBRIST Ich wünschte nur, daß sich auch jemand fände, diese genialen Gedanken bei Hofe durchzutreiben, lieber Pirzel. *Lachen*

PIRZEL – – Weil niemand denkt. *Lange Pause, dann klopft er sich mit dem Knöchel mehrfach kräftig an den Schädel. Hier steckts.*

(aus: Kipphardt 1974, 251 f.)

Lenz zum Ständeproblem – anhand des LANDPREDIGERS

Er [der Landpfarrer Mannheim] war einigemal mit ihnen [der Familie eines königlichen Amtmannes] auf Bällen gewesen und durch sie auf diesen in Verbindungen geraten, wo er die große Welt kennen lernen konnte, nicht um in ihr nach etwas zu streben, sondern um sich den falschen Firnis zu benehmen, den die Imagination der geringern Stände gemeinhin sich um die höhern lügt und der dem Gefühl ihres eigenen Glücks so gefährlich ist. Er lernte Personen von Verdienst unter diesen kennen, die sich in jeder Maske, in der die Vorsehung sie auf diese große Schaubühne der Welt gestellt hat, immer gleich sehen, und sie nahmen ihm das Vorurteil, das sich zu den überspannten Vorstellungen, die wir vorhin angemerkt haben, so gern hinzuzugesellen pflegt, daß jedermann, der dem Range nach über uns steht, eben dadurch alle persönliche Hochachtung verlieren müsse. Er fühlte das große Prinzipium der Gleichheit alles dessen, was gleich denkt, das durch alle Stände und Verhältnisse geht und nur dem Neide und der Unwissenheit durch äußere Dekorationen entzogen wird. (417)
[Der Landpfarrer besucht mit seiner Braut den adligen Grundherren des Dorfes, der ihm durchaus Respekt erweist.] Die Dame aber und das Fräulein und sein Bruder, welcher bei ihm wohnte, nebst einem weitlosen Vetter, die alle nicht aus Deutschland gekommen waren, hatten noch alle das Rauhe, Herbe und Ungenießbare des Adelstolzes, der eben dadurch, weil er seinen Rang andern fühlen läßt, alle Hochachtung, die sein Rang Vernünftigen einflößen würde, zu Boden schlägt und den gerechten Stolz aller edlen Menschen wider sich empört, die ihm in jedem Augenblick die große Wahrheit zurückzufühlen geben: Kein Mensch kann dafür, wie er geboren ist.
Diese Art Leute beraubt sich aller wahren Schätze und Vorzüge des Lebens. Ihre Verachtung wird von denen mit ihnen grenzenden Ständen mit Verachtung erwidert, und, weil sie [die standesarroganten Adligen] vor ihren Obern nach ihrem angenommenen Grundsatz wieder kriechen müssen, so sind sie eigentlich die Allerverachtetesten unter allen Menschenkindern. Rechnet man dazu die Leerheit in der Seele, die dieses ewige Aufblähen ihrer selbst verursacht, so wird man ihren Zustand, anstatt ihn zu beneiden, in der Tat eher zu bedauern versucht werden.
Auf der andern Seite gibt es einen Stolz der niedern Stände, der eben so unerträglich ist. Das heißt, wenn sie einen gewissen Trotz, der zu nichts führt, als alle Verhältnisse, die unter Menschen eingerichtet sind, einzureißen, für die notwendigste Eigenschaft eines braven Menschen halten, den sie, wie man sagen will, nicht unterdrücken läßt. Sie bedenken nicht, daß eben dieser Stoß in die Rechte der andern, einen Gegenstoß veranlaßt, der gerade das macht, was sie Unterdrückung nennen, und am Ende die traurige Spalte zwischen den beiden Ständen, ich meine dem *Adel* und dem *edlen Bürger* zurückläßt, die einander doch so unentbehrlich sind.
Wenn jeder Teil dem andern *voraus hinlegte*, was ihm gehört, würde jeder Teil auch seiner Seits sich zu bescheiden wissen, nicht mehr zu fodern und lieber aus Großmut etwas von seinen Rechten fahren zu lassen, die ihm der andere aus eben dieser Großmut mit Zinsen wieder bezahlte. (431 f.)

(aus: Werke 2)

Anhang

Anmerkungen

[1] Geschichtlich gesehen war die Abneigung des Adels gegen die öffentliche Schule in der zweiten Hälfte des 18. Jahrhunderts allerdings noch weit verbreitet, vgl. Paulsen 1965, Bd. 2, 158 f. Sie findet sich selbst in gut betuchten bürgerlichen Häusern wie dem der Familie Goethe, vgl. Goethe, *DICHTUNG UND WAHRHEIT*, 1. Buch. In: HA 9, 17, 32 und 33 f.

[2] Die philologischen und theologischen Studenten – mithin die zukünftigen Hofmeister oder Schullehrer – stammten im 18. Jahrhundert überwiegend aus ärmlichen Verhältnissen, aus dem unteren Bürgertum, dem Bauerntum oder der Pfarrerfamilie. Der Adel und die höheren Beamtenschaft drängten dagegen in die juristische Fakultät mit ihren Aussichten auf lukrativere Staats- und Regierungsämter, vgl. Paulsen 1965, Bd. 2, 159 f., und Bruford 1979, 233–236. Zum Widerspruch zwischen den maßlos angehäuften Ansprüchen an einen Hofmeister und der oftmals kläglichen Wirklichkeit vgl. Fertig 1979, 46 ff.

[3] Die widrigen Umstände eines historischen Hofmeisterdaseins charakterisiert im Überblick Fertig 1979, 65 f.

[4] Die städtischen Lateinschulen treten im Reformationszeitalter neben die ursprünglichen Schulformen des Mittelalters, die klerikalen Kloster-, Dom- und Stiftschulen. Anders als die mehr praktisch ausgerichteten deutschen Lese-, Schreib- und Rechenschulen für die einfachen Schichten (verächtlich auch als Winkel- oder Klippschulen tituliert), halten diese Ratsschulen an einer formalklassischen Buchgelehrsamkeit fest, was sie eben auch für den aristokratischen Weltmann so untauglich erscheinen lässt und zur Bildung von höfisch orientierten Ritterakademien führt. Zu diesen bildungsgeschichtlichen Hintergründen siehe Paulsen 1912, 1–104, sowie Lemm 1987, 20–50; zur Francke'schen Stiftung und zum Philanthropismus siehe Hamann 1993, 62 ff. und 78–81; zur Schulgeschichte allgemein siehe den entsprechenden Abschnitt im Literaturverzeichnis.

[5] Vgl. Becker-Cantarino 1997, 48.

[6] Anzeige in den *Frankfurter gelehrten Anzeigen*, Nr. 48/49, 1775, 416 f.; zitiert nach EuD Hofmeister, 81. Zum biografischen Zusammenhang siehe Damm 1992, 71 f.

[7] Vgl. Damm 1992, 34–39, und Schulz 2001, 18.

[8] Lenz an Salzmann, 18. September 1772. In: Werke 3, 275 f.

[9] Vgl. den Brief des Vaters, um Ostern 1771. In: Lenz, Briefe, Bd. 1, 16. Zum biografischen Zusammenhang siehe Damm 1992, 77 f.

[10] Zu den Umständen seiner Tätigkeit bei den Baronen Kleist vgl. Damm 1992, 79 f., 92 f. und 96.

[11] Vgl. Lenz an den Bruder Johann Christian, 7. November 1774. In: Werke 3, 304.

[12] Vgl. Damm 1992, 348 f. und 365 ff.

[13] Vgl. hierzu Damm 1992, 371. In der Werkausgabe findet sich die Schrift *ENTWURF EINIGER GRUNDSÄTZE FÜR DIE ERZIEHUNG ÜBERHAUPT, BESONDERS ABER FÜR DIE ERZIEHUNG DES ADELS*, in der Lenz nicht etwa (wie im *HOFMEISTER*) die Sichtweise des Bürgers vertritt, sondern sich ganz auf die Interessenlage des Adels einlässt, vgl. hierzu besonders Werke 2, 831.

[14] Vgl. Damm 1992, 369 ff.

[15] Lenz an den Bruder Johann Christian, 11. Juni 1791. In: Werke 3, 679. – Als weitere Lebenshintergründe zum *HOFMEISTER* seien hier nur kurz erwähnt die Ideenanstöße durch Hupels Schriften (vgl. Kap. 1.7.2; S. 63 f.) sowie die eher als Gerüchte in der Sekundärliteratur kolportierten Hinweise auf Lenzens adlige Großmutter, die als bereits Schwangere einen bürgerlichen Hofmeister geheiratet habe (vgl. Damm 1991, 10), oder auf ähnliche, gar Kastration mit einschließende Vorkommnisse in Lenzens Nachbarschaft (vgl. Rosanow 1908, 410 und 508, Hohoff 1977, 49 f. sowie die Klarstellung bei Becker-Cantario 1997, 53).

[16] Lenz: *ÜBER GÖTZ VON BERLICHINGEN*. In: Werke 2, 639.

[17] Lenz: *VERSUCH ÜBER DAS ERSTE PRINCIPIUM DER MORAL*. In: Werke 2, (nacheinander) 503, 504, 507 und 508.

[18] Ebd., 510.

[19] Ebd., 510 f.

[20] Lappe 1980, 42.

[21] Lenz an seinen Vater, Moskau, etwa 1790. In: Werke 3, 671 f.

[22] Lenz: *ÜBER DAS ERSTE PRINCIPIUM DER MORAL*. In: Werke 2, 514.

[23] Lenz: *ÜBER GÖTZ VON BERLICHINGEN*. In: Werke 2, 638. Ähnliche Formulierungen zu Lenzens Philosophie der Tat siehe: [*MEINE*

Lebensregeln] in Werke 2, 497, und *Über die Natur unsers Geistes* in Werke 2, 622.

24 Lenz: *Supplement zur Abhandlung vom Baum des Erkenntnisses Gutes und Bösen*. In: Werke 2, 515.

25 Lenz: *Anmerkungen übers Theater*. In: Werke 2, 654.

26 Lenz: *Über Götz von Berlichingen*. In: Werke 2, 637 f.

27 Lenz: *Über die Natur unsers Geistes*. In: Werke 2, 619.

28 Lenz: *Anmerkungen übers Theater*. In: Werke 2, 668.

29 Lenz: *Über Götz von Berlichingen*. In: Werke 2, 638.

30 Ebd., 637. Büchner, der ausgewiesene Nachfahre Lenzens, hat dessen Motiv satirisch fortgeführt: **Sehen Sie hier meine Herren und Damen, zwei Personen beiderlei Geschlechts, ein Männchen und ein Weibchen, einen Herrn und eine Dame. Nichts als Kunst und Mechanismus, nichts als Pappendeckel und Uhrfedern. Jede hat eine feine, feine Feder von Rubin unter dem Nagel der kleinen Zehe am rechten Fuß, man drückt ein klein wenig und die Mechanik läuft volle fünfzig Jahre** (Valerio in *Leonce und Lena*, Büchner 1980, 115).

31 Lenz: *Über Götz von Berlichingen*. In: Werke 2, 637.

32 Haffner 1979, 22. Vgl. auch die Charakterisierung des servilen und zur Revolte unfähigen Läuffer bei Müller 1981, 22 f.

33 Müller 1981, 28.

34 Diese Karikatur einer servilen Gestalt wird im Stück nur vom Musikus Rehaar übertroffen, der sich damit als Parallelgestalt zu Läuffer erweist. Dieser ist wehleidig und feig, und dies mit einer ›zünftigen‹ ideologischen Verbrämung: **ein Musikus muß keine Courage haben, und ein Musikus, der Herz hat, ist ein Hundsfutt** (66 o.). Auch diesem Lautenspieler wird nur mitgespielt, er ist ein kläglicher Spielball des Draufgängertums oder des Wohlwollens des Pätus. Das Stück, mit den Worten seines Edelknaben Fritz, spricht dieser Inkarnation der Feigheit das Urteil: **Ja was soll ich denn machen, wenn ich kein Herz habe? […] Ohrfeigen einstecken und das Maul halten** (72 o.).

35 Vereinfachend soll hier nur von den Vätern die Rede sein. Mit der Majorin von Berg gelangt auch eine rudimentäre Mutter-Tochter-Beziehung ins Spiel; von der Bezichung des Vaters Pätus zu seiner Mutter wird oben noch die Rede sein.

36 Schöne 1968, 123.

37 Lenz: *Catharina von Siena*. In: Werke 1, 427 f. (Hauptzitat) sowie 428 und 429. Zur Vaterproblematik vgl. auch die Figur des Strephon im Drama *Die Freunde machen*

den Philosophen (bes. Werke 1, 277 f., 282 f., 286 f.) und des Hot im *Engländer* (bes. Werke 1, 318 f.).

38 Schöne geht diesen Anzeichen im Einzelnen nach, vgl. Schöne 1968, 124–133.

39 Nachsatz Lenzens zu einem Brief Schlossers an Lenzens Vater vom 9. März 1778. In: Werke 3, 568.

40 Lenz an den Vater, Moskau, etwa 1790. In: Werke 3, 671 f.

41 Schöne entdeckt dieses Grundmuster, wenn auch in Variationen, Schwundstufen oder kleinen Bruchstücken, in nahezu allen Figurenkonstellationen des Stückes, etwa auch im Verhältnis von Pätus und Frau Blitzer, Pätus und Lautinist Rehaar oder Lise und ihrem Vater (vgl. das Schaubild bei Schöne 1968, 117). Damit gerät die Idee vom dichterischen Wiederholungszwang allerdings selbst in den Geruch eines analytischen Systemzwanges. Auch zeugt Schönes These, dass allein Läuffers Selbstentmannung den ewigen Kreislauf der Konstellationen von Vater und verlorenem Sohn zu unterbrechen vermag (vgl. 115 f.), zwar von großer Gedankenschöne, bleibt jedoch ohne evidenten Bezug zu Lenzens Intentionalität oder zu den Beweggründen des Läuffers, die in einer Selbstbestrafung für das von ihm angerichtete Unheil liegen.

42 Zum für Lenz zentralen Demutsmotiv, das er von der Christusgestalt und Knechtsdasein einfacher Leute ableitet, vgl. etwa das gleichnamige Gedicht (Werke 3, 88), das in dieser Hinsicht programmatische Dramenfragment *Die Kleinen* (Werke 1, bes. 474) oder die Passagen in *Meine Lebensregeln* (Werke 2, 490) und in *Über die Natur unsers Geistes* (Werke 2, 623 f.).

43 Hier nur eine (freilich figurenperspektivische) Äußerung des Franz Moor in den *Räubern*: **Wo stickt dann nun das Heilige? Etwa im Aktus selber, durch den ich entstund? – Als wenn dieser etwas mehr wäre als viehischer Prozeß zur Stillung viehischer Begierden!** (Werke 1, 65 f.).

44 Lenz: *Meine Lebensregeln*. In: Werke 2, 489. Erst seit 1994 liegt eine verlässliche Edition nach der Handschrift vor. Unvollständige Teile wurden bis dahin unter dem von Rosanow vergebenen Titel *Meine Lebensregeln* publiziert, auch in Damms Werkausgabe. Die von mir zitierten Passagen sind mit der Edition von 1994 identisch und werden nach der leichter zugänglichen Werkausgabe zitiert.

45 Ebd., 488 und 489.

46 Ebd., 498.

47 Lenz: *Philosophische Vorlesungen für empfindsame Seelen*. In: Lenz 1994, 68.

48 Lenz: *Entwurf eines Briefes an einen Freunde, der auf den Akademieen Theo-*

LOGIE STUDIERT. In: Werke 2, 485 und 485 f. –
Die Entstehung fällt wie die CATECHISMUS in
die Jahre 1771–72 (vgl. Damm in Werke 2,
885). Aufgrund meiner oben ausgeführten
Argumentation scheint eine umgekehrte
Textanordnung als in der Werkausgabe –
nämlich BRIEF nach CATECHISMUS – plausib-
ler.

49 Lenz: SUPPLEMENT ZUR ABHANDLUNG VOM
BAUM DES ERKENNTNISSES GUTES UND BÖ-
SEN. In: Werke 2, (beide Zitate) 515.

50 Zu Goethes Menschenbild und Konzeption
des Mephistophelischen vgl. Sudau 1998,
49–53.

51 Lenz: BAUM DES ERKENNTNISSES, In Werke 2,
515 und 516.

52 Schon früh macht sich Lenz über diesen
Punkt keine Illusionen: ich, ein Mensch der
weder noch Mutter, Bruder noch
Schwester – geistlicher Weise mehr hat, kein
Weib noch Weibesart hat, u.s.f. auch niemals
eins hoffen darf (Brief an Sarasin vom
28. September 1777; Werke 3, 553).

53 Für den Sturm und Drang scheinen sich Un-
gerechtigkeit und Unbarmherzigkeit der Welt
in den Motiven der ›entehrten‹ Töchter und
der Verzweiflungstat des Kindsmordes am
greifbarsten zu offenbaren; die Zahl entspre-
chender Werke ist groß.

54 Rezension C. F. D. Schubarts in der Deutschen Chronik von 1774, zit. nach EuD Hof,
100.

55 Lenz: SUPPLEMENT ZUR ANHANDLUNG VOM
BAUM DES ERKENNTNISSES GUTES UND BÖ-
SEN. In: Werke 2, 521.

56 Diese Einmaligkeit ist hier ausdrücklich
nicht als Singularität des Ereignisses gemeint. Denn als Läuffer mit Vorahnungen an
Abälard – damit an eine Bestrafung durch
die Familie – denkt, entgegnet Gustchen:
Meine Krankheit liegt im Gemüt – Niemand
wird dich mutmaßen (35 M.). Offensichtlich
zeigen sich also bei Gustchen Anzeichen, die
von Läuffer als Anzeichen einer Schwangerschaft gedeutet werden können (und, wie der
weitere Verlauf zeigt, es auch sind). Es ist
also durchaus wahrscheinlich, dass der von
alltäglicher Intimität zeugenden Szene eine
bereits gewohnte sexuelle Beziehung voran-
geht.

57 Die Szene erinnert – im Verhältnis von Mann
und Frau allerdings komplementär – an die
Gartenszene im FAUST, als Faust pathetisch
schwärmt, und Gustchen ihn mit Unver-
ständnis auf den Boden der Realität zurück-
zieht, vgl. Sudau 1998, 105 f.

58 Lenz: ZERBIN ODER DIE NEUERE
PHILOSOPHIE. In: Werke 2, 367.

59 Huyssen 1980, 166.

60 Brecht: ARBEITSJOURNAL, Bd. 2, 915
(22.12.1949).

61 Schiller: DIE RÄUBER. In: Werke 1, 66.

62 Kopfermann 1988, 74.

63 Hinck 1978, 260.

64 Sudau 1985, 19.

65 Vgl. Knopf 1980, Brecht-Handbuch, 293.

66 Brecht: Anmerkungen, 1250.

67 Brecht, wa 16, 907.

68 Brecht, wa 17, 1154.

69 Systematisch untersucht in Sudau 1985. Lenzens Werke, aber auch die Person des Autors
spielen bei der Rückbesinnung gegenwärtiger
auf vergangene Literatur eine große Rolle.

70 Techniken der Werkbearbeitung siehe Sudau
1985, 83–95; Formen produktiven Umgangs
mit Dramen siehe bei Waldmann 1996,
145–156.

71 In den Paralipomena zum Stück heißt es
ebenfalls eindeutig: Der Vater trifft sie als
Hure an, siehe Werke 1, 732.

72 Dieses Wort von den Umständen muss bei
Lenz auf die interpretatorische Goldwaage
gelegt werden, denn es entspricht seiner
Weltanschauung, dass nicht nur die sozialen,
sondern auch die zufälligen Umstände ein
Schicksal in eine andere Richtung werfen
können. Vgl. hierzu etwa den Erzählerkom-
mentar im ZERBIN, der es das gewöhnli-
che Schicksal der edelsten Seelen bezeichnet,
dass sie ihr Unglück nicht zufälligen Umständen, sondern ihrer eigenen Unwürdig-
keit zuzuschreiben geneigt sind (Werke 2,
363), die verschiedenen die Entschuldigung
des jungen Grafen für Maries fragwürdigen
Ruf: wenn Sie die Umstände wüssten […]
(III,8; 38 u.).

73 Obgleich Marie in der ersten Dramenfassung
dem Anschlag des Jägers, ihrer Versicherung
nach, entkommen sei, darf sich auch in dieser Version kein Mensch, ohne zu erröten, ihrer annehmen (V,5; 58). Soweit die von Lenz
benutzte offene Dramenform solche Wahr-
heitssätze überhaupt zulässt, muss die Verge-
waltigung in der zweiten Dramenfassung jedoch als realisiert angesehen werden. Nach
der Szene, in der Desportes' malhonetten Plan
endgültig ausspricht (V,3), folgt unmittelbar
die Szene, in der Marie als lüderliche Seele
um ein Glas Wein im Wirtshaus bittet (V,4).
Beide Szenen verhalten sich dazu zueinander
wie Plan und Auswirkung des Plans. Des
Weiteren ist in der Schlussszene vom un-
wiederbringlichen Untergang der Familie
die Rede (V,5; 56), obgleich Wesener Schul-
denerstattung und weitere finanzielle Genug-
tuung geleistet wird. Das Unwiederbringliche
liegt daher eher auf dem moralischen Gebiet,
im endgültig lädierten Ruf der Tochter.

74 Marie ist – anders als die verstoßenen Söhne
aus dem HOFMEISTER (vgl. Kap. 1.6) – durchaus eine Figur nach dem biblischen Muster
des verlorenen Sohnes: Sie entfernt sich mut-

willig (wenn auch letztlich unter Kollaboration des Vaters selbst) aus dem väterlichen Umkreis, sie verschleudert indirekt (wenn auch mittels der väterlichen Voreile selbst) väterliches Vermögen und sie wird in gewisser Weise liederlich (sie verliert in ihren erotischen Eskapaden das Augenmaß, sie wird in das Dirnendasein gestoßen) – aber die väterliche Liebe obsiegt ohne Nachfrage oder Vorwurf.

[75] Desportes lädt Marie in **ein fürtreffliches Stück**, LA CHERCHEUSE D'ESPRIT (I,3; 9 M.), ein; es handelt sich dabei um eine Opéra Comique von Charles-Simon Favart, der sich zusammen mit A. Piron und M.-J. Sedaine auf dieses auch vom volkstümlichen Markttheater gespeiste Komödiengenre mit Musikeinlagen spezialisiert hat. Desportes erwähnt des Weiteren als **erste Piece** den *Deserteur* (I,3; 9 M.), wobei es sich um ein bürgerliches Schauspiel von Mercier handelt (im 18. Jahrhundert bestand eine Theateraufführung häufig aus Musikstück und Schauspiel). Mercier, ein Vertreter des *drame bourgeois*, erwähnt Lenz wahrscheinlich als Reverenz an den gleichgesinnten Dramatiker, keinesfalls aber als Beispiel tändelnd-libertinärer Autoren.

[76] Vgl. Kipphardt 1974 (*DIE SOLDATEN*), 204 f.

[77] Lützeler 1997, 143 f.

[78] Feustel 1993, 86.

[79] Die Schrift ist abgedruckt in Lenz, Werke 2, 787–827; der Einfachheit halber werden die Zitatnachweise unmittelbar in den obigen Haupttext gesetzt. Auf den Abdruck von Auszügen als Material im Anhang wird aus Platzgründen verzichtet; hier kann benutzt werden EuD Sol, 34–39.

[80] Zur Anspielung auf den Weimarer Adressaten vgl. Lenz: ÜBER DIE SOLDATENEHEN, in: Werke 2, 807; zu den französischen Plänen vgl. den Brief an Zimmermann, Ende Mai 1776, in: Werke 3, 421, sowie Sigrid Damms Anmerkungen zur Schrift in Werke 2, 946. Zu Goethes Reaktion siehe DICHTUNG UND WAHRHEIT, 14. Buch (HA 10, 9 f.).

[81] Lenz an Salzmann, 23. Oktober 1776. In: Werke 3, 505.

[82] Lenz an Zimmermann, Anfang März 1776. In: Werke 3, 395.

[83] In geradezu panisch sich steigernden Reaktionen versucht Lenz zunächst, die Veröffentlichung des Werkes hinauszuschieben, dann seinen Namen zu verschweigen und ein Pseudonym (Steenkerk aus Amsterdam) vorzuschieben und schließlich, um auch Spekulationen um dieses Pseudonym vorzubeugen, einen existierenden Dichter (Klinger) zu bewegen, die vorgebliche Verfasserschaft zu übernehmen (vgl. hierzu die Zitatzusammenstellung in EuD Sol, 40–50).

Das Stück erschien im Frühjahr 1776 anonym im Leipziger Verlag Weidmanns Erben und Reich.

[84] Lenz an Herder, 20. November 1775. In: Werke 3, 353.

[85] Vgl. Lenz an Weidmanns Erben und Reich, 1. April 1776. In: Werke 3, 421.

[86] Lützeler 1997, 145.

[87] Vgl. Kipphardt 1974, 252 f., und die Analyse in Sudau 1985, 4 f.

[88] Lenz an Herder, 20. November 1775. In: Werke 3, 353.

[89] LITERATUR ALS EINMISCHUNG, so der Aufsatztitel von Kreutzer 1978 über Lenz.

[90] Lenz: REZENSION DES NEUEN MENOZA. In: Werke 2, 703.

[91] Vgl. Goethe: DICHTUNG UND WAHRHEIT, 14. Buch (HA 10,9). Zu den lebensgeschichtlichen Hintergründen vgl. auch Sigrid Damm, Anmerkungen zu den SOLDATEN, in Lenz: Werke 1, 731.

[92] Bezeichnenderweise hat sich Lenz gerade im Briefwechsel mit der historischen Sophie La Roche über sein soziales Ethos und die Art seiner Ständedarstellung erklärt, vgl. Brief vom Juli 1775 (in: Werke 3, 325 f.).

[93] Voit 1998, 570.

[94] Lenz an Pfeffel, 13. Oktober 1775. In: Werke 3, 346.

[95] Zu letzterem Aspekt vgl. handschriftliche Variante zum Aufsatz ÜBER DIE BEARBEITUNG DER DEUTSCHEN SPRACHE IM ELSASS, BREISGAU UND DEN BENACHBARTEN GEGENDEN. In: Werke 2, 942.

[96] Lenz: Ebd., 775 f. und 771.

[97] Zu diesen Aspekten vgl. Herder 1985 (ÜBER DIE NEUERE LITERATUR. EINE SAMMLUNG VON FRAGMENTEN), 376, 190, 381, 217 f. und 219 ff.

[98] Herder 1985, 219.

[99] Lenz: BEARBEITUNG DER DEUTSCHEN SPRACHE. In: Werke 2, 774.

[100] Eine detaillierte, jedoch positivistisch-naive Sammlung von Stilvorkommnissen bei Lenz gibt Pfütze 1890, der sich dann z. B. wundern muss, dass Lenz bei der volkstümlichen Tendenz des Sturm und Drang so viele Fremdwörter benutzt.

[101] Udo Müller 1999, 72.

[102] Udo Müller 1999, 73 f.

[103] Höllerers These vom **Lapidarstil** des Stolzius – sachlich, knapp, zurückhaltend, **mehr andeutend als aussprechend** (Höllerer 1958, 137) – lässt sich eigentlich nicht bestätigen, sieht man von den auch anderweitig auftretenden Stilmomenten der Verkürzung und des Abbrechens ab.

[104] Udo Müller 1999, 73.

[105] Ebd., 75.

[106] Höllerer 1958, 138.

[107] Ebd., 134.

108 Ebd., 133.

109 Lützeler 1997, 157.

110 Lenz: *Anmerkungen übers Theater*. In: Werke 2, 654.

111 Eigene Zusammenstellung nach Klotz 1992.

112 McInnes 1977, 89.

113 Lenz: *Anmerkungen übers Theater*. In: Werke 2, 655.

114 Goethe: *Zum Shakespeares-Tag*. In: HA 12, 225.

115 Lenz: *Anmerkungen übers Theater*. In: Werke 2, 655.

116 Lenz an Salzmann, 28. Juni 1772. In: Werke 3, 259.

117 Faksimile dieses Passus abgebildet in EuD Hof, 83.

118 Brief an Zimmermann, Anfang März 1776. In: Werke 3, 395.

119 Huyssen 1980, 165.

120 Kayser 1960, 31.

121 Guthke 1959, 276; ähnlich Guthke 1961, 22 sowie 47 ff.

122 Guthke 1961, 25 f. – Eine detaillierte Untersuchung der im 15.–17. Jahrhundert durchaus weit verbreiteten und poetologisch erörterten tragikomischen Mischspiele im gesamteuropäischen Raum gibt Guthke in seiner späteren Arbeit (1968, 14–31).

123 Guthke 1961, 64. – Lenzens Dramolett *Tantalus* findet sich übrigens versteckt in Werke 3, 198–204.

124 Vgl. Guthke 1968, 85–94.

125 Guthke 1961, 61.

126 Guthke 1968, 77.

127 Kayser 1960, 136.

128 Guthke 1968, 82.

129 **Denn ganz allgemein und wesentlich scheint mir die Errungenschaft des modernen Kunstgeistes darin zu bestehen, daß er die Kategorien des Tragischen und des Komischen, also auch etwa die theatralischen Formen und Gattungen des Trauerspiels und des Lustspiels, nicht mehr kennt und das Leben als Tragikomödie sieht, um das Groteske zu seinem eigentlichsten Stil zu machen […]. (*Vorwort* zu Joseph Conrads Roman *Der Geheimagent*; in: Werke 10, 650 f.; diese Passage wählt Guthke 1968 als Motto seiner Monografie über die moderne Tragikomödie.)**

130 Diese Charakterisierung folgt Lessings oft zitiertem Bild vom der um einige Staffeln erhöhten bzw. herabgesetzten Gattungsniveau, vgl. die *Abhandlungen von dem weinerlichen oder rührenden Lustspiele* (1754) in: Werke 4, 12 f.

131 Zu diesem Säkularisierungsprozess vgl. Guthke 1994, 19.

132 Giese 1974, 165.

133 Ebd., 167.

134 Huyssen 1980, 165.

135 Arntzen 1968, 147.

136 Hebbel an Heinrich Theodor Rötscher im Jahre 1847 (*Sendschreiben zum ›Trauerspiel in Sizilien‹*). In: Werke 1, 388 f.

137 Dürrenmatt: *Theaterprobleme*, 119 und 122.

138 Lenz: *Anmerkungen übers Theater*. In: Werke 2, 668 und 669 f.

139 Ebd., (nacheinander:) 667, 668 und 669.

140 Ebd., 653.

141 Ebd., 668 und 669.

142 Lenz: *Rezension des Neuen Menoza von dem Verfasser selbst aufgesetzt*. In: Werke 2, 703 f.

143 Lenz: *Anmerkungen übers Theater*. In: Werke 2, 643 f.

144 Ebd., 648.

145 Lenz: *Die Kleinen*. In: Werke 1, 474.

146 Das lyrische Werk muss hier außer Betracht bleiben, dessen Untersuchung jedoch zu ähnlichen Aussagen sowohl über die verschiedenartigen literaturgeschichtlichen Anteile als auch über die unterschiedliche literarische Qualität führen würde; vgl. den Überblick in Schulz 2001, 178–223.

147 Daniel Schubart in der *Deutschen Chronik* vom 8.11.1774, zit. nach EuD Hof, 100.

148 Die Darstellung der Wirkungsgeschichte hält sich aus Raumgründen bewusst knapp und beschränkt sich zum Teil auf Stichworte. Die wichtigsten Rezeptionsdokumente sind leicht greifbar in Reclams Erläuterungsbänden; ausführliche Darstellung der Wirkungsgeschichte in Winter 2000, 6–25 und 104–174, im Übrigen hilfreich Schulz 2001, 309–319 sowie Voit 1998, 599–604.

149 Beide Nachrufe abgedruckt in Luserke 1993, 119.

150 Goethe: *Dichtung und Wahrheit*, 11. Buch (in: HA 9, 495; gesamte Lenzpassage 494 ff.).

151 Goethe, *Dichtung und Wahrheit*, 14. Buch (in: HA 10, 8 und 12; gesamte Lenzpassage 7–12).

152 Tieck in der Vorrede zu seinen *Kritischen Schriften*, zit. nach Winter 2000, 108.

153 Schulz 2001, 317; der Begriff des Irrläufers der Moderne nach H.A. Glaser in: Peter Müller 1995, Bd. 3, 110.

154 Die in der Gegenwartsliteratur auffallenden, vorwiegend an den lebensproblematischen Dichterfiguren wie Lenz, Hölderlin, Kleist, Büchner, Robert Walser, Kafka usw. orientierten Prozesse der literarischen Wiedererinnerung durch biografische Fiktion oder Werkbearbeitungen sind zusammenfassend dargestellt in Sudau 1985. Zur produktiven Rezeption Lenzens siehe auch Winter 2000, 104–174.

155 Von Wiese 1977, 26.

156 Carl Bleibetreu; zit. nach EuD Hof, 132.

Literaturverzeichnis

Textausgaben und Erläuterungswerke zu Lenz

Lenz, Jakob Michael Reinhold: Der Hofmeister oder Vorteile der Privaterziehung. Eine Komödie. Stuttgart (Reclam) 2002 (= RUB 1376). [Der Text folgt der neuen Rechtschreibung.]

Lenz, J. M. R.: Die Soldaten. Eine Komödie. Stuttgart (Reclam) 1999 (= RUB 5899). [Beide Textausgaben sind gegenüber früheren durch Worterklärungen ergänzt.]

Erläuterungen und Dokumente. J. M. R. Lenz. Der Hofmeister. Hg. von Friedrich Voit. Stuttgart (Reclam) 1986 (= RUB 8177). [zit. als EuD Hof]

Erläuterungen und Dokumente. J. M. R. Lenz. Die Soldaten. Hg. von Herbert Krämer. Stuttgart (Reclam) 1980 (= RUB 8124). [zit. als EuD Sol]

Lenz, J. M. R.: Der Hofmeister. Synoptische Ausgabe von Handschrift und Erstdruck. Hg. von Michael Kohlenbach. Ffm (Stroemfeld/Roter Stern) 1986.

Lenz, J. M. R.: Werke und Briefe. 3 Bde. Hg. von Sigrid Damm. Ffm (Insel) 1992 (= it 1441 ff.). [seitenidentisch mit der Hanser-Ausgabe von 1987]

Briefe von und an J. M. R. Lenz. Gesammelt und herausgegeben von Karl Freye und Wolfgang Stammler. 2 Bde. Leipzig (Wolff) 1918. [zit. als Briefe]

Lenz, J. M. R.: Catechismus. In: Lenz-Jahrbuch 4, 1994, 39–67.

Lenz, J. M. R.: Philosophische Vorlesungen für empfindsame Seelen [Baum des Erkenntnisses Gutes und Bösen; Supplement zur vorhergehenden Abhandlung; Zweites Supplement; Drittes und letztes Supplement; Einige Zweifel über die Erbsünde; Unverschämte Sachen]. Faksimile-Druck der Ausgabe Frankfurt und Leipzig 1780. Hg. von Christoph Weiss. St. Ingbert (Röhrig) 1994.

Lenz-Jahrbuch. Sturm-und-Drang-Studien. Hg. von Matthias Luserke, Christoph Weiß, Gerhard Sauder, Reiner Wild. St. Ingbert (Röhrig) 1991 ff.

Müller, Peter (Hg.): Jakob Michael Reinhold Lenz im Urteil dreier Jahrhunderte. Texte der Rezeption von Werk und Persönlichkeit; 18.–20. Jahrhundert. 3 Bde. Bern (Lang) 1995.

Dedner, Burghard u. a. (Hg.): ›Lenzens Verrückung‹. Chronik und Dokumente zur J. M. R. Lenz von Herbst 1777 bis Frühjahr 1778. Tübingen (Niemeyer) 1999.

Textausgaben und Sekundärliteratur im didaktischen Umfeld

Chee, Hans-Martin: Literatur als Aufklärung. J. M. R. Lenz' Drama DER HOFMEISTER. In: Wirkendes Wort, H. 2, 1991, 265–275.

Haffner, Herbert: Dramenbearbeitungen. Darin: Lenz: Der Hofmeister, Die Soldaten. Mit Brechts Hofmeister-Bearbeitung und Materialien. München (Oldenbourg) 1980. (= Studientexte für die Kollegstufe. Dieser Band ist leider nicht mehr lieferbar, aber noch – in Ausnahmefällen – über den Verlag zu beziehen.)

Hobek, Friedrich: J. M. R. Lenz: Der Hofmeister. Stuttgart (Reclam) 1993 (= Lehrpraktische Analysen).

Kopfermann, Thomas: Bürgerliches Selbstverständnis. J. M. R. Lenz: Der Hofmeister. G. E. Lessing: Emilia Galotti. Friedrich Schiller: Kabale und Liebe. Stuttgart (Klett) 1988.

Müller, Udo: Stundenblätter – Lenz/Brecht: Der Hofmeister; Lenz/Kipphardt: Die Soldaten. Stuttgart (Klett) ²1981.

Müller, Udo: Lektürehilfen – J. M. R. Lenz: Der Hofmeister; Die Soldaten. Stuttgart (Klett) ⁵1999.

Müller, Udo: J. M. R. Lenz: Der Hofmeister. Mit Materialien. Stuttgart (Klett) 2000 (= Editionen für den Literaturunterricht).

Müller, Udo: J. M. R. Lenz: Die Soldaten. Mit Materialien. Stuttgart (Klett) 2000 (= Editionen für den Literaturunterricht).

Rühmann, Heinrich: DIE SOLDATEN von Lenz. Versuch einer soziologischen Betrachtung. In: Diskussion Deutsch, H. 2, 1971, 131–143.

Sudau, Ralf: Annäherungen an Büchners ›Lenz‹. Ein Unterrichtsversuch in einem Grundkurs der Jahrgangsstufe 12. In: Diskussion Deutsch, H.92, 1986, 641–662.

Sudau, Ralf: Jakob Michael Reinhold Lenz: Die Soldaten. Stuttgart (Reclam) 1988 (= Lehrpraktische Analysen).

Schul- und bildungsgeschichtliche Hintergründe

Berg, Christa u.a. (Hg.): Handbuch der deutschen Bildungsgeschichte. 6 Bde. München (Beck) 1987–1998. [Band zum 18. Jh. noch nicht erschienen]

Bruford, Walter H.: Die gesellschaftlichen Grundlagen der Goethezeit. Ungekürzter Text nach der deutschen Ausgabe Weimar 1936. Ffm 1979 (= Ullstein Buch Nr. 3142).

Fertig, Ludwig: Die Hofmeister. Ein Beitrag zur Geschichte des Lehrerstandes und der bürgerlichen Intelligenz. Mit 14 Quellschriften und 15 Abbildungen. Stuttgart (Metzler) 1979.

Fischer, Konrad: Geschichte des deutschen Volksschullehrerstandes. 2 Bde. Hannover (Carl Meyer) 1892.

Hamann, Bruno: Geschichte des Schulwesens. Werden und Wandel der Schule im ideen- und sozialgeschichtlichen Zusammenhang. Bad Heilbrunn (Klinkhardt) ²1993.

Lemm, Werner u.a. (Hg.): Schulgeschichte in Berlin. Berlin (Volk und Wissen) 1987.

Müller, Carl: Schädlichkeit der Hauserziehung für Erzieher, Zögling und Staat. Stendal 1783. Auszüge in: Fertig 1979, 204–216.

Paulsen, Friedrich: Das deutsche Bildungswesen in seiner geschichtlichen Entwicklung. Leipzig (B. G. Teubner) ³1912.

Paulsen, Friedrich: Geschichte des gelehrten Unterrichts auf den deutschen Schulen und Universitäten vom Ausgang des Mittelalters bis zur Gegenwart. 2 Bde. Leipzig ³1919 sowie Berlin und Leipzig ³1921. [Unveränderter photomechanischer Nachdruck Berlin (de Gruyter) 1965]

Spranger, Eduard: Zur Geschichte der deutschen Volksschule. Heidelberg (Quelle & Meyer) 1949.

Sekundärliteratur und andere zitierte Werke

Ausführliche Bibliografien siehe in Winter 2000, Text und Kritik 2000 und Schulz 2001.

Arntzen, Helmut: Die ernste Komödie. Das deutsche Lustspiel von Lessing bis Kleist. München (Nymphenburger) 1968.

Becker-Cantarino: J. M. R. Lenz: Der

Hofmeister. In: Interpretationen: Dramen des Sturm und Drang. Stuttgart (Reclam) 1997, 33–56 (= RUB 8410).

Brecht, Bertolt: Gesammelte Werke in zwanzig Bänden. Hg. vom Suhrkamp Verlag in Zusammenarbeit mit Elisabeth Hauptmann. Ffm (Suhrkamp) 1967 (= werkausgabe edition suhrkamp). [zit. als wa mit der Bandnummer]

Brecht, Bertolt: Der Hofmeister von Jakob Michael Reinhold Lenz. Bearbeitung. In: wa 6, 2331–2394.

Brecht, Bertolt: Zu DER HOFMEISTER von Lenz. In: wa 17, 1221–1251. [zit. als Anmerkungen]

Brecht, Bertolt: Arbeitsjournal. 2 Bde. Hg. von Werner Hecht. Ffm (Suhrkamp) 1973.

Büchner, Georg: Werke und Briefe. Nach der historisch-kritischen Ausgabe von Werner R. Lehmann. München (Hanser) 1980.

Burger, Heinz Otto: J. M. R. Lenz: Der Hofmeister. In: Steffen 1968, 48–67.

Damm, Sigrid: Vögel, die verkünden Land. Das Leben des Jakob Michael Reinhold Lenz. Frankfurt (Insel) 1992 (= it 1399).

Dürrenmatt, Friedrich: Theaterprobleme. In: Ders: Theater-Schriften und Reden. Zürich (Arche) 1966, 92–131.

Feustel, Gotthard: Käufliche Lust. Eine Kultur- und Sozialgeschichte der Prostitution. Leipzig (Edition Leipzig) 1993.

Gellert, Christian Fürchtegott: Abhandlung für das rührende Lustspiel (1754) [Vorlesung bereits gehalten 1751]. In: Mathes 1974, 13–25.

Giese, Peter Christian: Das ›Gesellschaftlich-Komische‹. Zu Komik und Komödie am Beispiel der Stücke und Bearbeitungen Brechts. Stuttgart (Metzler) 1974.

Goethe, Johann Wolfgang von: Werke. Hamburger Ausgabe in 14 Bänden. München (dtv) 1982. [zit. als HA]

Gottsched, Johann Christoph: Versuch einer Critischen Dichtkunst vor die Deutschen (1730). In: Ders.: Schriften zur Literatur. Stuttgart (Reclam) 1998 (= RUB 9361), 12–196.

Grimm, Reinhold; Berghahn, Klaus L. (Hg.): Wesen und Formen des Komischen im Drama. Darmstadt (Wissenschaftliche Buchgesellschaft) 1975.

Guthke, Karl S.: Lenzens HOFMEISTER und SOLDATEN. Ein neuer Formtypus in der Geschichte des deutschen Dramas. In: Wirkendes Wort 9 (1959), 274–286. [Nahezu wörtlich eingegangen in Guthke 1961]

Guthke, Karl S.: Geschichte und Poetik der deutschen Tragikomödie. Göttingen (Vandenhoeck & Ruprecht) 1961.

Guthke, Karl S.: Die moderne Tragikomödie. Theorie und Gestalt. Göttingen (Vandenhoeck & Ruprecht) 1968 (= Kleine Vandenhoeck-Reihe 270 S).

Guthke, Karl S.: Das deutsche bürgerliche Trauerspiel. Stuttgart (Metzler) [5]1994 (= Sammlung Metzler 116).

Hebbel, Friedrich: Werke. 5 Bde, hg. v. Gerhard Fricke, Werner Keller und Karl Pörnbacher. München (Hanser) 1963.

Herder, Johann Gottfried: Über die neuere Literatur. Eine Sammlung von Fragmenten. In: Ders.: Werke in zehn Bänden. Hg. v. Martin Bollacher u. a. Bd. 1. Ffm (Deutscher Klassiker Verlag) 1985, 161–539.

Hinck, Walter: Das deutsche Lustspiel im 18. Jahrhundert. In: Steffen 1968, 7–26.

Hinck, Walter: Einführung in die Theorie des Komischen und der Komödie. In: Ders. (Hg.): Die deutsche Komödie. Vom Mittelalter bis zur Gegenwart. Düsseldorf (Bagel) 1977, 11–31.

Hinck, Walter: Vom Ausgang der Komödie. Exemplarische Lustspielschlüsse in der europäischen Literatur. Opladen (Westdeutscher Verlag) 1977 (= Rheinisch-Westfälische Akademie der Wissenschaften; Vorträge G 221).

Hinck, Walter (Hg.): Produktive Rezeption heute: Am Beispiel der sozialen Dramatik von J. M. R. Lenz und H. L. Wagner. In: ders.: Sturm und Drang. Ein literaturwissenschaftliches Studienbuch. Kronberg/Ts. (Athenäum) 1978 (= Athenäum-Taschenbücher; 2133), 257–269.

Höllerer, Walter: Lenz. Die Soldaten. In: Wiese, Benno von (Hg.): Das deutsche Drama vom Barock bis zur Gegenwart. Interpretationen. Düsseldorf (Bagel) 1958, 127–146.

Hofmann, Gert: Die Rückkehr des verlorenen J. M. R. Lenz nach Riga. Novelle. Stuttgart (Reclam) 1998 (= RUB 9726).

Hohoff, Curt: J. M. R. Lenz in Selbstzeugnissen und Bilddokumenten. Reinbek (Rowohlt) 1977 (= rm 259).

Hupel, August Wilhelm: Vom Zweck der Ehen, ein Versuch, die Heurath der Castraten und die Trennung unglücklicher Ehen zu vertheidigen. Riga (Johann Friedrich Hartknoch) 1771.

Hupel, August Wilhelm: Origines oder von der Beschneidung, über Matth. 19. V. 10–12. Ein Versuch, zur Ehrenrettung einiger gering geachteten Verschnittenen. Riga (Johann Friedrich Hartknoch) 1772.

Huyssen, Andreas: Sturm und Drang. Kommentar zu einer Epoche. München (Winkler) 1980.

Kayser, Wolfgang: Das Groteske in Malerei und Dichtung. Reinbek (Rowohlt) 1960 (= rororo 107).

Kipphardt, Heinar: Die Soldaten. In: Ders.: Stücke II, Ffm (Suhrkamp) 1974 (= es 677), 186–254.

Klotz, Volker: Geschlossene und offene Form im Drama. München (Hanser) [13]1992.

Knopf, Jan: Brecht-Handbuch. Theater. Eine Ästhetik der Widersprüche. Stuttgart (Metzler) 1980.

Kreutzer, Leo: Literatur als Einmischung: Jakob Michael Reinhold Lenz. In: Hinck 1978, 213–229.

Langen, August: Deutsche Sprachgeschichte vom Barock bis zur Gegenwart. In: Stammler, Wolfgang (Hg.): Deutsche Philologie im Aufriß. Bd. 1, Berlin 1957, 1070–1147.

Lappe, Claus O. Wer hat Gustchens Kind gezeugt? Zeitstruktur und Rollenspiel in Lenz' Hofmeister. In: DVJs 54, 1980, 14–46.

Lessing, Gotthold Ephraim: Werke. 6 Bände, hg. v. Herbert G. Göpfert. München (Hanser) 1973.

Lützeler, Paul Michael: Jakob Michael Reinhold Lenz: Die Soldaten. In: Interpretationen: Dramen des Sturm und Drang. Stuttgart (Reclam) 1997, 129–159 (= RUB 8410).

Luserke, Matthias: Jakob Michael Reinhold Lenz: Der Hofmeister. Der neue Menoza. Die Soldaten. München (Fink) 1993 (=UTB 1728).

Luserke, Matthias: Sturm und Drang. Autoren, Texte, Themen. Stuttgart (Reclam) 1997 (= RUB 17602).

Mann, Thomas: Gesammelte Werke in 13 Bänden. Ffm (Fischer) [2]1974.

Martini, Fritz: Lustspiele – und das Lustspiel. Stuttgart (Klett) 1974.

Mathes, Jürg (Hg.): Die Entwicklung des bürgerlichen Dramas im 18. Jahrhundert. Ausgewählte Texte. Mit einem Nachwort. Tübingen (Niemeyer) 1974 (= Deutsche Texte; 28).

McInnes, Edward: J. M. R. Lenz. Die Soldaten. Text, Materialien, Kommentar. München (Hanser) 1977 (= RH 237).

Pfütze, Curt: Die Sprache in J. M. R. Lenzens Dramen. In: Archiv für das Studium der neueren Sprachen und Literaturen, Bd. 85, 1890, 129–202.

Profitlich, Ulrich (Hg.): Komödientheorie. Texte und Kommentare vom Barock bis zur Gegenwart. Reinbek (Rowohlt) 1998 (= re 55574).

Profitlich, Ulrich (Hg.): Tragödientheorie. Texte und Kommentare vom Barock bis zur Gegenwart. Reinbek (Rowohlt) 1999 (= re 55573).

Rabener, Gottlieb Wilhelm: Satirische Briefe. Schreiben eines von Adel an einen Professor, in welchem einen guten Hofmeister zu wählen gebeten. In: Ders.: Sämmtliche Werke. 4 Bde. Hg. von Ernst Ortlepp. Stuttgart (Scheible) 1839, Bd. 2, 112 ff.

Rosanow, M. N.: Jakob M. R. Lenz, der Dichter der Sturm- und Drangperiode. Sein Leben und seine Werke. Leipzig (Schulze & Co.) 1909.

Schiller, Friedrich: Werke in drei Bänden. Hg. von Herbert G. Göpfert. München (Hanser) 1981.

Schöne, Albrecht: Säkularisation als sprachbildende Kraft. Studien zur Dichtung deutscher Pfarrersöhne. Göttingen (Vandenhoeck & Ruprecht) 1968 (= Palaestra; Bd. 226).

Schulz, Georg-Michael: Jakob Michael Reinhold Lenz. Stuttgart (Reclam) 2001 (= RUB 17629).

Steffen, Hans (Hg.): Das deutsche Lustspiel. Erster Teil. Göttingen (Vandenhoeck & Ruprecht) 1968 (= Kleine Vandenhoeck-Reihe 271S).

Sudau, Ralf: Werkbearbeitung, Dichterfiguren. Traditionsaneignung am Beispiel der deutschen Gegenwartsliteratur. Tübingen (Niemeyer) 1985 (= Studien zur deutschen Literatur; Bd. 82).

Sudau, Ralf: Johann Wolfgang Goethe: Faust I und Faust II. München (Oldenbourg) ^{2}1998 (= Oldenbourg Interpretationen; Bd. 64).

Text und Kritik. Jakob Michael Reinhold Lenz. H. 146, München 2000.

Voit, Friedrich: Nachwort. In: J. M. R. Lenz: Werke. Hg. von Friedrich Voit. Stuttgart (Reclam) 1998 (= RUB 8755), 559–604.

Waldmann, Günter: Produktiver Umgang mit dem Drama. Baltmannsweiler (Schneider Hohengehren) 1996.

Wiese, Benno von (Hg.): Deutsche Dichter des 18. Jahrhunderts. Berlin (Erich Schmidt) 1977.

Winter, Hans-Gerd: Jakob Michael Reinhold Lenz. Stuttgart (Metzler) 2000^2 (= Sammlung Metzler; Bd. 233).

Leben

1751 Geboren am 23. Januar (12. Januar des russ. Kalenders) im Dorf Sesswegen, Livland (seit 1721 russ. Provinz, entspricht etwa dem heutigen Estland und Lettland). Viertes von acht Kindern des eingewanderten deutschen Pastors Ch. D. Lenz.

1759 Übersiedlung nach Dorpat. Nach Unterricht beim Vater nun Besuch einer Elementarschule und ab etwa 1761/62 der Lateinschule.

1768 Theologiestudium im ostpreußischen Königsberg. Geringes Studieninteresse, literarische Früharbeiten, Vorlesungen bei Kant; Hofmeistertätigkeit.

1771 Gegen Vaterwillen Abbruch des Studiums und Reisebegleitung der Barone Kleist nach Straßburg. Aufnahme in J.D. Salzmanns Tischgesellschaft, Keimzelle des Sturm und Drang. Bekanntschaft mit H.L. Wagner und Goethe. Beginn moral.-theologischer und literaturkritischer Vorträge in der *Société de philosophie et de belles-lettres*.

1772 Garnisonsaufenthalte in Fort Louis und Landau. Unglückliche Verehrung der verlassenen Geliebten Goethes, Friederike Brion. Rückkehr nach Straßburg; treibende Kraft der Straßburger Sozietät.

1774 Quälende Zuneigung zur Kleist versprochenen Cleophe Fibich. Trennung von den Baronen, fortan Versuch, als ›freier‹ Schriftsteller zu leben; Lebensunterhalt durch Stundengeben. Briefwechsel mit Lavater.

1775 Im Frühsommer mit Goethe in Emmendingen; schwärmerische Verehrung seiner Schwester Cornelia, Freundschaft zu deren Ehemann J.G. Schlosser. Im Juli erneutes Zusammentreffen mit Goethe. Durch Lenzens Initiative Umwandlung der französischlastigen Sozietät in eine *Deutsche Gesellschaft*. Schulden und wiederholte Momente von Niedergeschlagenheit. Halbherziger Plan eines Jurastudiums; brieflich immer wieder Ablehnung des Theologenberufes. Leidenschaft für Henriette von Waldner, die Lenz nur vom Hörensagen kennt. Brieffreundschaft mit Herder und Sophie La Roche.

1776 Ablehnung einer Professur der Beredsamkeit am Dessauer Philanthropin. Anfang April am Musenhof Weimar, wo Lenz (nach dem Beispiel von Goethe, Wieland und Herder) auf ein Unterkommen hofft. Nach kurzem Hochgefühl jedoch unglückselige Rolle als freiwillig-unfreiwilliger Hofnarr. Juni bis Nov. Rückzug in dörfliche Einsamkeit (Berka); dazwischen Aufenthalt in Kochberg als Englischlehrer der Charlotte von Stein. Nach einem nicht aufzuklärenden Fauxpas erwirkt Goethe Ausweisung aus Weimar zum 1. Dez. und vernichtet den gesamten Briefwechsel mit Lenz. In den folgenden Monaten rast- und zielloses Herumirren; Reisepläne, Aufenthalte bei verschiedenen Freunden und Gönnern.

1777 Mitte Juni weitere seelische Erschütterung durch den Tod der Freundin Cornelia Schlosser. Im November bei Lavater; Anzeichen eines religiösen Wahns.

1778 Im Jan. bei Schlosser, erneute Anzeichen seelischer Verrückung. Vom 20. Jan. bis 8. Feb. Zuflucht bei Pfarrer Oberlin im elsäss. Steintal; von Büchner in der Novelle LENZ halbdokumentarisch bearbeitet. Anfälle von Selbstzerstörung und religiösem Wahn; zeitweilige Gewahrsam durch Wächter. Ende Feb. bis Mitte April wieder in Emmendingen, fortwährende Zustände von Gemüts- oder Geisteskrankheit. Drückende Schuldgefühle gegenüber dem Vater, der jede praktische Hilfe verweigert. Unterbringung bei einem Schuster und einem Förster.

1779 Unterbringung bei einem Arzt in Hertingen, wo ihn Bruder Karl im Frühsommer zur Heimreise nach Riga abholt. Im September wird Vater General-Superintendent von Livland. Am Jahresende kurzzeitig Hofmeister; scheiternde Bewerbung um Rektorenstelle an der Rigaer Domschule.

1780 Auf Betreiben des Vaters Aufenthalt in St. Petersburg; erfolgloses Antichambrieren um eine Anstellung, u. a. um eine Professur für Taktik. Im Herbst kurzzeitig Hofmeister bei Dorpat; desolate Verliebtheit in die bereits verlobte Julie v. Albedyll.

1781–1792 Nochmals für mehrere Monate in Petersburg, überfordernde Beschäftigung als Sekretär des Generals Bauer. Übersiedlung nach Moskau (bis zu seinem Tod); gezeichnet vom Stigma des Versagers und Gestörten. Kontakte zu russ. Freimaurern, schriftstellerische Bemühungen um die kulturelle Vermittlung von Russland und Deutschland, pädagogische und handelspolitische Projekte. Wechselnde Unterkünfte bei adligen Gönnern. Gelegentliche Privatstunden und auch zeitweilige Arbeit an einem öffentlichen Erziehungsinstitut. Phasen von Schwermut, Anfällen und Erkrankungen.

1792 Unter unbekannten Umständen stirbt Lenz am 4. Juni (24. Mai nach russ. Kalender) nächtens auf einer Moskauer Straße. Grab nicht bekannt.

Werk

(Abk.: E. = Entstehung; V. = Veröffentlichung; p.V. = posthume Veröffentlichung)

1766 V. Gedicht DER VERSÖHNUNGSTOD JESU CHRISTI – E. Gelegenheitsdrama DER VERWUNDETE BRÄUTIGAM (p.V. 1845).

1768 E. Moraltraktat CATECHISMUS bis 1772; p.V. 1909 bzw. verlässlich 1994.

1769 V. Gedichtzyklus DIE LANDPLAGEN.

1771 E. HOFMEISTER ab Ende 1771 – Moralphilosophische Vorträge: VERSUCH ÜBER DAS ERSTE PRINCIPIUM DER MORAL (1771/72; p.V. 1874), PHILOSOPHISCHEN VORLESUNGEN FÜR EMPFINDSAME SEELEN (1771/72; V. 1780) und ÜBER DIE NATUR UNSERS GEISTES (1771–73; p.V. 1966).

1772 Handschriftliche Fassung des HOFMEISTER im Oktober beendet – E. Shakespeare- und Plautus-Übersetzungen (auch in den folgenden Straßburger Jahren) – E. Sesenheimer Gedichte an Friederike Brion.

1773 E. der militärpolitischen Reformschrift *ÜBER DIE SOLDATENEHEN* bis Ende der Weimarer Zeit 1776 (p.V. 1913).

1774 V. *HOFMEISTER* – V. Komödie *DER NEUE MENOZA* (E. 1773) – V. fünf *LUSTSPIELE NACH DEM PLAUTUS* (E. 1772/73) – E. *SOLDATEN* im Sommer – E. Prosadichtung *TAGEBUCH* im Herbst (p.V. 1877) – V. *ANMERKUNGEN ÜBERS THEATER* (E. in Schüben seit 1771/72) – E. Streitschrift *BRIEFE ÜBER DIE MORALITÄT DER LEIDEN DES JUNGEN WERTHERS* Ende 1774 bis Mitte 1775 (p.V. 1918).

1775 E. Literatursatire *PANDÄMONIUM GERMANICUM* (p.V. 1819) – *SOLDATEN* in der Handschrift fertiggestellt und an Herder übersandt – E. Prosadichtung *MORALISCHE BEKEHRUNG EINES POETEN* (p.V. 1889) – V. Selbstverteidigung *REZENSION DES NEUEN MENOZA* – E. literarischer Vortrag *ÜBER GÖTZ VON BERLICHINGEN* Ende 1773 bis Anfang 1775 (p.V. 1901) – V. theologische Hauptschrift *MEINUNGEN EINES LAIEN / STIMMEN DES LAIEN* (E. 1772–74).

1776 V. *SOLDATEN* – V. Komödie *DIE FREUNDE MACHEN DEN PHILOSOPHEN* (E. ab Ende 1775) – V. Familiendrama *DIE BEIDEN ALTEN* (E. 1771–76, nicht genau datierbar) – E. Fragmente der Dramen *CATHARINA VON SIENA*, *DIE KLEINEN* und *DER TUGENDHAFTE TAUGENICHTS* (seit 1775; p.V. 1884) sowie zu *HENRIETTE*

VON WALDECK (p.V. 1884) – E. Dramolett *TANTALUS* (p.V. 1798) – V. Erzählung *ZERBIN ODER DIE NEUERE PHILOSOPHIE* (E. Ende 1775). – E. Briefroman *DER WALDBRUDER, EIN PENDANT ZU WERTHERS LEIDEN* im Sommer und Herbst (p.V. 1797). – V. literarischer *VORTRAG ÜBER DIE VERÄNDERUNG DES THEATERS IM SHAKESPEARE* (bereits 1775 vor der *Societät* vorgetragen) – V. kulturpädagogische Beiträge *ÜBER DIE BEARBEITUNG DER DEUTSCHEN SPRACHE* und *ÜBER DIE VORZÜGE DER DEUTSCHEN SPRACHE* (bereits 1775 vorgetragen).

1777 V. Drama *DER ENGLÄNDER* (E. Winter 1775/76 vor der Abreise nach Weimar) – V. Erzählung *DER LANDPREDIGER* (E. Dez. 1776 bis April 1777 nach Lenzens Ausweisung aus Weimar).

1778 *HOFMEISTER* wird in Hamburg und Berlin kurzzeitig in einer entstellenden Bearbeitung von F.L. Schröder aufgeführt (auch insgesamt elfmal in Mannheim zwischen 1780 und 1791).

1780 V. sechs *PHILOSOPHISCHE VORLESUNGEN FÜR EMPFINDSAME SEELEN*.

1781 V. Prosawerk *ETWAS ÜBER PHILOTAS CHARAKTER* (E. vermutlich in Livland 1779).

1782 V. historisches Drama *DIE SIZILIANISCHE VESPER* und Lustspiel *MYRSA POLAGI* (E. in Livland 1779/80 oder im ersten Moskauer Jahr 1781).

1787 V. einer Übersetzung aus dem Russischen, Sergej Pleschtschejews *ÜBERSICHT DES RUSSISCHEN REICHES*.